CB142940

**Tonico Pereira**

# Um Ator Improvável

# Tonico Pereira

# Um Ator Improvável

Eliana Bueno-Ribeiro

imprensaoficial

São Paulo, 2010

GOVERNO DO ESTADO
DE SÃO PAULO

Governador Alberto Goldman

imprensaoficial Imprensa Oficial do Estado de São Paulo

Diretor-presidente Hubert Alquéres

**Coleção Aplauso**

Coordenador Geral Rubens Ewald Filho

## No Passado Está a História do Futuro

A Imprensa Oficial muito tem contribuído com a sociedade no papel que lhe cabe: a democratização de conhecimento por meio da leitura.

A Coleção Aplauso, lançada em 2004, é um exemplo bem-sucedido desse intento. Os temas nela abordados, como biografias de atores, diretores e dramaturgos, são garantia de que um fragmento da memória cultural do país será preservado. Por meio de conversas informais com jornalistas, a história dos artistas é transcrita em primeira pessoa, o que confere grande fluidez ao texto, conquistando mais e mais leitores.

Assim, muitas dessas figuras que tiveram importância fundamental para as artes cênicas brasileiras têm sido resgatadas do esquecimento. Mesmo o nome daqueles que já partiram são frequentemente evocados pela voz de seus companheiros de palco ou de seus biógrafos. Ou seja, nessas histórias que se cruzam, verdadeiros mitos são redescobertos e imortalizados.

E não só o público tem reconhecido a importância e a qualidade da Aplauso. Em 2008, a Coleção foi laureada com o mais importante prêmio da área editorial do Brasil: o Jabuti. Concedido pela Câmara Brasileira do Livro (CBL), a edição especial sobre Raul Cortez ganhou na categoria biografia.

Mas o que começou modestamente tomou vulto e novos temas passaram a integrar a Coleção ao longo desses anos. Hoje, a Aplauso inclui inúmeros outros temas correlatos como a história das pioneiras TVs brasileiras, companhias de dança, roteiros de filmes, peças de teatro e uma parte dedicada à música, com biografias de compositores, cantores, maestros, etc.

Para o final deste ano de 2010, está previsto o lançamento de 80 títulos, que se juntarão aos 220 já lançados até aqui. Destes, a maioria foi disponibilizada em acervo digital que pode ser acessado pela internet gratuitamente. Sem dúvida, essa ação constitui grande passo para difusão da nossa cultura entre estudantes, pesquisadores e leitores simplesmente interessados nas histórias.

Com tudo isso, a Coleção Aplauso passa a fazer parte ela própria de uma história na qual personagens ficcionais se misturam à daqueles que os criaram, e que por sua vez compõe algumas páginas de outra muito maior: a história do Brasil.

Boa leitura.

**Alberto Goldman**

Governador do Estado de São Paulo

## Coleção Aplauso

*O que lembro, tenho.*
Guimarães Rosa

A *Coleção Aplauso*, concebida pela Imprensa Oficial, visa resgatar a memória da cultura nacional, biografando atores, atrizes e diretores que compõem a cena brasileira nas áreas de cinema, teatro e televisão. Foram selecionados escritores com largo currículo em jornalismo cultural para esse trabalho em que a história cênica e audiovisual brasileiras vem sendo reconstituída de maneira singular. Em entrevistas e encontros sucessivos estreita-se o contato entre biógrafos e biografados. Arquivos de documentos e imagens são pesquisados, e o universo que se reconstitui a partir do cotidiano e do fazer dessas personalidades permite reconstruir sua trajetória.

A decisão sobre o depoimento de cada um na primeira pessoa mantém o aspecto de tradição oral dos relatos, tornando o texto coloquial, como se o biografado falasse diretamente ao leitor.

Um aspecto importante da *Coleção* é que os resultados obtidos ultrapassam simples registros biográficos, revelando ao leitor facetas que também caracterizam o artista e seu ofício. Biógrafo e biografado se colocaram em reflexões que se estenderam sobre a formação intelectual e ideológica do artista, contextualizada na história brasileira.

São inúmeros os artistas a apontar o importante papel que tiveram os livros e a leitura em sua vida, deixando transparecer a firmeza do pensamento crítico ou denunciando preconceitos seculares que atrasaram e continuam atrasando nosso país. Muitos mostraram a importância para a sua formação terem atuado tanto no teatro quanto no cinema e na televisão, adquirindo, linguagens diferenciadas – analisando-as com suas particularidades.

Muitos títulos exploram o universo íntimo e psicológico do artista, revelando as circunstâncias que o conduziram à arte, como se abrigasse em si mesmo desde sempre, a complexidade dos personagens.

São livros que, além de atrair o grande público, interessarão igualmente aos estudiosos das artes cênicas, pois na *Coleção Aplauso* foi discutido o processo de criação que concerne ao teatro, ao cinema e à televisão. Foram abordadas a construção dos personagens, a análise, a história, a importância e a atualidade de alguns deles. Também foram examinados o relacionamento dos artistas com seus pares e diretores, os processos e as possibilidades de correção de erros no exercício do teatro e do cinema, a diferença entre esses veículos e a expressão de suas linguagens.

Se algum fator específico conduziu ao sucesso da *Coleção Aplauso* – e merece ser destacado –, é o interesse do leitor brasileiro em conhecer o percurso cultural de seu país.

À Imprensa Oficial e sua equipe coube reunir um bom time de jornalistas, organizar com eficácia a pesquisa documental e iconográfica e contar com a disposição e o empenho dos artistas, diretores, dramaturgos e roteiristas. Com a *Coleção* em curso, configurada e com identidade consolidada, constatamos que os sortilégios que envolvem palco, cenas, coxias, sets de filmagem, textos, imagens e palavras conjugados, e todos esses seres especiais – que neste universo transitam, transmutam e vivem – também nos tomaram e sensibilizaram.

É esse material cultural e de reflexão que pode ser agora compartilhado com os leitores de todo o Brasil.

**Hubert Alquéres**
Diretor-presidente
Imprensa Oficial do Estado de São Paulo

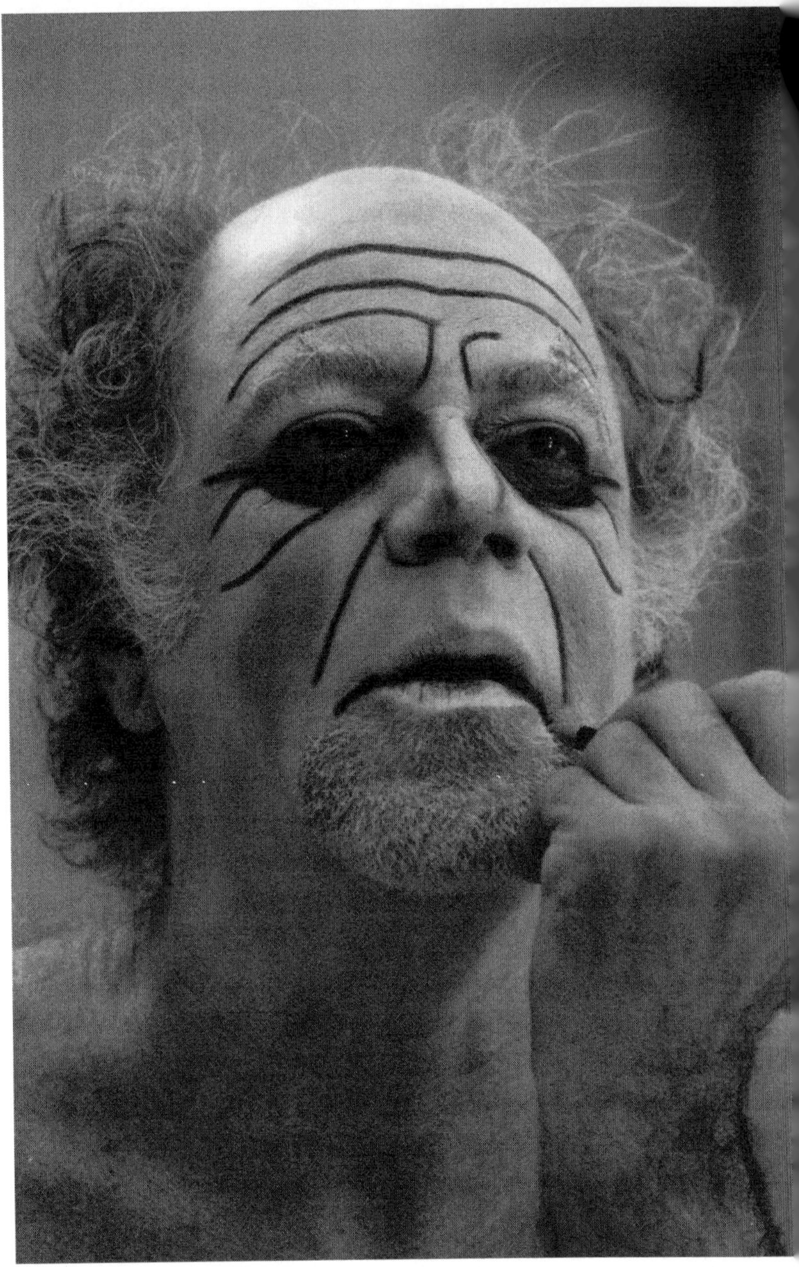

*Tonico se maquiando como Harpagão*

*Para Imara Reis*

**Tonico Pereira e Eliana Bueno-Ribeiro**

## Autorização x Censura

Alguns depoimentos não foram dados – por falta de tempo nosso ou dos depoentes (pelo menos é o que me forço a acreditar).

Ou será que meus amigos me pouparam de suas opiniões contrárias a mim, amigos que são? Nesse caso me pouparam também de ter uma biografia com caráter.

Minha esperança é que no futuro uma nova biografia, dessa vez não autorizada – e, portanto, livre – venha com depoimentos cheios de adjetivos pejorativos e escabrosos, bem mais condizentes com meu perfil e com minha vida.



E que me deixará mais relaxado, visto que por meio dela desfilarei aos olhos do mundo como o verdadeiro canalha que sou, com caráter, é claro, mas canalha, ou seja, ator.

Nessa próxima biografia todos encerrarão seus depoimentos – como se combinados – com um sonoro *Vade retro, Tonico!*

E eu, sorridente, irei.

T...

*Para Daniela, Thaia, Nina, Antonio e Benjamim*

*Para Marina*

**Tonico Pereira**

*Para Maria do Rosário, Antonio, Dea e Xando*

*Para Ronaldo Graça (In Memoriam)*

**Eliana Bueno-Ribeiro**

Atrás de um grande homem há sempre uma grande mulher *que faz sexo gostoso, viabiliza e não atrapalha, digita, corrige e envia seus e-mails (nem sempre). De fato, uma grande e única mulher.*

*Obrigado, Marina.*

**Tonico**

*Tonico aos 20 anos*

## Apresentação

Esta coleção *Aplauso* merece os aplausos que sugere sejam dirigidos aos artistas que ela biografa, embora eles já fossem alvos e merecedores de aplausos desde sempre. Mas nosso povo não tem memória, e a memória do Teatro é efêmera e histórica, estando sempre viva e sempre distante, tornando mais difícil sua permanência. Guardar nestes volumes a trajetória de todos estes artistas é coisa digna de aplauso. Muitos de nós leremos estes livros, mas somos poucos. Penso mais na utilidade que terão no futuro, quando quisermos saber o que aconteceu, em relação a seus atores, com o Teatro Brasileiro nos últimos 50 anos.



E se eu quisesse explicar para as pessoas que vão me ler, mas que nunca viram o Tonico Pereira atuar, que tipo de ator que ele é? O que é que eu diria? Que tipo de prefácio eu escreveria para sua biografia?

Bem, se eu conseguisse, eu diria que Tonico Pereira é um ator popular na acepção mais ampla do termo tal qual diria um velho amigo da Academia Brasileira de Letras (ABL). Popular aí quer dizer que é de todos os tempos e nunca pertenceu a nenhuma classe ou grupo social e sempre, certamente, fora das classificações. Tal definição basta para dizer o que é popular, mas não consegue descrever o que é isso dentro de um ator. Um ator que traga dentro de si, de alguma maneira, o conhecimento do Teatro de todos os tempos e a mais completa ignorância do Teatro destes nossos tempos, o que faz com que ele seja um espécime diferenciado dentro da realidade em que atua e, embora admirado, não obtenha nenhuma respeitabilidade conferida a outros atores, mais ligados ao conhecimento da época, que da história. Molière não pôde ser recebido na Academia Francesa, da qual hoje é patrono, porque não tinha pudor em representar e criar personagens com a força do Teatro Popular que ele conhecera durante os 13 anos em que ele e sua trupe perambularam pelo interior da França, cruzando com outras companhias, que como ele atuavam fora da corte e da capital. Assim, até hoje nossos atores populares não chegam às academias, que, de alguma maneira, se sentem constrangidas com sua arte. Nosso exemplo clássico é Dercy Gonçalves. Outro exemplo é Jorge Dória. Ou Elza Gomes. A Tônia Carreiro um dia disse que eu era a Dercy Gonçalves dos intelectuais. Que sabedoria da Tônia Carreiro. Sabedoria do Teatro de Molière e de Shaskepeare e do que pretende Dario Fo.

Tonico Pereira é um destes atores que resvala entre a mais remota ancestralidade e a maior contemporaneidade.

Em *Noite de Reis*, o bobo Festes, último remanescente histórico dos bufões histriônicos, se confronta com um novo cidadão que o ataca e despreza. O puritano Malvólio, burguês que toma conta da dispensa e dos negócios do castelo.

A astúcia, liberdade, criatividade, humor, inteligência e talento do bobo submetem o rígido, duro, moralista, inábil no amor e na poesia, incapaz do canto, da música e do vinho, o mal-humorado Malvólio, à extrema humilhação. Termina a peça com a vitória do talento, da vida, da imaginação sobre o pensamento prático, realista e utilitário, nascente na época com o avanço da burguesia protestante.



Na vida real, o bobo perdeu a luta para o puritano.

Atores semelhantes aos bufões da corte e das ruas foram desvalorizados, e no longo e médio prazo o *realismo burguês* tomou a cena. Mas o futuro não se fará sem uma inevitável recuperação histórica do ator popular e sua maneira de representar/apresentar a realidade. O futuro só acontece no presente, e estes atores trazem em si o futuro, o passado e o presente. O relógio, o calendário não contam. Nestes atores o tempo pode descansar. Não passa e passa.

Talvez Tonico Pereira assemelhe-se a tudo isso. Estou tentando explicar, para quem não o viu e talvez não vá vê-lo, que tipo de ator ele é, eternamente velho e eternamente jovem. Tal qual o Teatro.

O Teatro é filho da história e não da ideologia. Assim também são os atores como Tonico Pereira, meu amigo.



**Amir Haddad**

Obrigado Companheiras de uma Louca e Longa jornada!

Desde os primórdios de minha vida, fui considerado louco pelos próximos, assim e me impus metas, se eu não as alcançasse, seria sido apenas um louco como muitos outros que ficaram pelo meio do caminho, como me tornei um convicto e forte, consegui dobrar o Cabo da Boa Esperança, e isto me torna interessante o suficiente, para ter uma biografia, aos olhos míopes e loucos das minhas amigas Eliana e Amara

obrigado Jamico

## O Homem que Dança

Naquele domingo no final dos anos 1960, o Grupo Escolar Adino Xavier, no Alcântara, São Gonçalo, organizava uma operação para angariar fundos. As bravas professoras deviam levar seus parentes e amigos para almoçar na escola. Reclamávamos um pouco contra o trabalho não remunerado, mas naquela época ninguém teria coragem de não cumprir o que considerávamos um dever cívico.

Do Grupo Laboratório de Teatro da Universidade Federal Fluminense, Antonio Carlos Pereira fora o único a aceitar meu convite. E, assim, às 11h da manhã lá estavámos, minha família, ele e eu, na fila do angu à baiana que fervia no panelão. Meu pai fez questão de convidar meu amigo e comprou tíquetes para todos. Antonio Carlos comeu o primeiro prato, achou muito bom e quis repetir. Meu pai prontamente comprou outro tíquete. Era junho, fazia o frio que pode fazer no Alcântara. Antonio Carlos, a essa altura magrinho e com vasta cabeleira, tossia desesperadamente. E comeu outro prato de angu. E outro. E outro. Meu pai, impressionado por sua tosse, sua magreza e aquele apetite inesperado, o incentivava: *Come outro, meu filho*. E para nós: *É no que dá um rapaz dessa idade deixar a família pra ir morar noutra cidade, sozinho, numa pensão. Essa tosse...* Ao longo do tempo, a cada vez que meu pai contava, rindo de seu próprio exagero, o que virou um *causo* de seu repertório, o número de pratos de angu comidos por meu amigo-estrela ia crescendo. Na época da novela *O Espigão* eram oito e quando o *Sítio do Pica-Pau Amarelo* estourou já eram 12. Antonio Carlos ia virando o incrível rapaz que comera 24 pratos de angu no espaço de duas horas... enquanto meu pai colecionava carinhosamente tudo o que se publicava sobre ele.



Durante muito tempo só nos vimos esporadicamente. Um dia, nos encontramos no meio da rua. Ele estava vendendo seu apartamento na Gávea, eu procurava um apartamento para comprar. Quem sabe? Fui visitar seu imóvel e fiquei impressionada com a organizaçao de seu arquivo. O negócio imobiliário não saiu, mas combinamos que eu escreveria sua biografia. Começamos a pensar no assunto, a juntar material, a conversar com os velhos amigos. Imara Reis, com sua proverbial generosidade, apresentou o projeto a Rubens Ewald Filho, que o inseriu na *Coleção Aplauso.*

Ao escrever esta autobiografia não autorizada descobri um profissional meticuloso e organizadíssimo convivendo com o anárquico e já genial Antonio Carlos dos tempos do Laboratório. Tonico não desmarca entrevista e telefona para prevenir um atraso de 15 minutos. Sua memória é seletiva e prismática: se não se lembra com detalhes de determinado acontecimento pode referir-se várias vezes a um mesmo episódio de modo a destacar, em cada versão, determinado elemento.

Descobri também um artista reflexivo, preocupado com questões teóricas concernentes ao trabalho do ator e ao mesmo tempo com o aspecto profissional de sua arte. Um homem maduro que relê sua vida de tal modo que seus aspectos pessoais e profissionais formam uma unidade. Um homem grato e generoso, preocupado com a memória e com a transmissão de seu ofício.



Mais que tudo Tonico parece temer ser levado a sério demais, levar-se a sério demais. Assim, sistematicamente, trata de quebrar com uma brincadeira, um termo chulo, uma história, uma piada de um mau gosto meticulosamente trabalhada, todo e qualquer discurso que possa soar mais solene. Como Dionísio dançarino, circula entre diferentes sentimentos e emoções, entre diversas culturas e diferentes níveis de língua com a leveza dos saltimbancos que tanto admira, dizendo sempre *sim* à vida.

Aglutinador, em torno de sua história nos reencontramos, amigos que não nos víamos há tempos, e celebramos o teatro, a vida e a amizade, na qual buscamos apoio para encarar o eterno movimento do mundo e nele aprender a dançar.

Foi um grande prazer dar forma a esta autobiografia não autorizada e para sua consecução contei com a colaboração de muitos amigos. Thaia Campos amorosamente transcreveu as entrevistas e escaneou todo o arquivo fotográfico de Tonico para que escolhêssemos as fotos; Imara Reis, além do contato inicial com Rubens Ewald Filho, ofereceu-me várias sugestões quanto ao desenvolvimento das entrevistas; Elias Francioni e Sandra Delgado cederam os direitos de suas fotos; Suely e Fernando Gualda Pereira, Maria Luiza Coimbra e Ronaldo Florentino me ajudaram com suas lembranças a recompor os tempos do grupo Laboratório; Leila Pereira e, de novo, Fernando Gualda dirimiram minhas dúvidas linguísticas; Izabel Cruz leu os originais e em muito contribuiu para sua primeira revisão. Marina Salomon, com paciência e amor infinitos, escaneou fotos e textos manuscritos em resolução profissional e muito colaborou na escolha das fotos e na finalização do projeto, fazendo uma preciosa última leitura dos originais; Ana Lucena me ajudou a levantar a obra de Tonico e me apoiou constantemente com sua crítica e sua amizade. A todos agradeço muito.

Ronaldo Graça me obrigou a trabalhar quando isso parecia impossível, seu pensamento guiou o meu em mais de uma passagem e sua força amparou minha fraqueza. Este livro não é apenas dedicado a ele. É dele também.

**Eliana Bueno-Ribeiro**

*Thaia e Daniela*

# Capítulo I

## Esse Cara

Cuidado com o Tonico, ele talvez seja a versão ator do Nelson Rodrigues. Um dia desses, ensaiando mais uma cena do rei Cláudio, que ele faz maravilhosamente ou, eu devia dizer, rodriguianamente, o Tonico sugeriu ao ator com quem contracenava que usasse como subtexto alguma sacanagem, mais exatamente que fulano queria comer fulana. E, glorioso, enfático, rodriguiano, as narinas dilatadas, acrescentou, *eu sou um ator que trabalha com subtextos*. E eu corrigi: *com um subtexto, você quis dizer, não é Tonico?* Porque o Tonico é pura sacanagem e assim ele consegue ser um stanislavskiano de uma nota só, satanizando o russo, um *satãnislavskiano* que bota todo o método no pau, que levaria Nelson Rodrigues ao delírio, gritando pelas ruas da Aldeia Campista, *encontrei meu ator, encontrei meu ator!* Falei Aldeia Campista pra ficar num sub-bairro tijucano das obsessões do grande dramaturgo e, por coincidência, caio nas obsessões do grande ator Tonico Pereira, a aldeia campista que não é o bairro, mas o mundo do Tonico, que pode ser resumido na sua cidade natal, Campos, a sua aldeia. Tonico interrompe ensaios, ou melhor, ilustra os ensaios com histórias de Campos, seus personagens, seus costumes, o advogado que se ajoelhou no meio do tribunal, os times de futebol de várzea, os bares, os frequentadores dos bares, os amigos. Um dia, no começo dos ensaios, ele falou de um personagem que nos encantou, sobretudo pelo nome formidável que, inevitavelmente, todos associamos ao próprio Tonico e que o Wagner resolveu transformar em nome de um troféu que seria dado semanalmente a alguém da equipe. O Troféu Pereirinha Ruim, o amigo campista do Tonico, que comeu não sei quem, não sei como. Mas não se pense que a obsessão do Tonico é limitadora, dali ele tira um repertório ilimitado de recursos, é como se ele partisse de um átomo muito carregado que explode em um milhão de possibilidades. Ele diz que os diretores com quem trabalha dizem sempre, *menos Tonico, menos*. Porque ele é assim, exuberante, generoso, rico. E louco, ele atua como vive, sem limites, aproveitando tudo o que a vida oferece, não seguindo nenhuma dieta, comendo rabada com polenta (aqui estou falando sem duplo sentido) quando o médico manda comer uma saladinha de folhas, experimentando uma gargalhada na cena da ameaça de guerra. Claro que não precisa dizer *menos Tonico, menos*, basta ir com ele nessa fartura até encontrar o ponto em que está tudo ali dentro, a carne, o osso, o tutano, a polenta.

E o excelente ator que ele é, dos melhores do Brasil, está pronto pra servir no palco um prato suculento de teatro.

**Aderbal Freire-Filho**

Eu me considero diferente e igual a ele. Diferente na preocupação excessiva que ele tem com o futuro, contrastando com a minha preocupação excessiva com o presente. E igual na busca por ser brilhante no aspecto profissional (com a diferença que eu faço um esforço sobre-humano para tentar ser, enquanto ele apenas é).



Nem oito, nem oitenta. Quisera não ter esse despojamento enorme com relação a uma desejada estabilidade. E quisera me esforçar bem menos pra me destacar profissionalmente e, também, que isso não representasse uma autocobrança tão grande pra mim.

Posso estar errada, mas acredito que meu pai foi pai sem desejar ser. Tenho na memória e, até hoje, ainda ficaram resquícios, de um pai que se relacionou com as filhas por meio de instintos tão naturais que isso fez dele um pai incomum. Porque existe certa convenção na prática da paternidade. E, decididamente, essa convenção não se aplica a ele.

Uma das coisas mais marcantes da minha infância e do meu relacionamento com ele, com certeza, foi a forma como ele alimentou os meus mais absurdos devaneios infantis. Nós tínhamos em casa uma piscina infantil de plástico e ele viajava comigo que nós teríamos, em breve, um golfinho que moraria nela. Conversávamos horas sobre como cuidar e alimentar o golfinho. Dávamos nomes a ele. E, apesar dessa elucubração nunca se tornar realidade, ele sabia fazer, de um jeito tortuoso e talvez até não intencional, que prevalecesse em mim apenas a alegria e a expectativa de ter um golfinho morando na minha piscina, suplantando uma eventual decepção por isso

nunca, de fato, acontecer.

Acho que o fato de ele ter sido pai sem querer foi amenizado por uma linguagem lúdica que ele tinha e que me fazia achar que ele era criança também (e talvez o fosse).

Isso tudo é a parte boa. Teve, é claro, a parte ruim. Do pai ausente, do caráter questionado pelo lado mais conservador da família, da excessiva modernidade que me envergonhava diante dos meus amiguinhos. Do alcoolismo. Dos milhões de coisas que eu não quis saber sobre ele. E de tantas outras que a minha mãe, sensata, me privou de saber.

Costumo dizer por aí que sei ver o meu pai somente como pai. Não seria bem resolvida se procurasse enxergá-lo como o homem que foi pra minha mãe, por exemplo. Ficou em mim o pai que queria descobrir, junto comigo, quantos peixes um golfinho come por dia. Ficou em mim aquele cara que, depois de sumir por um bom tempo, voltava trazendo um coelho, um cabrito, um mico, uma codorna. E trazendo também total despreocupação em como cuidar do coelho, do cabrito, do mico e da codorna.

Um dia cresci. E ele cresceu um pouco também. O distanciamento trazido pela separação consolidada dele e de minha mãe, o fato de morarmos em cidades diferentes e de ele não conhecer o meu quarto, as minhas coisas, me fez pensar que ele na verdade não me conhecia.



Tantas foram as vezes em que me irritei com julgamentos que não procediam. Uma visão deturpada do que eu era. Contudo, esses erros nunca vinham desacompanhados de uma enorme vontade de acertar. Em alguns momentos, a vontade de acertar passava despercebida, mas ela estava lá.

Mas houve, sim, os momentos de estranheza. Como no dia em que haveria um almoço na casa dele pra comemorar algo de que não me recordo. E eu, enlouquecida com a iminente banca do meu trabalho final de graduação, com eternas noites sem dormir nas costas, exausta, tensa e ansiosa, recusei o convite. Acho que esse foi o nosso maior momento de incompreensão. Ele insistiu. E a sua insistência beirou a minimização do meu cansaço e esforço. Daí veio a minha revolta e o recuo dele. Eu chateada, triste. Ele culpado. Aliás, culpado como sempre. Meu pai é, sem dúvida, a pessoa mais culpada que eu conheço. Isso, de certa forma, o redime de muitas coisas. Embora seja tão difícil saber a maneira intensa com que ele convive com sentimento tão penoso.



Lembro-me também de momentos em que eu recorri a ele por precisar de um pai. Quando eu não passei no vestibular, por exemplo, tive, é claro, as palavras consoladoras da minha mãe. Mas, em se tratando da minha primeira grande decepção na vida, necessitei das palavras de um pai também. Tive a impressão de que ele não soube o que dizer. Aliás, tive certeza. Mas, quando voltei pra casa, me percebi muito melhor. Os dias convividos foram o bastante pra olhar pra frente. E ele, talvez, tenha até se condenado por não ter o traquejo de pai no momento em que eu precisei. Mal sabe ele.

E é um turbilhão mesmo. Mistura de pai que sonha junto com um golfinho na piscina ou um elefante no banheiro de empregada e pai bêbado que, descompensado, procura a chave do carro no gato que dorme na poltrona, ao lado da sua bolsa. Preocupado e culpado. Um pai que, na frente de todo mundo e me envergonhando, deita no chão da quadra da minha escola e dorme até a hora de assitir ao meu jogo ou ao balé da Dani. Um pai que pode querer matar alguém que me bateu ou que foi injusto comigo. Que me quis esportista um dia. E que hoje me quer arquiteta. Que ainda não me conhece. Que não sabe o que eu faço no meu trabalho. Que me pergunta, milhões de vezes por dia, a mesma coisa. Que me inspirou a querer (sobre)viver de arte. E que parece estar arrependido disso. A palavra *pai* no caderninho dele foi escrita de um jeito, como já ouvi por aí... certo por linhas tortas. O resto todos já sabem, mas eu posso dizer por experiência própria: além de ator, ele também é um pai improvável.



**Thaia Campos**

Sou Daniela, a primogênita. Nasci quando meu pai estava estreando profissionalmente no Teatro.

Quando criança sentia uma pena muito grande dele, já que em casa ele estava pouco presen-

*Thaia - preparando festa de 1 ano de Antonio e Nina*

*Daniela e Thaia na piscininha*

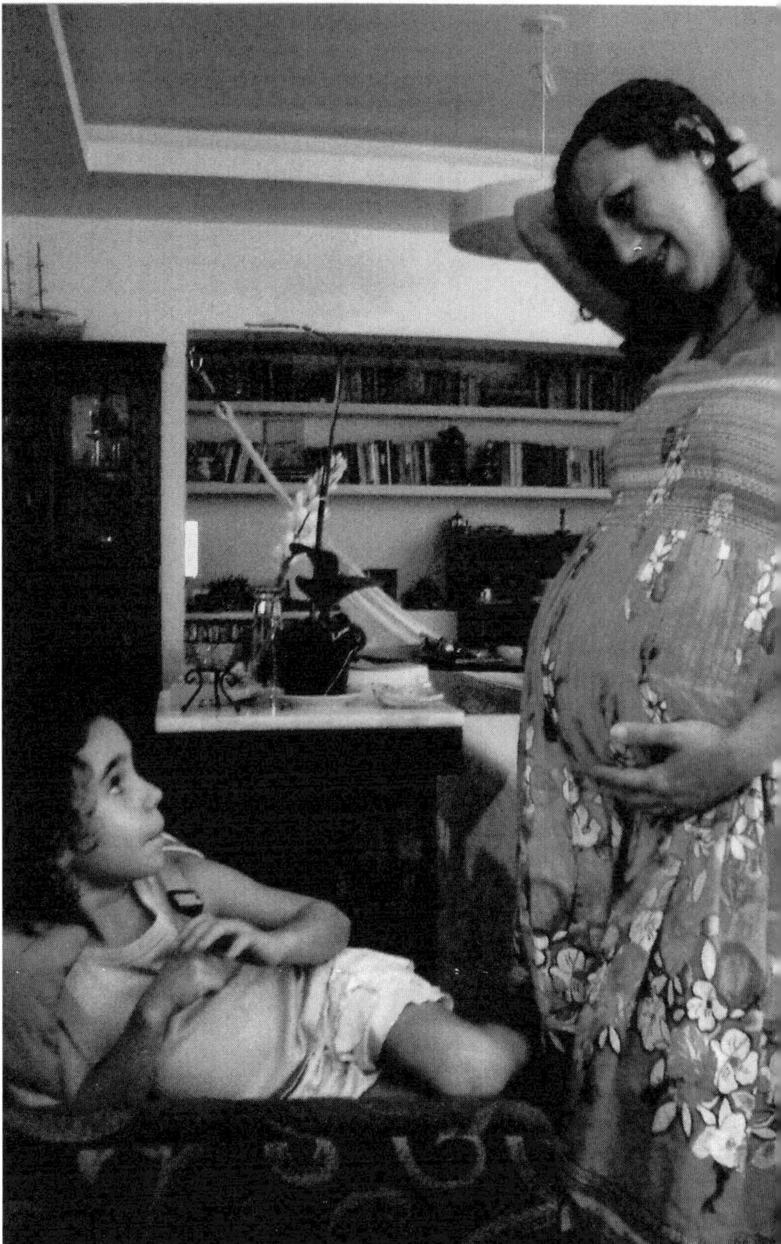

*Dani grávida, olhando para Nina*

te, e quando chegava bêbado, ao amanhecer, acontecia de eu abrir a porta da fechadura já trocada e permitir, por pena, vergonha, medo, sei lá... a entrada dele em casa. Sempre muito real e intenso.

Mas por ser a primeira, também tenho algumas boas impressões da infância, tempos de alternância entre os momentos de bebedeira e os momentos de admiração e fantasia, quando eu e a Thaia acompanhávamos alguns ensaios de teatro, idas às gravações do *Sítio do Pica-Pau Amarelo*.

No sítio, uma vez, me chamaram pra fazer o teste da personagem Anjinho da Asa Quebrada, ele não me deixou.



Quando tive minha primeira menstruação, aos 11 anos, ele soube de uma forma um pouco atrapalhada, mas imediatamente apareceu lá em casa, fora do dia da visita, com um buquê de rosas vermelhas e um kit que incluía uma caixa de OB e um cartão que dizia: "Daniela, a filha minha que se fez mulher". Atitude de um pai desajeitado, totalmente romântico e ao mesmo tempo engraçado.

Durante alguns anos, naturalmente ou por ser a filha mais velha, fui porta-voz do casal e, talvez por isso, ficamos mais amigos, confidentes.

Ele sempre com muitas namoradas, alguns desgostos, fossas terríveis que vinham acompanhadas de poesias, papéis rabiscados que ele lia, com todo sofrimento e eu assistindo pra dar opinião.

Nesse tempo, resolvi fazer teatro, queria ser atriz.

Tinha feito um pouco, quando criança, mas também um pouco precoce, sempre muito preocupada com a sobrevivência, independência, desde cedo tentava ganhar alguma grana com as coisas que fazia, um pouco semelhante a ele.



Ironicamente gostamos de dizer que meu pai, como vendedor de cachaça, dono de peixaria, livraria, passe de jogador, loja de parafusos, concessionária de carros e várias outras coisas, *sempre foi um ótimo ator*. Com uma preocupação ingênua e sempre tamanha com a sobrevivência dele e nossa, criando investimentos que normalmente desestabilizaram muito mais sua economia do que se tivesse apenas contado com a profissão de ator.

Mesmo assim, por algum tempo, ou até me formar em interpretação, fui atriz também.

Nesse período assisti aos trabalhos do meu pai e fui vista por ele em algumas poucas realizações universitárias... Algumas vezes conversamos sobre meus personagens, ele com ideias muito boas, inovadoras. Nas primeiras peças em que me viu, não poupou críticas, às vezes duras, mas totalmente cabíveis, sempre pro lado mais libertador, ousado... Fui pelo caminho do estudo, da formação, fiz faculdade, totalmente diferente daquele que, por sobrevivência, deslumbre, paixão, foi construindo uma carreira sem nenhuma didática ou formação específica e sem se dar conta de estar construindo sua carreira de verdade.

No meu espetáculo de formatura, gostava muito de ensaiar sozinha, conversamos pouco e, algumas indicações que ele me deu, mesmo sabendo pouco do que se tratava, usei no espetáculo. Formei-me com nota 10 em interpretação. Minha mãe, padrasto, ele e a Marina foram a essa estréia; todos se emocionaram e ele, que nem deve se lembrar disso, deu-me parabéns, quase sem restrições.



Mais tarde, me dei conta de que adorava suas observações, mesmo quando em alguns casos ele me dirigiu e foi um tanto cruel, por sempre me colocar em pé de igualdade com ele, ao mesmo tempo em que deixava perceber certa vaidade de pai. Embora isso me tenha dado muita força, talvez por outros motivos mais pessoais, deixei de ser atriz. Há nove anos trabalho com produção de elenco.

Como produtora de elenco – com a maior admiração que tenho pelo ofício de ator, neste universo infinito de pessoas que o são, artistas, independentemente de formação, grupo ou origem –, estou certa da importância de existir um ator/trabalhador como ele.

Também como produtora de elenco – e com um pouco mais de maturidade –, pude ter certeza de que lá atrás, quando ele não me deixou fazer o teste do *Sítio do Pica-Pau Amarelo*, estava sendo pai. E vai por aí sendo pai, como agora é pai da Nina e do Antonio, e a gente pode sentar lado a lado, sem que o passado nos pese, com todos os erros e acertos, e assistindo aos dois pequenos, inevitavelmente deslumbrados, seguir crescendo juntos.



Rio, 17 de janeiro de 2009,

**Dani Pereira**

Mais do que amor ou paixão, minha história com Tonico é sobre destino. Destino daqueles de novela, do tipo que quando o autor escreve a gente pensa: ah, mas essas coisas não acontecem na vida real...

Tonico e eu nos conhecemos numa quente noite de verão. Festa na casa de uma grande amiga minha que comemorava o fato de estar *se juntando* com seu namorado.

O ano era 1987, tempos de Baixo Leblon e Caetano cantando *menina do anel de lua e estrela*...

Passei metade da festa sentada na cama de minha amiga, conversando com um ator bom de papo, que parecia estar me cantando, mas não tomava nenhuma atitude, digamos, mais ousada. Levantei, fui buscar algo pra beber e Tonico, que eu só conhecia pela televisão, me chamou pra dançar. Bailarina que sou, aceitei o convite na hora.



Pronto, daí veio mais dança, banho de mangueira geral – o apartamento era uma pequena cobertura com quintal – e um convite de Tonico para sair dali. Passamos esta noite juntos. Ficamos um mês mais ou menos nos vendo esporadicamente. Nessa época Tonico bebia muito ainda, tinha fama de sair com várias pessoas ao mesmo tempo. Não levei esse encontro muito a sério e acabei me envolvendo com outra pessoa. Ainda hoje a gente discute sobre isso. Tonico diz que estava me namorando e eu dizia que não, a gente não namorava. A gente saía...

Passamos muito tempo sem nos encontrar.

Quase dez anos depois, em 1995, estava sozinha tentando pegar um táxi numa esquina próxima à minha casa – Rua João Afonso com Rua Humaitá, no Rio de Janeiro –, quando um carro para perto de mim. Era Tonico subindo a João Afonso, rua onde ele morava. *Oi, Marina, há quanto tempo? Pra onde você vai? Entra aí que eu te dou uma carona*. Entrei. Estava magro, abatido, disse que tinha acabado de terminar um relacionamento de cinco anos. Disse também que tinha parado de beber e que eu era exatamente aquilo que ele queria encontrar naquele momento. Ele me deixou na Casa de Cultura Laura Alvim, onde fui assistir a uma peça de teatro.



Na saída da peça, para minha surpresa, encontro Tonico sentado do lado de fora, todo arrumado, superbonitinho, com cara de quem estava me esperando. O único detalhe, que não estava nos planos dele, é que eu tinha ido encontrar outro namorado...

Uma semana depois, Tonico me liga me convidando pra jantar. Eu disse que não estava a fim, estava meio triste, não queria sair, tinha terminado com o tal namorado. Ele falou... *Oba!... Estou passando aí pra te pegar*.

Treze anos e um casal de gêmeos depois desse jantar estou aqui, na frente do computador, contando essa história mais uma vez e, como sempre, me divertindo. E pensando: ... *Sim, Tonico, você é a minha referência masculina*. Você me ensinou o valor do tempo.

Você me fez entender que admiração é algo extremamente necessário porque sem isso não existe relação. Amor não basta.

Não penso na minha vida, no meu cotidiano sem você, meu *Mozart*, que insiste em achar que todos temos o teu dom e que ninguém precisa estudar nem trabalhar muito para estar em cena. Basta entender e fazer...



Temos formações, talentos e prazeres muito diferentes e muitas vezes entramos em choque por causa disso.

Você é ator. Eu sou bailarina.

Você só acredita na sua intuição. Eu só consigo usar a minha intuição se meu instrumento-corpo estiver preciso e exaustivamente trabalhado.

Eu amo arte conceitual. Você gosta de arte naïf.

Eu me aqueço loucamente. Você dorme pra entrar em cena.

Você só gosta de ler jornais e ouvir notícias. Eu odeio jornal e o que eu gosto mesmo é de ouvir música.

Você não sabe cantar nenhuma música dos Beatles, mas canta *Boemia* como ninguém e isso pra mim é insubstituível.

Você nunca leu Deleuze ou Baumman, mas com você aprendi a, de fato, ler Shakespeare e Nelson Rodrigues e entendi que o importante é trabalhar com a falha, o erro, o humano. Aí está o pulo do gato.

Eu sou patologicamente tímida. Você faz novos amigos como quem bebe água.



Você tem medo de avião e eu seguro a tua mão...

Mas a gente se encontra no baile. Eu me acabando de dançar e ele adorando assistir, sentado, cheio de prazer e orgulho, me olhando com olhos libidinosos, sempre e ainda, tantos anos depois.

Tonico tem alma de algodão-doce. Se veste e se reveste com fantasias de malandro, macho, esperto e bandido, mas ele é homem que chora sem fingimento e que buzina para os pombinhos saírem da frente do carro porque não quer atropelá-los... Talvez ele não saiba, mas foi aí que ele *me ganhou*.

Jamais vou me esquecer da expressão dele, angustiado e absolutamente solidário, quando numa noite de ano novo, nós no hospital, ouvimos o médico dizer que eu estava com um problema no ovário. Eu muda e gelada de dor e Tonico perguntando, nervoso e pálido, se eu poderia ainda engravidar. Obrigada, meu amor. Obrigada. Cinco anos depois nasceram nossos filhos gêmeos, Antonio e Nina.

Alguns desavisados podem achar que a nossa é uma relação edipiana-clichê, pois temos 17 anos de diferença – apesar de você insistir em achar que eu tenho a sua idade. Você casou com a *Narizinho*, lembra?



Acredito que a diferença entre nós traz, de fato, uma oposição complementar que nos estimula e nos ensina, diariamente, a estar juntos.

Seus amigos são amigos para sempre e seus amores, eternos.

Dani e Thaia, suas filhas, bens preciosos e imprescindíveis para a sua sobrevivência.

Adoro as duas com suas diferenças e semelhanças. Gosto quando a gente sai de carro e elas conversam sem parar e cantam juntas e lembram histórias de um Tonico que eu não conheci.

Adoro o fato de Nina e Antonio terem irmãs tão deliciosas e que os receberam com uma felicidade genuína e emocionante.

Nina e Antonio, hoje, têm um pai um pouco diferente daquele que Daniela e Thaia conheceram.

Tonico, hoje, quando não está trabalhando, está em casa, bebe duas taças de vinho no jantar, mas continua fumando, escondido de mim, apesar de já ter recebido vários avisos da vida de que é hora de parar.

Falei pouco do ator impressionante que Tonico é.



O livro por si já vai dizer.

Mais do que o talento, mais do que a genialidade, o que importa mesmo é que, aos 60 anos, Tonico é príncipe para a Nina e super-herói para o Antonio, que hoje aproveitam os seus 3 anos e 8 meses.

Seguindo suas falhas, erros e acertos, Tonico aprende a ser uma pessoa incrivelmente generosa e realista, sem jamais, de forma alguma, deixar de sonhar acordado.

Estamos prestes a morar juntos, após tantos anos de vidas misturadas e casas separadas. E aqui vamos nós, começando mais uma etapa de nossas vidas que continue sendo, espero eu, criativa, amorosa e duradoura.

Para o meu amor, em 23 de janeiro de 2009

**Marina**

*Com Marina*

*Marina com Antonio*

*Tonico (com a blusa eu amo Tonico Pereira) e Nina*

*Antonio Nicolau e Nina Sofia*

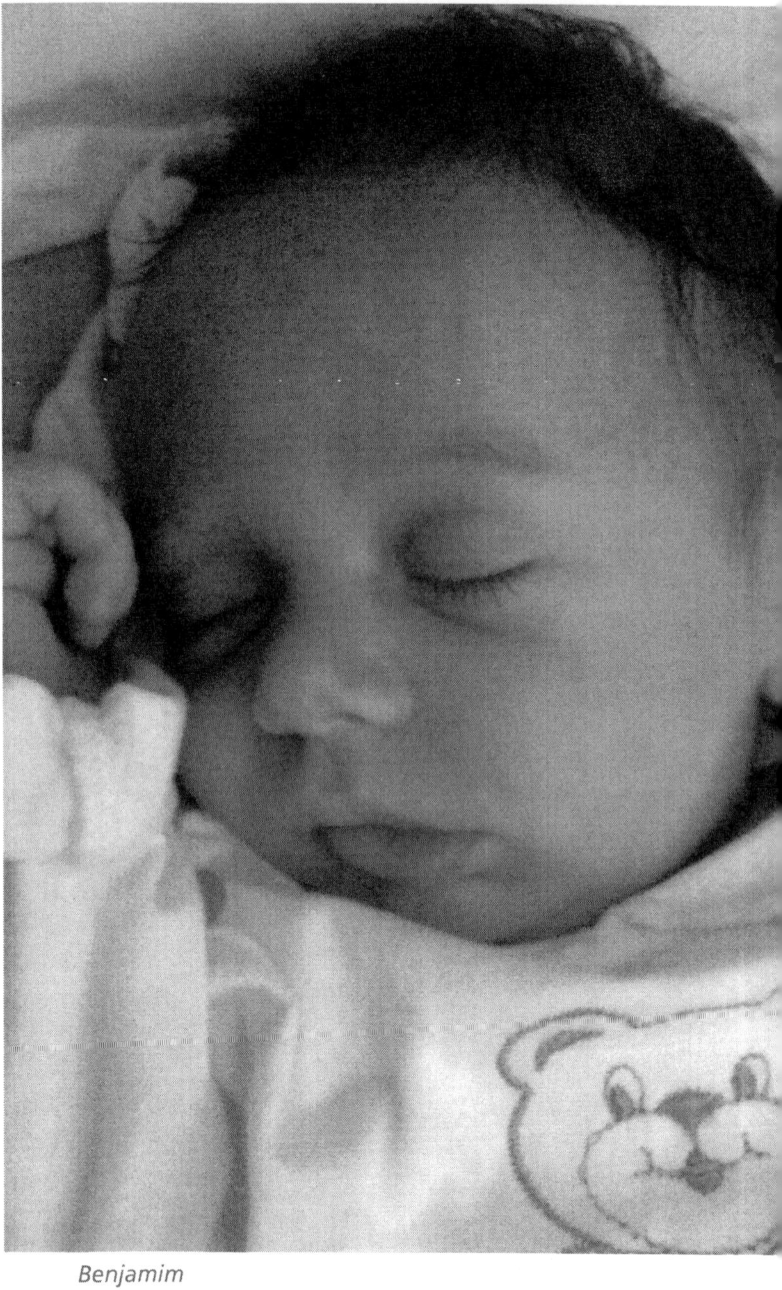

*Benjamim*

*Com Thaia, Marina, Daniela, Nina, Antonio e o Goytacaz*

## Capitulo II

## Primeiras Histórias

*O Paraíba correndo/ e com razão/ pois em Campos não deve parar*

**Tonico Pereira**

### Retratos na Parede

Nasci em 22 de junho de 1948 em Campos dos Goytacazes, em casa, na Rua 21 de Abril, número 155, num parto começado pela parteira, Dona Talita, e terminado pelo Doutor Jacinto. Foi um parto difícil, nasci de 7 meses e quase que morto, fiquei numa caixa de sapato com algodão porque nem roupa tinha, de tão pequeno. Essa foi então minha segunda vitória (a primeira sendo a do espermatozoide): sobreviver.

Meu pai se chama Hernandes Gama Pereira e minha mãe se chamava Maria José de Souza Pereira. Meu pai está com 86 anos e tinha 24 quando nasci. Mamãe era mais velha que ele um ano, devia ter 25.

Nasci no centro da cidade num local cercado de prostituição, o qual hoje é ponto de travestis. Sai da praça principal, a Praça de São Salvador, e desce até a Rua dos Goytacazes, paralelamente ao Paraíba. É uma rua que passou por uma série

*Catedral de Campos dos Goitacazes. Praça de São Salvador. 2009*

de transformações sociais. Na minha época era mais residencial de classe média, agora acho que não, agora é centro, centro mesmo.

A casa era de meu avô, morávamos numa meia-água construída para nós. Éramos, relativamente, uma família de classe média. Minha mãe tinha um emprego público em um determinado momento, mas a pensão, que ficou pra minha irmã, é de R$ 500,00 e poucos centavos. Meu pai é até hoje comerciário, ganha seus R$ 500,00 por mês. Trabalha numa loja de tecidos em Alcântara, São Gonçalo, no Estado do Rio de Janeiro. Hoje toda a família está em Niterói. Fui o primeiro a sair de Campos, mas não trouxe ninguém, todos vieram depois, por conta própria.



Éramos cinco irmãos. Uma irmã morreu, minha mãe adotou uma menina, e há pouco tempo morreu meu irmão, a pessoa a quem eu era mais ligado. Ele tinha Síndrome de Down e eu me relacionava muito bem com ele, eu o adorava. Viveu 40 e poucos anos, morava com meu pai e nunca foi tratado especialmente porque minha família é muito simples. Minha mãe, que morreu há relativamente pouco tempo, era até menos simples que meu pai, mas, quando morreu, meu pai não assumiu a liderança da família. E foi o acaso que fez com que meu irmão vivesse tanto tempo.

*A família: Tio Antoninho e Tia Ruth, Bel e Juca, Zezé e Hernandes com vovô Valdy e vovó Maria, e a bisavó Mãezinha*

*Joãozinho, irmão de Tonico*

Uma parte de minha família, tios e primos, era constituída de bancários o que, na época, era tido em alta conta; trabalhar em banco, sobretudo no Banco do Brasil, era muito bom. Bancário era diferente de comerciário. O poder aquisitivo de meus tios Antoninho, Bezinha ou Juca era diferente do poder aquisitivo de meus pais.

**Meus Verdes Anos**

Acho que, como todo mundo na época, tinha uns seis anos quando entrei na escola, o Externato Eucarístico, na Rua Formosa, atual Tenente-coronel Cardoso. Fui alfabetizado facilmente. Sou mais velho um ano que Suely, uma de minhas primas, mas ficamos na mesma turma e estávamos sempre juntos. Suely e Rosane Sampaio, uma amiga comum, estudavam muito, mas eu ficava sempre em segundo ou terceiro lugar, embora não fosse muito estudioso. Eu chegava a perder a pasta com os livros e cadernos, só achando na hora de ir para o colégio. No entanto, essa foi a única escola em que estudei, pelas outras apenas passei.



Como o nome indica, tratava-se de uma escola católica. O diretor era o padre Rosário que, num determinado momento, queria que eu fosse padre também, talvez porque eu tivesse me sobressaído num concurso de catecismo no colégio. Na verdade ele tentava influenciar todo mundo,

*Campos dos Goytacazes, 1950: Antonio Carlos (de pirata) com as primas Lúcia, Ana e Suely.*

não era só a mim, mas isso estava muito longe de meus interesses.

No ginásio estudei no Colégio Bittencout e novamente no Colégio Eucarístico. Em seguida, com pouco menos de 18 anos, completei o Curso Técnico de Contabilidade, mas não me lembro em qual escola. Estudei de dia até o ginásio, depois à noite.

Nas férias íamos para Atafona, a praia dos campistas, em São João da Barra. Atafona foi o local de minha infância, de minhas férias de colégio e de meus amigos. Minha família conseguiu ter uma casa lá, mas eu ia para a casa de colegas. Sempre fui um pouco distante de minha família.



*Lembro-me de que gostava de jogar bola e ele se aproveitava disso para treinar drible comigo. Encostava o joelho na bola e dizia:* Joelhinho! *Era a dica para que eu tentasse apanhar a bola que ele driblava com o pé. Nunca consegui. Ficava chateada, mas aceitava novamente a brincadeira em outra ocasião. Dos apelidos lembro-me de Lucília Paixão Passos, para Lúcia e da posição de Sérgio, o vizinho, no futebol: beque sentado (que também tinha o apelido Bossinha). Tudo de maneira sempre debochada e, sem dúvida, muito criativa.*

**Amélia Pereira**

Meus oito anos foram marcantes em minha vida. Com essa idade comecei a fumar e chegava a trocar com minha mãe tarefas caseiras por cigarro. Por exemplo, eu lavava os pratos e ela me dava um cigarro. Nessa época todo mundo fumava, com qualquer idade, não havia essa cultura nova quanto ao cigarro.

Sobretudo nessa idade tive uma experiência fundamental, a descoberta da propriedade: eu tinha pegado um gibi, quer dizer, uma revista em quadrinhos, que pertencia a um de meus primos, da mesma idade. E fui acusado de ter roubado esse gibi. Então comecei a entender que as coisas tinham dono. Desse dia em diante, comecei a bancar minhas necessidades pueris, ou seja, minhas necessidades não básicas – porque minha família me dava, claro, o comer, o dormir, o vestir –, minha diversão, tudo o que não fosse essencial.



Para isso eu acumulava muitos serviços: encerava a casa dos vizinhos, vendia suspiro na rua, etc. Minha bisavó, Dindinha, fazia os suspiros. Ela residia diante da casa em que a gente morava. Nossa família tinha uma tradição de doceiras, de doces de Portugal e de empadas, essas coisas. Vendíamos na rua, entregávamos em bares, etc. Eu também entregava leite. Antigamente o leite era entregue nas casas de manhã, naquelas leiteirinhas de lata. Eu pegava o leite numa leiteria que minha mãe tinha. Infelizmente o negócio dela não deu certo porque meu pai nao tinha vocação nenhuma pra mexer com leite, arranjou até uma alergia. Então passamos a ir buscar o leite de madrugada na fazenda e depois entregávamos para várias pessoas. Uma das casas onde eu entregava leite era um prostíbulo e esse foi meu primeiro contato, visual pelo menos, com as mulheres, meu primeiro contato com a prostituição. Eu tinha oito ou nove anos, por aí.

**Na Zona do Agrião**
Eu tinha mais ou menos nove, dez anos, minha mãe tinha uma leiteria. Eu entregava leite nas redondezas. Na mesma rua da leiteria em Campos, Rua do Ouvidor, tinha um puteiro. Eu também entregava leite lá. Às 6 horas, 6h30, as putas esperavam o meu leite para tomar o café da manhã. E eu aprendia que eu tinha que dar o meu leite para as putas, a fim de que elas pudessem dormir em paz.



Com uns 12 anos, eu fazia a faxina na sede da Tradição, Família e Propriedade (TFP) que tinha forte influência em Campos. Fazia isso para arranjar dinheiro, não era nenhum vínculo com a organização. Eu ia lá encerar a sede, varrer uma ou duas vezes por semana. Era um faxineiro, era o diarista.

Eu tinha + ou – 9/10 anos, minha mãe tinha uma leiteria (Leiteria Boa Vista), eu entregava leite nas redondezas, na mesma rua da leiteria em Campos (Rua do Davides), tinha um puteiro, eu também entregava leite lá, às 6:00/6:30, as putas esperavam o meu leite, para tomarem o café da manhã e irem dormir, e eu aprendia que eu tinha que dar meu leite pras putas, pra elas dormirem em paz

T...

De fato, no dia em que descobri a propriedade, no dia em que descobri que podia ser ladrão, ou que podia ser chamado de ladrão, tive uma lição prática de marxismo: *Olha, a propriedade existe*.

O problema é que em Campos a pessoa que trabalha não é muito bem-vista, não é muito prestigiada. O herdeiro é que é o prestigiado. E eu me coloquei logo como trabalhador. Sem nenhuma ajuda teórica, instintivamente, numa esquerda instintiva, posição que, depois, vai-se acentuar com a minha chegada ao Grupo Laboratório, em Niterói.



Sempre tive grande necessidade de independência. Assim, nos clubes, geralmente eu era sócio-atleta, quer dizer, contribuía com meu trabalho em vez de pagar anuidade e frequentava os mesmos ambientes que o sócio não atleta. Fazia futebol, natação, atletismo (corrida). Frequentei vários clubes: o Saldanha da Gama, no qual fazia natação e atletismo e onde depois passei a correr, ou o Automóvel Clube, em que fiz judô. Nos demais clubes, o Tênis Club, por exemplo, eu *furava* normalmente.

Joguei futebol no juvenil do Goytacaz. A escola de futebol não era profissional, era amadora, mas era competitiva. Naquela época, o futebol, sobretudo o profissional, era um mundo completamente marginal. Entre outras coisas, nenhum jogador profissional daquela época estudava. Tanto é que os jogadores de hoje têm dinheiro e os daquela época não tinham. Os campeões de 1958, por exemplo, à exceção de Pelé, são todos pobres.

Em Campos não tive muitas namoradas, as meninas me discriminavam porque eu era um trabalhador. Eu não era de família rica nem saía na coluna social. Até hoje, já transei com francesa, com americana, com brasileiras de todos os Estados, de todas as cidades, mas nunca transei com ninguém, com menina nenhuma, com mulher nenhuma de Campos. Eu namorava mais as *estrangeiras*, isto é, as que iam à cidade em férias.



Se não me falha a memória, fui levado ao prostíbulo pela primeira vez por um chofer de dois amigos meus, da mesma idade, que vieram pro Rio antes de mim uns três meses. Tinha oito, nove, talvez dez anos, algo assim. Minhas idas davam-se à tarde, horário de criança. Mas, depois, quando comecei a frequentar mesmo, mais velho, era muito comum namorar até 22 horas, digamos, e depois ir para o puteiro. Era uma cultura. A putaria estava inserida no sistema. Assim, acho que transei com minha primeira mulher aos nove, dez anos.

**Sexo x Sexo Igual a... Ohahhhh!...**

*As prostitutas do meu bairro eram umas fingidoras, fingiam que era prazer o prazer que deveras sentiam – saudades! Levavam os meus poucos trocados conseguidos com meu avô Valdy. Elas me ensinaram a exigência de um sexo prazeroso e intenso, que me imponho até hoje, a mim e às minhas parceiras.*

*Caras senhoras de um sexo sem nexo, no qual o auge acontece no esguichar de uma porra rala expelida por um pau inseguro! Que não sabe ainda se sou mais amado hoje que antigamente, quando a troca de trocados de fome e de sexo se exercia em seus prazeres plenos e intensos.*



*Campos (Rua 21 de Abril)*

**Tonico**

Os tempos agora são outros. Naquela época não tinha AIDS. Mas também não tinha pílula. Minha geração aproveitou muito a época da pílula e da liberação da mulher, que mudou a política sexual feminina antes da AIDS. Na verdade, o que me atraía muito no teatro, já em Niterói, era, justamente, a liberdade sexual das meninas. Eu adorava. Adorava e até parei de transar com prostituta.

Uma tarde no Saldanha quis entrar de sandália franciscana e um diretor chamado Moacyr Fonseca me barrou. Aceitei ser barrado, fui em casa, botei sapato e, quando voltei, estava entrando um filho de usineiro de sandália franciscana. E não foi barrado. Aí chamei o diretor: *Moacyr, vem cá, ele entrou sem sapato*. Moacyr, muito evasivo, respondeu: *Ah, não sou o diretor do dia...*. Insisti: *Peraí, você foi o diretor do dia pra mim e pra ele não?* Pra resumir, esse cara levou uma porrada. E eu fui expulso do clube.

Enfim, quando saí de Campos, considerava que saía não só por minha vontade, que de fato existia, mas igualmente expulso e excluído. Já não tinha clube pra frequentar, era muito brigão, muito revoltado.



A poesia a seguir foi feita como agradecimento ao Mário Barbeiro – barbeiro da família, de meu avô, de meu pai e meu – depois de uma conversa na barbearia. Minha profissão alternativa seria a de barbeiro, a barbearia é um local de sociabilidade das cidades pequenas, é o lugar do papo, da troca de informações. Na sala da minha casa pus até uma cadeira antiga de barbeiro. E estou transformando o banheirinho da entrada, um lavabo, numa pequena barbearia. Adoro barbeiro.

*Lá está a minha Campos*
*E já não posso voltar.*
*A Campos do barbeiro Mário,*
*Ah, o sensato barbeiro Mário*
*Que um dia a contragosto dos meus pais,*
*Num canto da barbearia,*
*Entre pincéis, espumas e navalhas*
*apregoou.*
*– Sai daqui, Cacau, Campos já não dá mais.*
*Agradeço Mário barbeiro*
*Obrigado, barbeiro Mário.*
*Lá está a minha Campos*
*E já não posso voltar.*
*Campos da minha infância*

*Dos malditos canaviais,*
*Folhas verdes, finas, estruturais*
*De um sistema, de uma angústia*
*Muitas vezes de um poema*
*Lá está a minha Campos*
*E já não posso voltar.*
*Rua 21 de Abril*
*7 horas da manhã*
*Os atacadistas dormem o sono roubado*
*Os negros já começam a suar*
*Eu pequenino confundia*
*E tinha ideia que choravam*
*Desmentiam meu pensamento*
*Os mais velhos que me cercavam.*
*– É suor, meu filho,*

*Uma guinha que sai da pele*
*Justificando a saúde do crioulo*
*Sacanas... enganaram-me*
*Descobri a verdade, hoje, agora,*
*Eles choravam.*
*Lá está a minha Campos*
*E já não posso voltar*
*Campos das minhas andanças infantis*
*Campos das minhas descobertas erradas*
*Campos do sexo feio*
*Do receio, até o medo espavorido*
*Campos da repreensão*
*Campos de alguns amigos*
*Campos das saudades erradas*
*Lá está a minha Campos*
*E já não posso voltar.*
*Do Paraíba correndo*
*E com razão*
*Pois em Campos não deve parar*
*Lá está a minha Campos*
*E já não posso voltar*
*Campos do meu avô*
*Que ainda bem morreu*
*Por lá não ficou*
*Campos das matinês do goitacá*
*Também do meu time Goytacaz*
*Campos do meu passado*
*Campos da terra formação mal dada*

*Campos do acabou*
*Quem comeu se enfartou*
*Campos do Risadinha (Salvador)*
*Único certo por ser bêbado*
*Desculpo-o por seu sorriso, era de bêbado*
*Talvez sátira de uma terra*
*Onde todos deviam chorar*
*Lá está a minha Campos*
*E já não posso voltar.*
*(16 anos)*

Vaca Brava!... *Foi como um amigo de infância e adolescência do Tonico, lá de Campos, cumprimentou-o aos brados quando o viu em meu último aniversário. Descobrimos dessa forma que este era seu apelido de então. A partir daí, formou-se uma roda para ouvir casos irreverentes e hilários daqueles tempos. Pelo apelido vocês podem imaginar o que se ouviu e o que se riu...*



*A vaca brava invadiu a festa, felizmente, da mesma maneira que invadiu a nossa cena cultural do último quase meio século. Hoje é uma vaca sagrada, mas que não abre mão de ser profana, iconoclasta e irrequieta. E este é o grande charme e qualidade do Tonico. Não deita nos louros do sucesso, não se leva a sério, está sempre ruminando a vida, transformando, criando.*

*A força telúrica de seu talento o fez este touro indomável que cria suas próprias veredas, ferindo algumas vezes a si e a outros, mas trazendo êxtase, alegria e reflexão transformadores.*

*É capaz de, no intervalo entre um Shakespeare e um Vianinha, abrir uma sociedade em uma peixaria na Cidade de Deus com o mais improvável dos sócios. Entre uma reflexão política – que o encanta e o move – e uma análise profunda da cena cultural brasileira, pode abrir uma casa de parafusos em Copacabana ou uma revendedora de automóveis em Niterói.*

*Parece que precisa lidar com essas materialidades comezinhas para não perder o chão, fixar melhor seus próprios parafusos e reencontrar os vários* Mendonça *de cada esquina.*



*Conversa com o mesmo prazer e entusiasmo com um servente de obras ou com um diretor da Globo. Muitas vezes trata ainda melhor o primeiro!*

*Tonico é um enviado dos deuses do Olimpo que, entediados, resolveram mandar-nos um ator já pronto. Não precisou, portanto, se moldar em cursos, ou de laboratório para seus personagens, pois já os têm a todos. É um pai de santo sempre ligado na tomada cósmica.*

*Vaca brava, sagrada ou profana, mas, sobretudo, uma figura humana admirável, encantadora e de grande caráter.*

**Paulo Próspero**
Rio, agosto 2009

Eu tinha o apelido de *Vaca Brava* porque era brigão pra caramba, embora também apanhasse. Magrinho, pequeno, mas ágil e muito veloz. Na época, a elite campista era o que próprio nome já diz: *elite campista*, ou seja, uma coisa muito doente, muito ruim, numa terra de safras e entressafras. Oitenta por cento de seus habitantes trabalhavam no corte de cana por seis meses e ficavam outros seis desempregados. Os demais eram os exploradores, uma classe de exploradores muito pequena, que levava o grande da coisa, e uma classe média também muito pequena, a qual vivia também das benesses do poder. Era onde a minha família mais ou menos se situava.



Isso levou Cuba à revolução, mas em Campos não levou a nada. É a mesma cultura canavieira de Cuba e lá nada se mexia, os coronéis campistas eram *coronéis campistas*. Eu era um jovem bêbado, revoltado, cheirando um anestésico tipo lança-perfume, bebendo, tomando Pervertin, Dexamil, etc. Todos os meus personagens foram, de certa forma, construídos, construídos não, vividos em Campos. Os coronéis, por exemplo. Quando eu fiz o Rei Cláudio do *Hamlet*, Paulo Henrique Amorim comparou o personagem a ACM. Que é a minha brasilidade: um coronel brasileiro.

Eu frequentava também algumas pessoas da elite, pessoas de uma elite econômica, mas também intelectual. E isso me interessava, a relação intelectual me interessava. O pai de Godofredo Saturnino Pinto, ex-prefeito de Niterói, doutor Rui, e a mulher dele eram pessoas que pareciam me adorar e conversavam muito comigo. Maria Amélia e Godofredo, filhos deles, Paulinho Tâmega, Luiz Antônio e Hecinho Bruno também. A gente jogava basquete, ia à praia, ia ao baile, ia ao Chacrinha, clube da família de doutor Rui e que eu frequentava. Almocei muito em casa de doutor Rui e aprendi muito com sua família.



*Conheço Tonico Pereira desde os tempos da minha juventude. Ele frequentava tanto a minha casa em Campos quanto em Grussaí e estabeleceu muito boa relação comigo e com a minha família, inclusive com o meu pai, com quem batia longos papos.*

*Tonico sempre foi pessoa inteligente, determinada, criativa, divertidíssima e com muita energia para lutar pelos seus desejos.*

*Por tudo isso conseguiu chegar aonde chegou: ator renomado e reconhecido pelo grande trabalho que vem realizando no teatro, na TV e no cinema. Embora tenhamos hoje pouco contato – só nos vemos de quando em vez – posso dizer que sempre que nos encontramos forte carga afetiva se expressa. Posso dizer também que, além das virtudes já mencionadas, também observo que ele continua preservando outras – a simplicidade, a generosidade e a solidariedade. Por isso nos tornamos amigos e continuamos amigos.*

**Godofredo Pinto**



Com 16 anos fui eleito segundo secretário de cultura da Federação de Estudantes de Campos, que, por sinal, foi o primeiro órgão secundarista da América do Sul. A partir de 1964 nunca mais vi uma porção de amigos de lá. As pessoas se dispersaram, fui encontrar Michel Chaquib Assef, na época seu presidente, aqui no Rio, no Flamengo, anos depois, já advogado famoso.

Eu era metido a fazer trovas. Tinha muita facilidade e participei de vários salões de trovas[1].

---

[1] Os Salões Campistas de Trovas foram instituídos em 1959 pela Academia Pedralva de Letras e realizaram-se de dois em dois anos até 1993

Nessa época meu materialismo já se manifestava. Minhas trovas nem eram perfeitas, eram imperfeitas, mas tinham um caráter materialista. Uma delas, por exemplo, foi classificada num dos salões e dizia assim: *Dizem que as dificuldades/ só se vencem com Maria/ então vos peço, Senhor,/ uma Maria por dia*. A trova vencedora desse concurso, de autoria de Clóvis, o primeiro-secretário de Cultura da Federação, dizia: *Se zero virasse bola/ Pra todo mestre chutar/ Eu bem seria na escola/ O mais perfeito Gilmar*. Foi Clóvis quem começou a me politizar. Sumiu. A última vez em que o vi foi no dia 30 de março de 1964. Em sua homenagem, escrevi: *Clóvis/ Primeiro de abril/ Sumiu*. Outra trovinha: *Da vida nada se leva/ A não ser recordação/ Porque se algo mais levasse/ Não cabia no caixão*.



Eu queria ser advogado e frequentava júris. Campos tinha uma grande tradição de advogados cuja capacidade oratória era muito reconhecida. Os advogados criminalistas campistas eram contratados no Brasil inteiro. Na época, pelo menos, Campos se via tal qual uma potência jurídica e muitas histórias corriam a esse respeito. Contava-se, por exemplo, que num júri simulado, na faculdade, a defesa tinha sido tão boa que conseguira absolver Hitler. E havia as grandes personalidades, como, por exemplo, doutor Hécio Bruno, de quem guardo até hoje uma frase, usada para caracterizar um acusado: *Um metro e setenta de fezes endurecidas pela canícula campista, câncer da sociedade*. Ou doutor Oswaldo Tavares, um cara incrível, um advogado maravilhoso, meu ídolo. Ele era também campeão de ioiô, tocava no violão músicas de Noel, era um boêmio completo e fazia júri com cachaça, botava ao lado dele uma garrafa como se fosse de água e era cachaça. Contava-se na época que uma vez, estando ele na Bahia, fazendo uma defesa ou acusação, não sei, o advogado da parte contrária, baiano, teria pedido, retoricamente, que ele se identificasse. E ele teria começado a responder com uma frase que acho linda e que adoto pra mim de vez em quando: *Sou um simples pardal campista que veio pousar nas asas do condor baiano. Se non è vero, è bene trovato* (*Se não é verdade foi bem inventado*).



Doutor Oswaldo me admitia, eu era o único jovem da roda, o único jovem que ele admitia porque eu era um jovem velho. Sempre fui um jovem velho.

Aliás, acho o velho uma entidade maravilhosa. Venho de uma cultura oral, minha formação toda é essa. Em 1968, 1969, eu ia a bar e bebia e conversava e assistia aos filmes e às peças de teatro, mas ler, até hoje qualquer estudante de teatro sabe mais história da arte do que eu. Nunca estudei. Dei conta no colégio, mas sem maiores esforços, sem muita dedicação, que é o que acontece comigo até hoje. Não sou uma pessoa dedicadérrima ao trabalho, tenho uma relação de prazer com ele, não uma relação de obrigação. Sou Baco. Mas tenho também uma relação de compromisso bastante profissional. Não sou um maluco. Tive uma fase louca, durante muito tempo bebi muito, cheguei a cheirar também. Mas, mesmo nessa época, comparecia aos compromissos e fazia o espetáculo. Bêbado, por sinal, de ser levado da coxia até a porta do palco. Mas não caía bêbado, fazia o espetáculo.



Em criança eu gostava de circo e às vezes tinha uma peça de teatro no programa. Vi muita Paixão de Cristo, muito presépio vivo. Quando uma companhia de teatro ia a Campos, eu via a peça. Assisti ao *Falcão Negro*, Oscarito e Grande Otelo.

Aos oito anos de idade deu-se minha estreia no palco. O Colégio Nossa Senhora Auxiliadora, exclusivamente feminino e dirigido pela irmã Zilda, ia fazer *A Paixão de Cristo*. Precisavam de um menino para a voz de Cristo e foram procurá-lo no Externato Eucarístico, que era misto. Fomos para a final um colega chamado Humberto e eu. E ganhei. Assim, meu primeiro texto em teatro foi: *Pedro, tu és pedra e sobre esta pedra edificarei minha igreja. Tudo o que ligardes na terra, será ligado no céu. E tudo que desligardes na terra será desligado no céu*. Depois fiz também *A Aparição de Fátima* e outras encenações religiosas de colégio.

Mais tarde tentamos montar, já num grupo formado por Pedro Rufino, que hoje é artista plástico, Luiz Antonio Nunes, que é médico em Campos, meu grande amigo, em cuja casa eu almoçava todo dia, a família dele me adorava – não sei por que eu almoçava cada dia em casa de um amigo, acho que não me sentia bem em casa – Rosane Sampaio e eu, *Toda Donzela Tem um Pai que É uma Fera*. Começamos a ensaiar, o diretor era o irmão de Luiz Antonio, que já era ator, e fundamos o Teatro Jovem Campista (Tejoca). Tentamos nos apresentar no Trianon, que pertencia ao pai de Pedro Rufino, mas não conseguimos – o Trianon era um teatro do nível do Teatro Municipal do Rio e, nos anos 1960, foi comprado pelo Bradesco; derrubado, no local construiu-se um edifício e assim foi destruído um teatro histórico. Tudo porque um grupo de teatro já tradicional, formado por gente mais velha e contando com alguns jornalistas, impediu nossa estreia, considerando-nos rivais. Em suma, essas pessoas impediram a existência do Tejoca. Tínhamos 16 para 17 anos e assim acabou o grupo.

Em Campos trabalhei na loja Ypiranga de tintas, na sorveteria Polar, trabalhei com Seu Diniz, quando, aos 16 anos, era praticamente o segundo homem sem ser homem, ainda era um garoto. Desenhei pra eles um bloco para piso que vejo hoje ainda. Até então só existia aquele tipo sextavado. Agora há também um arredondado, todo em curva que é o meu desenho. Seu Diniz mandou viabilizar a fórmula de resistência e ele passou a ser fabricado. Vez por outra, passo andando e... de repente: *Olha só, esse bloco fui eu quem idealizou*. Naquela época não se patenteava nada, coisa nenhuma. Eu não tinha nem carteira assinada.



Aos 16, 17 anos, eu era *avião* de uma linha de contrabando de cigarro, perfume, etc. Tal atividade me fez conhecer muita gente endinheirada. O negócio era de Roberto Luiz, um amigo. Não tem problema dizer. Prescreveu. Isso tem 40 anos! Roberto Luiz, que era empregado de uma usina, tinha um negócio de caminhão que transportava mercadoria do Paraguai, Uruguai, sei lá, e trazia também contrabando. Eu ajudava a *estocar* a mercadoria. Ele tinha um apartamento de três quartos na Beira-Rio e, num carnaval, ficou com todos os cômodos cheios de pacotes de cigarro. Vendi quase tudo nesse período. Eu ganhava, por mês, 40 vezes o que o meu pai ganhava.

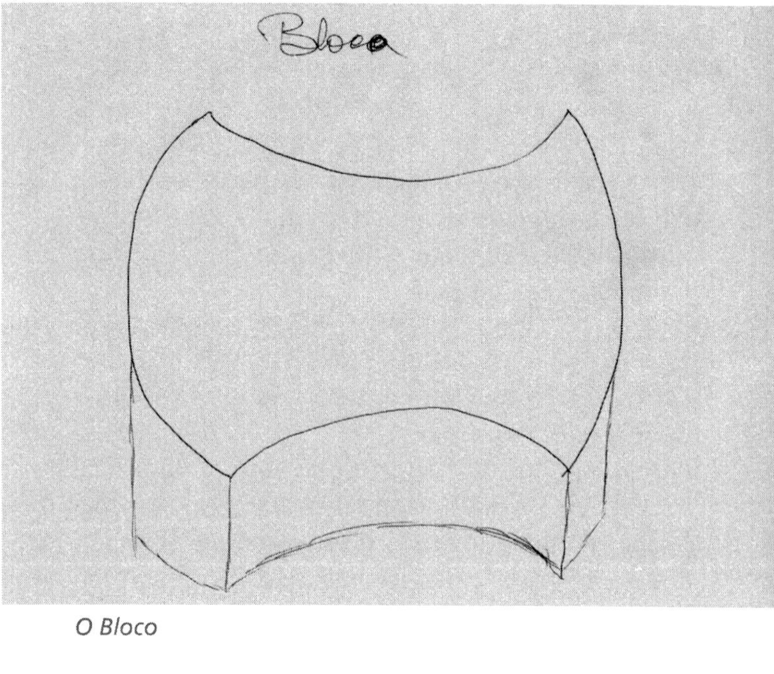


*O Bloco*

**Vida, Vento, Vela, Leva-me Daqui**

Minha vinda para o Rio deu-se graças a um conjunto de circunstâncias. Dois amigos, os irmãos Renatinho e Humberto, vieram pro Rio cursar engenharia e direito – às vezes encontro com Humberto, que mora aqui na Lagoa. E cismei de vir também, largando tudo em Campos, onde, pessoalmente, tinha uma vida economicamente boa. Eu era jogador juvenil do Goytacaz e na fábrica de artefatos de cimento de Seu Diniz fazia a gerência, cuidava da parte contábil e tinha inventado aquele bloco. E ainda tinha a linha de contrabando.

Por outro lado, em Atafona, mais precisamente no verão, tinha começado a namorar com Cristina, uma menina carioca da gema. Isso, de certa forma, bateu muito forte e provocou minha vinda para o Rio.



Ela morava na Tijuca, Vila Isabel, Aldeia Campista, por ali, num daqueles bairros rodriguianos. Dei a ela duas joias minhas lindas que meu bisavô ourives tinha feito – vovô Adauto, negro, que iniciou a miscigenação em minha família, graças a Deus –, uma navalhazinha de ouro com madrepérola, a lâmina de ouro e a moldura de madrepérola – era um chaveirinho – e um piãozinho com o pino de ouro. Nunca mais a vi depois que terminamos. E perdi as joias.

*Os quatro irmãos são Carlos... depois... Antonio, José, João, Francisco. E Antonio se transformou no artístico Tonico.*

*Em 1968, meu primo era Antonio Carlos, eu em Niterói, universitária, na Faculdade de Letras (UFF). E nas circunstâncias dos universitários anos 1968/1970 foi que meu primo se nomeou Tonico.*

*Até 1965, tudo era Campos, grande encontro de primos na casa de vovó, Rua 21 de Abril, no centtro da cidade e na brisa do Rio Paraíba.*

*Mocidade, estudos e busca de trabalho dispersaram os primos do quintal fantástico e agregador.*



*Ficou com certeza em cada primo o sentimento de proximidade, necessidade de agregar.*

*Vim para Niterói em 1968, meu curso universitário de Letras, já sem notícias dos primos, só com poucos contatos em Campos, eu chegando de Belo Horizonte, terminado o curso clássico, vestibular para a UFF.*

*Um dia vem Tonico. E chega ficando, vindo no dia seguinte também. De terno, vinha do trabalho e ficava ali, com todo mundo que chegava também de algum trabalho para as aulas da faculdade. Ali era o Diretório Acadêmico, o amigo mais que funcionário Torres a filtrar quem era amigo ou quem era infiltrado. Tonico chegou amigo, sem suspeitas, naqueles 1968/1969 tão difíceis. Os primos Suely e Luiz Fernando, militantes, referendaram a permanência daquele cara de terno que chegava todo dia à faculdade, sem ser aluno.*

*E veio o Grupo Laboratório, iniciativa do Diretório Acadêmico do Instituto de Letras (DAIL), então presidido por Luiz Fernando. O aluno de letras José Carlos Gondin é o diretor do grupo de teatro. A programação de inscrições, de laboratório e de ensaios agrega universitários de vários cursos. E Tonico se inscreve, com grande aceitação, sem ser universitário, mas como companheiro. Eu, tão fã de minha família, com o coração naquele quintal agregador de primos tão queridos, achava muito natural e interessante um primo não universitário naquele grupo da UFF.*



*Claro que temos todos grande admiração pela carreira do primo Tonico. Mas nem todos acreditavam... Antonio Carlos gostava mesmo de jogar bola e perambular com amigos pelas ruas de Campos.*

*Nas brincadeiras era um implicante, botava apelido em todos nós, criando histórias com esses personagens (tipos identificados nos apelidos) como nos via. Claro que a gente também o cha-*

*mava pelo apelido – Vaca Brava, surgido do estilo de jogar bola, enfezado e na correria.*

*Cada primo, cada vizinho com um apelido. Eu, de Suely virava* suco de limonada*; Ana era* Aninhas A *(A = aventuras) ou* Nioca, rainha da selva...

*Era em estado de fantasia que Antonio Carlos se relacionava com as pessoas que, muitas vezes, nem o levavam a sério. Curtia muito o jeito de ser de cada parente com quem convivia, imitando ou acentuando essa característica que facilmente descobria e jogava* em cena *nas conversas, criando constrangimentos e reações ao que era muitas vezes tomado como deboche. Acho que muitos, na família, consideravam Tonico um debochado.*

*Ele vivia sua vida de menino rueiro, chegava sempre pra estragar brincadeiras e tirar a gente do sério. Tinha grande afeto na casa de Dindinha, que o protegia com a melhor parte da deliciosa massa de suspiro antes de ir ao forno e com outras regalias. E ele entrava irreverentemente no clima um tanto ficcional dos personagens que habitavam aquela casa sombria, só de mulheres em atividades de lavar, passar, fazer doces para fora: Dindinha, tia Carmen, Marta e Estela.*

*Muita gente da família, hoje, se ressente de certas informações que Tonico dá de sua vida na infância.* Não é bem assim, onde ele arranjou tal história? *Vai tudo na conta do primo que fez da fantasia uma constante. Tudo de maneira sempre debochada e, sem dúvida, muito criativa. Deve ser daí a profusão de bons personagens que hoje tira de dentro de seu ser para o exercício de ator.*

*Quem sabe, na minha incompetência na representação teatral, ficasse tão feliz com o sucesso, para mim surpreendente, do primo. O primo que, em criança, era aluno problemático e eu – boa aluna – era, muitas vezes, encarregada de estudar com ele. Que tinha sempre uma conversinha para nos desviar dos estudos.*



*Os anos 1968/1969 têm essa marca da experiência coletiva, da atividade grupal e de afinidade ideológica – vivemos intensa e romanticamente nossos dias de projetar uma nova vida, novos rumos no relacionamento, com certezas artísticas e crenças de vida possível de acordo com nossos projetos político-existenciais.*

*Assim, o encontro com o primo lá da infância campista e identificado com minha concepção de mundo foi algo encantador, o qual, hoje, posso afirmar, é duradouro e consistente. Feliz encontro.*

**Suely Gualda Pereira**

Vim pro Rio com uma carta de recomendação pro América Futebol Clube. Só que a desculpa dada pros meus pais era a de que iria fazer o vestibular de economia. Arranjei emprego no Castelo do Rio, loja de eletrodomésticos na Rua Uruguaiana, no centro do Rio, onde hoje é um Ponto Frio, uma loja de três andares. Fiquei um tempo lá. Aí o Banco do Estado da Guanabara (BEG) me chamou pra jogar futebol.

Foi assim: havia um campeonato de futebol entre empresas, cada empresa com seu time de funcionários. O Castelo do Rio foi jogar contra o BEG. No nosso time dois jogavam

muito bem – o Nilton, oriundo do juvenil do Santos, o qual, diga-se, acabou indo pros Estados Unidos, de onde nunca mais retornou e eu. Nós tínhamos dito no Castelo do Rio que jogávamos bola, mas ninguém tinha acreditado muito. Então, nesse nosso primeiro jogo, estávamos no banco e o BEG estava ganhando. Quando entramos finalmente em campo, Nilton e eu viramos o jogo e o nosso time ganhou de dez a não sei quanto. Aí um cara do BEG nos ofereceu o cargo de contínuos. Nós não precisaríamos trabalhar, era só para ter vínculo e poder jogar pelo BEG. Mas nós éramos muito loucos. Não aceitamos e continuamos no Castelo do Rio como comerciários.

Em 1968 eu morava na casa de um tio na Tijuca. Saíamos os dois pra trabalhar, mas eu sabia que o comércio ia fechar e ia mesmo era para as passeatas, para as manifestações estudantis. Sempre tive uma inquietude muito grande, o comum é muito chato. O problema era que esse meu tio era da repressão. Então, se ele soubesse... se ele me encontrasse... Meu tio era fogo. Por exemplo, eu não podia passar de 22 horas, se não tinha que dormir na rua; ele fechava a porta e não abria. Dormi na rua várias vezes, era, aliás, minha especialidade. Ele era de uma formação muito dura, mas me ajudou muito e sou muito grato a ele.

Eu almoçava na Faculdade de Belas Artes, onde estudava Iwald Granato – companheiro meu de Campos, viemos para o Rio na mesma época –, que se tornou um grande pintor. 

A faculdade, antes da mudança para o Fundão, ficava no Museu Nacional, na Avenida Rio Branco, em plena Cinelândia.

Pouco depois voltei a Campos. Seu Diniz, o dono da fábrica São Judas Tadeu, tinha sofrido um acidente e como minha mãe queria que eu voltasse, Seu Diniz e ela chegaram à conclusão de que só eu podia tomar conta da fábrica enquanto ele estivesse afastado. Fiquei lá um mês, dois, mas voltei pro Rio.

Comecei a trabalhar na Promac, firma que vendia material de engenharia, bombas, por exemplo. Os vendedores precisavam ser engenheiros. Eu fazia a contabilidade. Só que o vendedor ganhava muito mais. Então procurei o Doutor Alírio – ele tinha um carrinho, um Citroën daqueles antigos, que diziam que não virava – e pedi para passar a vendedor. Ele objetou: *Mas você não tem condição, não tem conhecimento técnico pra ser vendedor*. Respondi: *Mas me deixa tentar*. Estava marcada uma apresentação com uma firma e ele me enviou, meio sem esperança. Fui atendido por um comprador que era engenheiro também. Deveria ser uma troca de conhecimentos, você tinha de selecionar a bomba necessária em companhia do comprador, tinha uma porção de cálculos pra fazer. Eu não sabia fazer nada disso e o comprador sacou logo que eu não sabia. Quando ele começou a me questionar, fui dizendo: *Doutor, o problema é o seguinte, eu só sei que essa porra faz barulho e pesa pra caralho*. Aí ele fez a seleção sozinho e comprou umas dez bombas. Doutor Alírio ficou surpresíssimo. O cara foi com a minha cara de pau, minha sinceridade.



Em Atafona, depois do carnaval, tentei o suicídio num bar, o que ficou marcado no meu pulso. Suponho que tenha sido por causa da minha relação com Cristina, que já devia estar dando errado. Não tenho muita memória do caso porque estava muito doido. Só sei que cortei o pulso. Mas o médico que me socorreu me explicou que era só cortar mais pro lado, cortar a veia que sai do polegar e não no centro do pulso. Errei meu suicídio.

Nesse ponto prestei concurso na Varig, mais precisamente para a Fundação Ruben Berta, a mantenedora da Varig. E me lembro de que no exame médico estava com o pulso ainda ferido. Então botei o relógio em cima e não tirei. Quando o médico veio ver meu pulso e botou a mão no relógio... bem, resolveu aferir a pressão no outro e... passei. Ele não viu a marca, por isso me admitiram.



Um dia fui a Niterói fazer uma visita à minha prima Suely, que dentre meus primos é a pessoa mais próxima de mim – veja que tenho muitos primos, só na casa de Suely são sete, mais Carminha de tio Antoninho, mais Jorge, que é gente boa, mas com quem fiquei brigado cinco anos, embora morássemos praticamente na mesma casa.

**Um Rapaz Novo Encantado**

Suely estudava na Universidade Federal Fluminense (UFF) em Niterói e Luiz Fernando, namorado dela e também campista, era o presidente

*Niterói, Universidade Federal Fluminense, parte do Grupo Laboratório, 1970: (de pé sobre o palco) Antonio Carlos de Souza Pereira, José Carlos Gondim e Ademar Padron Nunes (Dema,1945-2002). (sentados no palco,da esquerda para a direita) Vital de Sousa (Badu,1942-1985), Ronaldo Florentino Sousa Costa, Maria Lucia Geloski, José Fernando Vasco Figueiredo (Zé Fernando,1948-1981), Vera Lourdes Pestana da Rocha, Juvenal, Paulo César Pinho e Marisa Calheiros Alvarenga (acima); Iguatemy Coquinot (Tamico,1948-2008), Marilene Calheiros Alvarenga e Gilson do Val (abaixo). (de pé, primeiro plano) Maria Luiza Coimbra e Imara Reis.*

do Diretório Acadêmico do Instituto de Letras. Eles estudavam à noite e fui encontrá-los na faculdade. Estavam todos no Diretório Acadêmico, o DAIL[2], justamente montando um grupo de teatro. Luiz Fernando me convidou: *Você não quer fazer teatro?* Quis!...

*Trancou-se no pequeno banheiro e por lá ficaria para sempre, entre descompassados sons de assobios estridentes, provavelmente reproduzindo à sua capenga maneira as tonitroantes canções de amor partido, de corações aos frangalhos, de eternas juras jamais cumpridas que em outro distante banheiro em distante Campos e em distante infância ouvira comovido do sempre tão perto tio Antoninho. Diante dele, primitivo gravador de música, a repetir, repetir, repetir... à procura do mais bonito som... talvez jamais encontrado.*

*O Antônio Carlos lá ficaria, solitário entre tantos que se amontoavam no quarto e sala da Presidente Backer – musiquinha chiada de toca-discos e mais discos do Chico, Beatles, Caetano e tantos outros a nos renovar resistência e a resistir renovados às cacetadas duras de uma pátria nossa enlameada, mas não para sempre.*



[2] Diretório Acadêmico do Instituto de Letras.

*Aquele Antônio Carlos trafegava ideologias no seio das barcas, virava aos poucos um Tonico que fervia por dentro e se apagava no sono do trabalhador, incorporava personagens que se confundiam com sua própria identidade... Pois, afinal, quem representava o Antônio que ali estava à procura de um autor que lhe escrevesse o destino, de um diretor que o conduzisse por entre ribaltas, camarins, máscaras, aplausos?*

*O Antônio Carlos foi virando Tonico nos dissonantes fios que puxava entre dentes e jogava feito música naquele fechado banheiro. Foi sentindo a vida presente. Enquanto lá fora, no quarto e sala, à luz de velas acesas, no chiado*

*da vitrolinha, avaliava-se, planejava-se, sofria-se por menos um – sumido há pouco –, o Tonico se revirava pelo avesso através do assobio que o ligava ao presente. Aquele presente em que ele docemente pousou num acorde suave, feito um ninho que embala uma vida para sempre preservada, de tão bonita que é.*

*Mas sei que um dia ele saiu daquele banheiro porque certa feita me surgiu escandaloso, a bater no portão de ferro. Atrás dele um velho – nós, tão jovens! – e atrás do velho outro velho: um carro preto, feio, arrebentado, caindo aos pedaços com placa de táxi. Seria o nosso táxi, se tamanha não tivesse sido minha surpresa, acompanhada de imediato por meu medo, meu pavor! Como, Antônio Carlos? Nós dois nos revezando a empurrar essa coisa? Por que não, dizia-me o já o futuro Tonico, com seus olhos, seus gestos, seu corpo inteiro. Não, eu dizia com minha dura lógica de não ator. E lá se foi, talvez com um forte empurrão, aquele que não foi o nosso táxi.*

*O Tonico se fez em partes, se construiu de perfeitos encaixes das melhores peças que lhe podiam fornecer os amigos. De todos pegou um pouquinho do sentimento, e fez um enorme bolo açucarado de amor e de dedicação: é o Tonico que ama, que sofre, que se flagela de tanto gostar. Ai de quem atacar um amigo, um irmão, um primo... É simples o famoso Tonico. De uma pureza que faz criança ainda se emocionar, como se tivesse engolido o Zé Carneiro. E é também... um pedacinho de você e, portanto, um belo Tonico Pereira!*



**Luiz Fernando Gualda Pereira**

*Difícil falar pra outras pessoas de alguém que a gente gosta, com quem compartilhamos tempo e trabalho... Fica aquela sensação: ...* Será que é isso mesmo ou é fantasia da cabeça depois de tanto tempo longe dele, longe do contato diário? *O tempo...* O Cronos *grego, o deus que tudo modifica, apaga ou enverniza, deixando a gente com a sensação da pátina, do passado que também está presente o tempo todo na lembrança, na memória...*

*Mas, enfim, o tempo não apagou das minhas lembranças os dias e noites passados juntos com meu amigo Tonico Pereira, o nosso Tonico, o nosso Antônio Carlos, dos velhos anos 1960/1970, quando o Brasil e a América Latina viviam o caos das ditaduras militares e a gente fazia das tripas coração nos palcos da vida e dos teatros. Muitas lembranças, muitas* fotos *na minha memória, porque, fotografias mesmo, tenho um mínimo delas pra contar as histórias daqueles tempos, bons tempos... A turma do Grupo Laboratório, Niterói, as travessias de barcaça para a farra no Rio e a volta de madrugada, bêbados de chope e vida. Se eu quiser nomear um a um da nossa turma, tenho certeza de que vou esquecer uns e outros e não vai ser legal. Olhando pra trás, hoje, aqui em Belém do Pará, eu vejo que nós fizemos História, que tivemos uma participação importante na trajetória de vida de muita gente que viu nossos espetáculos, que conviveu conosco aqueles dias de muita criatividade e trabalho duro, afinal éramos todos estudantes e trabalhadores, ganhando a vida como podíamos e fazendo teatro nas horas de folga (folga?). E o Tonico é parte importantíssima dessa história, claro!...*

*Ah, o Tonico, o seduzido/sedutor que sempre soube como ninguém jogar o jogo da sedução!* Eu, coitado, sou um pobre seduzido... Mas esta é arma da minha sedução, porque na verdade eu sou um *sedutor Com aquela carinha de pedichão, ele consegue sempre o que quer... Me lembro que, como diretor do Tonico nos espetáculos que fizemos juntos, eu ficava puto da vida com a cara que ele fazia quando não entendia uma indicação minha para tal cena. Era uma cara de quem não sabe nada do que se está falando, a cara que anos depois ele emprestou para o Zé Carneiro do* Sítio do Pica-Pau Amarelo, *cara de* sabe lá deus de quê! *E o pior (ou melhor...?) é que é uma expressão muito engraçada... Quem viu o Zé Carneiro sabe de que cara estou falando.*

*Quando eu conheci o Tonico, ele tinha chegado a Niterói de Itaperuna, se não me engano – ou outra cidade do norte fluminense (não é isso, Tonico?) –, tentando a vida na cidade grande, o Rio de Janeiro. Nict (como a gente tratava carinhosamente Niterói na época) tinha, tem e terá sempre toda uma história (e principalmente a geografia...) intimamente ligada ao Rio, cidade gêmea do outro lado da Guanabara. Então, mes-*

*mo estudando, morando e trabalhando em Nict, o foco era o Rio. Antes da ponte, então, a gente (quantas viagens incríveis, hein, Tonico e turma?...) atravessava de barcaça de um lado para o outro, no mínimo duas vezes por dia. Estou, neste mesmo instante em que estou escrevendo, vendo nas fotos e vídeos da minha memória as nossas andanças, idas e vindas, no carnaval... ah, bons tempos! Todo mundo na minha memória, todos... E o Tonico, apaixonado e apaixonante, entrou na turma nessa época. Imaginem por que ele entrou no grupo de teatro que a gente fazia na UFF, logo no início do Grupo Laboratório (de bela memória!..)? Claro que foi porque ele se apaixonou por uma das meninas do grupo e pra conquistá-la, foi se integrando, se integrando e de repente lá estava ele já corpo integrado à turma. E aí começou a carreira dele como ator, um dos trabalhos de criação de ator mais particulares (pra não dizer singulares...) que conheci. Claro que cada ator tem um método de criação próprio, particular; cada ator é um método de criação, ele é seu método, tendo como base a sua personalidade e sua bagagem cultural, claro. O Tonico é um ator singular!*



*Apaixonado, sempre... Ah, o Tonico e as mulheres... Lindas mulheres, todas as que eu conheço e conheci são mulheres maravilhosas, amigas.*

*Fico até com receio de falar mais delas do que dele... E aqui, neste campo, também vale aquela coisa do jogo da sedução... O sedutor e o seduzido, juntos, iguais, parceiros. E elas, sempre companheiras, parceiras também na sedução, porque – devo dizer! – todas são muito sedutoras e seduzíveis também. Então, dá pra imaginar o jogo do amor nas relações dele? Às vezes, frágil e solitário, mas sem nunca deixar de ser o macho...*

*Enfim, sempre morro de saudades dele. Quando ele vem a Belém, nunca deixamos de nos ver e bater papo, atualizar a relação e sempre parece que foi ontem que a gente se viu pela última vez, como acontece com as verdadeiras relações de amizade: o tempo não passa, ou se passa, não deixa vazios na relação. Eu amo muito ele. E acho que esse sentimento é recíproco.*



**José Carlos Gondin**

Aluguei um quarto na Rua Paulo Alves, em Niterói, na casa da dona Grisélidia. À noite ia direto da Varig para o Instituto de Letras encontrar o grupo que, aliás, teve de mudar de nome por minha causa. Naqueles tempos duros de controle, não poderia ser Grupo Laboratório da Universidade Federal Fluminense porque eu não era universitário. Tornou-se Grupo Laboratório da Universidade Federal Fluminense Integrado à Comunidade. Para justificar minha presença apareceu esse *integrado à comunidade*, expressão que o diretor do Instituto de Letras, o professor de latim Rosalvo do Valle, arranjou numa negociação com o grupo, o qual, na ocasião, era representado pelos alunos Luiz Fernando e Imara Reis, que também estudavam lá. A comunidade era eu.

*Não me lembro da primeira vez em que vi o Tonico. Lembro bem do ano, 1968, pois tinha acabado de entrar para a UFF. Jamais pensara em estudar em Niterói e me recordo que o acaso ou o destino, dependendo da crença, tinha me colocado no Instituto de Letras. Procurei o diretório em 1968 e conheci Gondin. Um dia, enquanto conversávamos na cantina, cogitamos a ideia de criar um Grupo de Teatro e, imediatamente, colocamos um cartaz anunciando o fato e convocando os possíveis interessados. Daí em diante foram tantas histórias, tantas paixões e tantas reuniões, como diz o Tonico. Para tudo nos reuníamos. E sei que foi assim que começou a nossa história. A dele, a minha e a do Grupo Laboratório, o qual juntou muitas pessoas em torno do projeto teatro, do projeto política e do projeto vida. Afinal éramos e somos ainda assim: intensos, apaixonados e cheios de ideias.*

*O nosso grupo tinha o peculiar nome de Grupo Laboratório do Instituto de Letras da Universidade Federal Fluminense* ligado à Comunidade. *Isso porque precisávamos oficializar a presença do Tonico, que não era aluno da universidade. Ou seja, o Tonico era toda a nossa contrapartida social,* numas, *como se dizia na época, pois de carente ele só tinha o coração e, assim mesmo,* numas, *de novo. Muita gente se encantava com ele. Fizemos, como coletivo, e como se diz hoje, um furdúncio em Niterói. Fomos agraciados – ele e eu – com o prêmio de melhores atores coadjuvantes no Festival de Teatro Jovem. Sobre ele me recordo de uma passagem muito peculiar: Tonico tinha entrado para o filme do Walter Lima Jr. O curioso é que participou como figurante e acabou ganhando prêmio e o escambau. O Tonico sempre posou de intuitivo, mas não é bem assim. Pode até ser que não seja muito chegado à leitura, mas tem uma escuta privilegiada. Nunca o vi errando uma intenção. Pode até descobrir uma absolutamente inusitada, mas sempre pertinente e sagaz. Assim como também é sagaz sua percepção sobre as personagens e sobre as pessoas.*



*Portanto, alerto: caso um dia ele te olhe no fundo do olho, passe a voz para um tom bem macio e te dê um toque, um pitaco, uma opinião ou sugestão, fique esperto, ele estará certamente coberto de razão. Em tempo, por essas sincronicidades da vida, naquela época em que ele era* a nossa *comunidade, o Amir Haddad tinha um grupo de teatro cujo nome era Comunidade, veja só.*

*Quase ia esquecendo, volta e meia o meu amigo Tonico fica dizendo que não é intelectual... isso e aquilo. Conversa mole para boi dormir. Do meu ponto de vista é sim e dos* orgânicos.

*Outra particularidade: entre todos os meus amigos com perfil semelhante ao dele, Tonico é o único capaz de reconhecer um Yssei Miyake. Ainda que visto de relance....*

**Imara Reis**

Eu não conhecia ninguém no Rio, só o Laboratório em Niterói. E tinha uma questão fundamental pra mim que era a libido. Realmente, não troco uma mulher por nada. Adoro jogar bola, mas detesto participar do papo depois da pelada. Papo de homem em pelada eu odeio. Se tiver que ir ao Maracanã ou ter um namoro, prefiro ter um namoro. Na verdade não é nem a questão de futebol, não gosto de ambiente de homem, gosto de ambientes em que haja mulher, o feminino. Não sou um homem clássico. Se a mulher quiser... eu quero. Sempre fui movido por mulher. Se tenho uma mulher que gosta de cinema, vou ao cinema; se tenho uma mulher que gosta de futebol, vou ao futebol. Não tenho nunca programas próprios, sou um seguidor de buceta. Tenho pouquíssimos amigos homens. Acho que a libido move a arte, move o teatro, pelo menos pra mim. Odeio um elenco só de homem. Sou meio pavão, gosto de representar para as mulheres. Homem não me fala, não tenho nenhuma necessidade de contracenar masculinamente. Jamais faria um monólogo. Não critico quem faz, quem consegue fazer, eu é que não consigo, preciso de companhia, preciso de mulher no elenco. Também talvez jamais escolhesse fazer uma peça só de homens. É verdade que *Bent* só tinha personagens masculinos, mas também foi um dos maiores salários que tive na minha vida. Então, pesando isso, você suporta alguma coisa. Geralmente represento para as mulheres, além de para mim, claro, que sou a primeira pessoa a qual tenho de satisfazer. Quando estou em cena me sinto um deus. Quando estou mal em cena fico péssimo.



Nunca me interessei por experiências homossexuais em minha vida privada. Não sei se minha geração inteira teve tais experiências, acho que

*Na peça* Bent

*Na peça* Bent

não, mas havia quase que um compromisso nesse sentido, como havia quase que um compromisso de não ser virgem por parte da mulher. No entanto, esse tipo de compromisso nunca me pegou. Fiz o primeiro beijo homossexual no cinema nacional, com Anselmo Vasconcelos, em *República dos Assassinos* e, por conta desse beijo em Anselmo, muita mulher gostou de mim, porque eu teria provado ser um homem liberado.

E não tive nenhum problema pra fazer esse beijo. Foi uma coisa vestida de personagem e em nenhum momento isso me atrapalhou nem me grilou, apesar de as pessoas, de alguns atores, me sacanearem. Minha intimidade é de total tranquilidade. *A República dos Assassinos* representou minha sustentação no momento em que foi feito. Por isso digo sempre que sou de aluguel. Sou capaz até de fazer coisas não excelentes. Afinal, o que nos obriga a ter só bons trabalhos no currículo? É da profissão, é do profissional encarar as coisas ruins também. Esse é um bom filme, mas me expôs sobremaneira, embora eu não ligue para essa exposição. Não tenho nenhum problema com a minha sexualidade e, se tivesse, as minhas filhas seriam as primeiras a saber.



No Laboratório, namorei Tânia Alves, que era de um grupo de canto ligado ao Laboratório pelo

*Luiz Mendonça, Tânia Alves e Tonico*

Gondin, que pertencia aos dois grupos, o de canto e o de teatro. Eu também fazia parte de um grupo de balé, no teatro do DCE, dirigido por Renée Simon e o marido dela, Rodolfo, um bailarino holandês. O personagem que fiz era uma máquina, uma concepção moderníssima na época e estreamos aqui no Rio, no Glauce Rocha, o mesmo teatro em que, logo depois, estrearia *O Futuro*. Posteriormente nos apresentamos no Caio Martins[3]. Desse grupo de balé participavam também Gondin, Gilson do Val, Vera Pestana e Dimitri, que foi para a Europa e se tornou grande bailarino.



Lá pelas tantas resolvi mais uma vez fazer cursinho pré-vestibular. Nunca fiz exame vestibular, mas me inscrevi em vários pré-vestibulares, embora não tenha frequentado nenhum. O primeiro em que me matriculei era para Economia, mas nunca ia às aulas, ficava jogando sinuca no Café Palheta, na Tijuca. Então dessa vez resolvi fazer cursinho para Letras, patrocinado pelo Diretório Acadêmico, em Niterói. E lá conheci Eliana Regina, a professora de latim. Então me apaixonei, comi a professora e casei com ela.

Falar de uma pessoa por quem você se apaixona é difícil porque a paixão fala mais alto. Eliana

---

[3] Estádio Caio Martins ou Estádio Mestre Ziza, em Niterói

*Casamento Eliana e Tonico*

era uma pessoa muito diferente das outras meninas. Era linda, estranha, diferente. Ruiva, supermagra. Usava uma peruca enorme de vez em quando. Muito branca enquanto tudo e todos se torravam na praia. Tinha uma coleção de camisolas antigas, da mãe, da avó e andava com aquelas camisolas, o que era uma moda muito hippie. E era lindo. Tinha uma voz grave. Costurava, bordava, até hoje faz isso. A família tinha tido e perdido dinheiro. Ela dava aulas no pré-vestibular e morava longe, no Leblon. Estudava de manhã em Niterói e dava aula à noite também em Niterói, quer dizer, passava o dia em Niterói. Nós nos encontrávamos na faculdade à

noite e depois do ensaio eu a acompanhava até o Leblon.

Na primeira vez em que fui a Campos com ela, ainda noivos, chegamos à minha casa à noite. Era uma casa de fundos, num nível abaixo do da casa principal e tinha um grande terreno na frente. Fazia três anos que eu não ia lá e pensei: *Bom, não vou entrar porque sei que aqui tem cachorro, sempre teve cachorro e eles não me conhecem mais*. Gritei da porta, prenderam os cachorros, passamos, estava escuro, era uma coisa meio rural, e mamãe gritou: *Cuidado com o jacaré*. Aí Eliana riu, achou que era uma piada, ela que era uma garota de Ipanema, aliás, do

Leblon. No outro dia a gente acordou e tinha uns 16 cachorros, ou seja, eu não teria podido entrar mesmo. Um deles tinha uma mordida de jacaré no meio do corpo. E tinha um jacaré amarrado na torneira do quintal.

Geralmente eu dormia na mesa do diretório esperando o ensaio que começava às dez e meia da noite, quando as aulas acabavam. E era infernal porque desse modo eu chegava na Varig no dia seguinte sempre atrasado. Lá pelas tantas a empresa já estava de saco cheio de mim. Eu saía do ensaio, em Niterói, levava Eliana em casa no Leblon, voltava à Praça XV e pegava a barca de volta pra Niterói. O ônibus 415 geralmente não conseguia parar na Praça XV, continuava dormindo até o ponto final na Tijuca. Voltava para a Praça XV, onde pegava a barca até Niterói[4]. E dormia na barca. Teve um dia até que a barca recolheu e eu fiquei dentro, dormindo até o dia seguinte. A barca era aberta na frente e atrás, o que facilitava sua atracação dos dois lados, sem ter de fazer curva.



---

[4] Quem conhece o Rio sabe que Tonico percorria a cidade, do Leblon a Tijuca, por bairros que se opõem na direção oeste-leste. A Praça XV, onde se situa a estação das barcas que ligam o Rio a Niterói, fica no meio desse percurso

Às vezes eu ia direto pra Varig, que ficava no Aeroporto Santos Dumont, perto da Praça XV. Batia o ponto, deitava no banco da praça em frente e ficava esperando o sol bater e me acordar. Quando eu entrava, às vezes me repreendiam: *Você está atrasado!* E eu me defendia: *Não, meu ponto está batido, vai lá ver*. Eu chegava muito antes das 8 da manhã, direto e virado. Quer dizer, a gente tinha saúde pra isso. A Varig me despediu meio como subversivo, embora eu não soubesse claramente nem o que significava o termo, considerava-me apenas anárquico. E na Varig eu ainda trabalhava de terno.



Depois da Varig fui para o banco Halles, que faliu, depois para o Crefisul, onde fui gerente de vendas. Meu chefe chamava-se Ivan, tinha trabalhado igualmente na Varig e era um tanto louco, maluco. E me levou pra ser chefe, gerente de equipe. Todo o Crefisul trabalhava de terno e gravata e eu, nessa época, já trabalhava sem terno, sem gravata, barba por fazer. Era o mau exemplo, tanto que os altos escalões não me queriam nem nas reuniões. Só que tinha um detalhe: a minha equipe vendia mais que todas as outras. Por quê? Porque toda a semana eu comprava um ventilador ou um liquidificador e premiava quem chegasse em primeiro lugar. Além disso, eu dava a minha cota ao primeiro colocado, ou seja, o que eu vendia, que seria uma comissão só minha e de ninguém mais. O primeiro lugar ganhava e eu ganhava sobre a comissão deles todos. Era uma questão de motivação e eu motivava bem minha equipe, que chegava a ponto de me prestar contas na praia... e eu de short. Todos os outros gerentes me odiavam ou, pelo menos, não me entendiam. Eu não fazia a barba e, ao mesmo tempo, era o primeiro lugar em vendas. Eles todos, caretas, não conseguiam. Eu vendia fundo de ações, seguros, produtos do mercado financeiro.

Em 1969 o grupo Laboratório montou *O Futuro Está nos Ovos*, de Ionesco, com direção de José Carlos Gondin e assistência de direção de Imara Reis, que assinou Imara Ferreira.



Foi a primeira peça do grupo e entrei numa das personagens principais, o pai, o Jacques-pai. A tradução foi de Gondin e de Imara, que eram professores de francês, e o grupo todo participou da adaptação do texto. Na verdade, eu mais dormia do que participava. Não que a coisa não me interessasse, naquela época eu talvez dormisse no ensaio porque não dormia muito mesmo, mas, de maneira geral, aquelas discussões me pareciam um pouco inócuas.

*Quando Tonico começou a frequentar o grupo era vendedor de enciclopédia e enquanto nós andávamos de calça jeans e camiseta, Tonico aparecia de camisa* volta ao mundo e *calça de tergal* senta, levanta e não amarrota, *sempre cansado porque vender enciclopédia cansava muito. Era muito debochado e autodebochado, misturando autodeboche e vaidade mesmo. Quando ele colocava a malha do figurino de* O Futuro Está nos Ovos *fazia sempre o mesmo número. Pra mostrar que era macho mesmo, dizia:* Olha, coloca a mão aqui pra vocês verem como meu pinto é grande, vai da frente até lá atrás, olha, quase entra no cu. *Era muito exibido e muito engraçado.*



**Maria Luiza Coimbra**

*O Futuro Está nos Ovos* estreou em 1969 no Glauce Rocha e, em seguida, ganhou o IV Festival de Teatro Jovem do Estado do Rio de Janeiro, em 1970, no Teatro Municipal de Niterói. Imara e eu ganhamos os prêmios de atores coadjuvantes. O presidente do júri era Sérgio Britto.

No grupo Laboratório tinha de tudo: gente boa, gente má, chatos e até informantes da polícia. Não tenho provas, mas acho que um cara meio periférico, um pouquinho mais velho que nós e cujo nome não vou dizer, era informante. Acho que ele nunca estreou peça nenhuma, mas dos

# IV.º Festival do Teatro Jovem do Estado do Rio de Janeiro

AGOSTO - SETEMBRO - 1970

**DIPLOMA**

*O Govêrno do Estado do Rio de Janeiro, através do Departamento de Difusão Cultural da Secretaria de Educação e Cultura, com base nos resultados apontados pela Comissão Julgadora, do* IV.º FESTIVAL DO TEATRO JOVEM, *promovido pelo jornal* **"A TRIBUNA"**, *confere à*

**Antonio Carlos Souza**

*O presente diploma, em reconhecimento ao seu desempenho como*

**"2º ator coadjuvante"**

*Niterói,* 13 *de* Setembro *de* 1970

Governador
*Geremias Fontes*

Presidente da Comissão Julgadora
SERGIO BRITO

Presidente da Federação do Teatro Jovem Fluminense

Diretor de "A TRIBUNA"
JOURDAN AMÓRA

Imprensa Oficial - RJ 70

*Diploma do Festival de Teatro Jovem*

ensaios ele participava. Essa pessoa cursava faculdade, mas não deve ter feito vestibular, deve ter entrado para informar.

No Laboratório, após *O Futuro Está nos Ovos*, a seguir fiz *Prometeu Acorrentado*, de Ésquilo, com direção de Ademar Padron Nunes, o Dema. Entrei já no final da temporada, pois, além do ciúme de Eliana, não podia viajar por causa do trabalho. Fora do Laboratório, com Ana Caillaux, fiz *Rua do Lixo, 24*, de Vital dos Santos, que o grupo tinha conhecido no Festival de Caruaru, onde tinha ido apresentar o *Prometeu*. Eu fazia uma mulher, Dona Lola, a mãe de família, a matriarca. Foi feito no DCE, o Diretório Central dos Estudantes da UFF, com direção do baiano Antonio Carlos Limongi. Limongi e eu fizemos a música. O nome do grupo era Lapa: *O Lapa apresenta,* Rua do Lixo, 24. *O que antes era brega, agora é peça de teatro. Tem Dona Lola, hehe! Seu Generino, Expedito e Ernesto. Tem dois nazistas e Dorinha! É um trabalho quase honesto! E agora com vocês:* Rua do Lixo... *(aí entrava o viado)* 24*!* A música é bem bonitinha. Ana Caillaux fazia minha filha. Antônio Carlos de Caz fazia um coronel que ia comer minha filha, era uma coisa assim.

*Já se vão mais de 40 anos.... Conheci Tonico em 1969 no grupo de teatro Laboratório, em*

*Na peça* Rua do Lixo, 24: *Antonio Carlos Limongi, Antonio Carlos Pereira e Ana Caillaux*

O FLUMINENSE

# RUA DO LIXO Nº 24

Às 21 horas de hoje, você pode assistir em Niterói a uma excelente peça de Vital Santos. "RUA DO LIXO, 24" estará em apresentação logo mais no Teatro da Gente, DCE da UFF, sob a direção de Antônio Carlos Limongi. O elenco composto por Ana Caillaux, Antônio Carlos de Caz, Antônio Carlos Pereira, Ricardo Manhães, Frank Nunes, Luizinho, Bill e Alvaro, é de primeira.

Você pode romper a famigerada monotonia cultural de Nictheroy e assistir a uma coisa que "mostra muito sutilmente o nosso absurdo: uma falsa comitragédia e antropofágica" segundo Antônio Limongi. Somente uma apresentação. Hoje, às 21 horas do DCE.

*Jornal O Fluminense, sobre a peça* Rua do Lixo, 24

*Niterói. Fizemos duas peças juntos,* Prometeu Acorrentado e Rua do Lixo 24. *Com* Prometeu, *fizemos várias viagens pelo Brasil. Em Caruaru participamos do Festival em Nova Jerusalém, dormimos na Bahia dentro de um ônibus da reitoria (péssimo), mas nós estávamos felizes. Era o início, éramos jovens cheios de gás e com muitos ideais.* Prometeu Acorrentado *foi a nossa grande peça. Com ela, fomos a várias partes do Brasil: Nordeste, Sul, Sudeste, participando de festivais e sempre ganhando prêmios e menções honrosas.*

*Tonico sempre foi alegre, brincalhão e bem-humorado. O teatro parecia que era a sua onda. Nós todos éramos amadores naquela época, mas Tonico sempre teve outra inserção. Ficamos mais próximos quando contracenamos em* Rua do Lixo 24. *Ele gostava de improvisar. Se esquecia o texto, não era problema, eu é que tinha que ficar atenta para não ser pega de surpresa. Acho que ele gostava de me ver perdida. Tinha que tomar muito cuidado, pois, caso contrário, o texto e as dicas eram todas trocadas.*

*Fiz teatro por cerca de quatro anos e neste tempo o contato com Tonico foi intenso. Depois eu acabei me afastando e ficamos um longo tempo sem nos ver. Ricardo Miranda, um amigo em comum, sempre em contato com Tonico e comi-*

*go é que dava as informações. Muitos anos se passaram e Tonico me procurou e saímos para recordar os velhos tempos. Ele tinha um aniversário de um amigo para ir e acabou me levando à reunião. Mas antes ele resolveu comprar umas flores e passamos na floricultura do cemitério porque, segundo ele, era lá onde poderíamos encontrar flores frescas e bonitas. Nessa época Tonico estava ingressando na TV. Hoje, apesar de sentir um carinho muito grande por ele, só nos vemos raramente em Humaitá, na TV ou no cinema.*

**Ana Caillaux**



Niterói também tinha outro grupo de teatro com força local, integrado por Antonio Carlos de Caz, Margarida (Guida), Themilton Ferreira, Lia e Eliana Bueno, Sérgio e Maria das Graças (Gracinha), dentre outros. Chamava-se Os Provincianos e era dirigido por um profissional, Silva Ferreira. Mas os dois grupos se integravam.

Esses anos de Niterói foram importantes, vividos de forma lúdica. Fui-me afastando do Laboratório, mas não das pessoas do grupo, quando estava pra me casar com Eliana porque ela tinha restrições, tinha ciúme. E acabei perdendo o contato com o teatro amador. Perdi o contato com o pessoal do Nordeste que o Laboratório conheceu nos festivais de teatro – Tácito Borralho e Vital dos Santos. Em Niterói, um dos últimos trabalhos que fiz no teatro amador foi *Huis Clos*, de Sartre, com o pessoal dos Provincianos e direção de Silva Ferreira. Mas quando entrei o espetáculo já estava montado e não cheguei a trabalhar com Silva. De Caz, Gracinha, Margarida e eu fizemos esse espetáculo. Não me lembro muito da montagem, mas de certa forma continuo achando que o inferno são os outros.

*Nos conhecemos na Faculdade de Letras. Eu lecionava latim em um cursinho comunitário de preparação para o vestibular e fui levada por ele ao grupo de teatro da universidade. Tonico já tinha alguns amigos por lá, colegas de curso.*

*Ali, num ambiente acadêmico, do qual ele não fazia parte, comecei a percebê-lo pela dissonância em relação ao comportamento* intelectual *do grupo, quase um gueto, por expressar uma liberdade de pensamento que não tínhamos. Tal liberdade era demonstrada pelas ideias estrambóticas e pela disposição em executá-las e que propunha para espanto dos atores e do diretor de forma bem simples: certa vez, ensaiava-se* Prometeu Acorrentado, *quando sugeriu que o personagem adentrasse a cena pendurado por um cabo ligado a uma geringonça, que desliza-*

*ria até o palco causando um efeito espetacular. Todos rimos muito. Um tempo depois, estreou* Cemitério de Automóveis *e a concepção cenográfica era mais ou menos semelhante àquela ideia.*

*Destacava-se também pela indumentária, indisciplina, certa ingenuidade inconsciente, excentricidade e a maneira indiferente com que lidava com a impressão que causava.*

*Provindo de família* salário-mínimo *do interior, composta de boníssima* mamma *cujos seios enormes serviam para acolher a todos, comprava sonhos de pai honesto e trabalhador e de uma penca de irmãos. Um dia desvinculou-se e, por desejo de ascensão social, veio em busca de um ofício. E é como trabalhador que desenvolve sua profissão numa visão muito particular, o que o transformou num artista singular e surpreendente.*

*Vivemos juntos por alguns anos e tivemos duas filhas, Daniela e Thaia, que herdaram suas características – o gosto e talento para as artes, a determinação, o senso de humor, a sensibilidade.*

**Eliana Regina Campos de Sousa Pereira**

outubro/2008

Eliana e eu nos casamos no Mosteiro de São Bento e minha primeira motivação para casar foi, claro, o tesão. Fomos morar em Niterói definitivamente, porque Eliana trabalhava lá como professora. Aí alugamos um apartamento no Rink[5]. Era um quarto e sala de fundos e muita gente passou por ali. Ali morou Imara um tempo, na época em que o Djalma, noivo dela, saiu do Brasil e foi pro Chile. Acho que ela ficou lá uns seis meses, um ano. Nunca mais vi Djalma.

*A última vez que eu o vi foi nos idos de 1970! Faz quase 40 anos! Não espalhe, mas... eu já era adulto nesse ano. Apenas me lembro da simpatia e da alegria dele. Ainda de terno sempre amarrotado, com a gravata afrouxada e o colarinho desabotoado. Ele era vendedor de seguros (era de seguros mesmo?). Mas adorava falar, gesticular, rir... e, ainda por cima, estava apaixonado. Aliás, foi por causa disso que ele começou a frequentar o ambiente de teatro amador. Para ficar mais tempo com a namorada. (bem, nesse ponto, Tonico fez justo o contrário do que eu fiz). E parece que ele gostou! Gostou da vida errante entre Rio e Niterói, gostou da namorada, gostou do teatro... E se encontrou. E quando*



[5] Centro de Niterói, local, à época, desvalorizado

*eu fui preso e depois fui embora, levei comigo a lembrança daquele Tonico. Nunca mais estive com ele. Quando voltei, quase dez anos depois, vim para a Bahia e tive a surpresa de revê-lo no* Sítio do Pica-Pau Amarelo. *Ou seja, ele ficou muito marcado porque participou de um período de minha vida em que eu fiz coincidir a liberdade com a força da juventude. Eu era, como todos os jovens são, onipotente, onipresente e onisciente... e juntei tudo isso com a liberdade total. Livre a vagar no mundo. Evidente que Tonico simbolizou para mim o início dessa época e dessa fase de minha vida. Não posso escrever nada sobre ele. Afinal faz 40 anos desde a época*

*dessa liberdade da juventude e da imagem de Tonico com seu terno amarrotado viajando para lá e para cá nas barcas da Cantareira. Esse Tonico que eu reencontrei no* Sítio do Pica-Pau Amarelo *é o grande e maravilhoso ator Tonico Pereira. Não foi esse que eu conheci. Foi o jovem Tonico, apaixonado vendedor de seguros com seu terno amarrotado. Como vou escrever sobre ele? Não creio que possa.*

**Djalma Ferreira**

Outras pessoas moraram lá ou passaram por lá também porque eu era gerente de vendas do banco Crefisul e tinha uma fachada de normalidade, com carteira assinada e tudo. Era uma casa aberta, com muitas festas e sempre tinha uma confusão. Muita, muita droga. E é curioso que, no meio dessa confusão toda, Eliana continuava a ser muito séria profissionalmente e a profissão dela exigia preparação. Como é que ela conseguia estudar eu não sei. Eliana era muito capaz como professora. E eu também não atrapalhava.

Lembro de uma vez em que tomei uma droga que um namorado de Imara me apresentou. Eles estavam na sala, Eliana e eu no quarto e comecei a adotar a posição fetal, regredindo, foi uma loucura. Fiquei com medo, uma mulher começou a lavar uma área de serviço perto, de fundos lá pra casa, parecia um oceano, tudo estava exagerado. Quis perguntar a Imara e ao namorado dela o que devia fazer com o que estava sentindo e, quando abri a porta, a sala era uma piscina e os dois estavam nadando. Na verdade, estavam trepando e eu não liguei o nome à pessoa. Vi uma água, uma piscina! Delírio total. Não sei nem como acabou essa noite, de tão louca. Desse apartamento a gente foi para outro que comprei em frente à fábrica de sardinhas no Barreto[6], quer dizer, da indústria de



---

[6] Bairro de tradição operária de Niterói

enlatamento de sardinhas. Era um mau-cheiro horroroso. Fechei esse apartamento e nunca mais voltei lá.

Nessa época eu fazia sandálias e bolsas. Comprava o couro, cortava, comprava a sola do tamanco e montava a sandália-tamanco. E fazia a bolsa de couro. Todo mundo andava de bolsa. Até escultura eu cheguei a fazer. Dali fomos para uma cobertura ao lado do Caio Martins, na Rua João Pessoa[7]. A gente via jogo de lá de casa, pela janela.

Nesse ponto eu larguei tudo e falei: *Vou viver só de teatro*. Na verdade já vinha deixando aos poucos as outras atividades em direção ao teatro. Eu tinha um dinheiro de reserva pelo meu passado de bancário. Não verdadeiramente de bancário, de vendedor de produtos financeiros, o que permitia que se ganhasse muito dinheiro naquela época do *boom* da bolsa. Eu era gerente de vendas, tinha comissões, etc.



[7] Entre os bairros de Santa Rosa e Icaraí, área nobre de Niterói

# Capítulo III

## O Grande Teatro do Mundo

### Largo da Carioca[8]

Acho que foi Imara quem me falou do grupo de Mendonça. E eu atravessei[9]. Fui lá e ele me aceitou. Ele tinha ouvido falar do Grupo Laboratório também, que já era conhecido. O grupo de Mendonça tinha mais a ver com minha cabeça que o grupo universitário, porque era um grupo popular. Profissional e popular e me interessava mais que aquelas discussões intermináveis do Laboratório, nas quais eu acabava quase sempre dormindo. No início sofri certa rejeição por parte do grupo dele[10], uma rejeição normal, briga por papel, esse tipo de coisa, mas fui me firmando. Entrei para as *Incelenças* e *A Afilhada de Nossa Senhora da Conceição*, ambas de Luís Marinho.



No Mendonça eu vendia espetáculos, fazia tudo pra ganhar dinheiro, tinha que sobreviver daqui-

---

[8] O grupo de Luiz Mendonça se apresentava num teatro de madeira no Largo da Carioca, O Teatro de Arena.

[9] Atravessei: atravessar a Baía de Guanabara, de Niterói ao Rio de Janeiro ou vice-versa

[10] Grupo Chegança

*Na peça* As Incelenças

lo. Nessa altura, o Grupo Laboratório já tinha acabado e o material do grupo ficou guardado lá em casa porque não tinha outro lugar pra guardar. Nem sei que fim levou.

*Tenho de Tonico fortes recordações e cheguei mesmo a musicar uma ou duas poesias dele.*

*Quando eu ia do Rio para os ensaios do Laboratório em Niterói encontrava o Tonico na barca de camisa social branca e portando uma pasta (ele trabalhava, se não me engano, numa corretora do Rio). Se algumas pessoas podem ser chamadas de guerreiras incansáveis, o Antonio Carlos Pereira é uma delas. Ensaiávamos, às vezes, até meia-noite e ele teria de acordar cedo no dia seguinte.*



*Um guerreiro no palco também. Sem abrir mão do improviso, o qual era sempre oportuno, defendia o texto e a encenação propostos pelo autor e a direção com respeito próprio dos profissionais. Tanto que, certa vez, no espetáculo* As Incelenças, *dirigido por Luiz Mendonça, no Teatro de Arena do Largo da Carioca, em 1973, protagonizou uma tão insólita quanto divertida cena extra.*

*O percussionista (Lotza Luk), roqueiro integrado ao grupo de música do espetáculo, no qual eu executava violão, e que tocava bongô, estava tocando muito alto em todas as intervenções que sublinhavam as cenas. Num determinado momento, Tonico dialogava com Ilva Niño e o som do bongô impedia que se ouvisse o diálogo. A plateia, incomodada, começou a olhar para a banda. Tonico não pensou duas vezes: veio até nosso praticável, tirou o bongô da mão do percussionista e voltou para o meio da cena com o instrumento debaixo do braço; esperou que Ilva terminasse o texto e, placidamente, devolveu o instrumento ao músico.*



*Recordo-me igualmente da inesquecível interpretação de Tonico (aliás, de todo o elenco) na nossa primeira peça do Laboratório –* O Futuro Está nos Ovos. *Por sinal, diga-se, ficou gravada em minha memória sua última fala no espetáculo:* Então, vai ao castelo de merdalhas. *A seguir, Tonico emendou uma gargalhada farsesca que se misturava aos primeiros acordes da música final.*

**Ronaldo Florentino**

Aí gastei meu último dinheiro – eu estava com minha filha Daniela novinha – e dei uma festa de arromba para o grupo de Mendonça, torrei todo meu dinheiro nessa festa para começar vida nova, para depender de teatro mesmo e correr

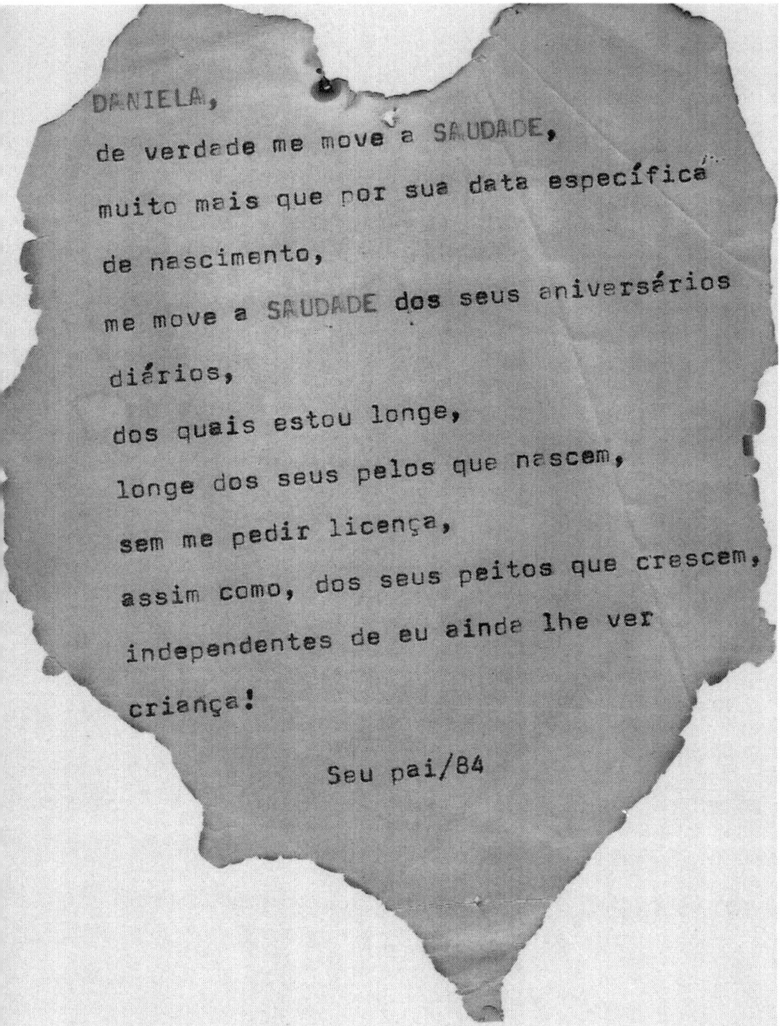

DANIELA,

de verdade me move a SAUDADE,

muito mais que por sua data específica

de nascimento,

me move a SAUDADE dos seus aniversários

diários,

dos quais estou longe,

longe dos seus pelos que nascem,

sem me pedir licença,

assim como, dos seus peitos que crescem,

independentes de eu ainda lhe ver

criança!

Seu pai/84

*Carta à filha Daniela*

Daniela

Antes de tudo te quero feliz, e por te querer feliz, posso errar, e muito. Antecipadamente te peço desculpas, e prometo que vou tentar preparar-me, pra que além de pai, eu possa me tornar necessário a você como amigo, amigo este que também poderá falhar, mas que tentará apesar da idade te entender nos seus onze anos, tendo esperança (sei que difícil) que você também se aproxime de mim imbuída pela compreensão, de que não tenho a sua idade, mas que já tive, e que quando tive errei e acertei com até hoje (36 anos) ainda acontece. Besteira seria dizer que não me arrependo de nada que fiz, mas foi preciso fazê-lo pra que hoje o soubesse certo ou errado, e isto nos mantém cientes que somos humanos e portanto...

Enfim quero me pôr à sua disposição, para trocarmos nossas experiências, e como amigos crescermos juntos, enriquecidos por nós mesmos e que não tenham dúvidas, somos ricos.

Um beijo

Antônio Carlos

*Carta à filha Daniela*

atrás. Daniela tinha 2, 3 meses. Ilva Niño, mulher de Mendonça, achou que eu era um burguês, mas eu estava queimando meu último dinheiro mesmo tendo uma criança. Foi uma enorme irresponsabilidade.

Quando fiz meu primeiro pré-vestibular para Economia conheci Ivan Cavalcanti Proença, professor de redação. Após algum tempo nos encontramos no grupo de Mendonça – Ivan era louco pelo grupo de Mendonça – e nos tornamos amigos, embora nunca mais nos tenhamos visto. Ele acompanhou parte da minha carreira e escreveu sobre o grupo destacando minha atuação. Ele era crítico literário, mas vez por outra incursionava pelo teatro. E ele sempre gostava do tipo de espetáculo. Não era uma crítica literária. Ele era de esquerda, claro. Da esquerda que gostava do popular, porque tinha a esquerda que não gostava do popular, era aquela discussão. Por exemplo, no Grupo Laboratório essa discussão era muito forte. Eu sugeria, por exemplo, que fôssemos às fábricas, às favelas: *Então não pode cobrar*, diziam as pessoas. E eu me opunha: *Não, tem de cobrar, senão... como é que fica?!*

Eu tinha que sobreviver, não podia trabalhar de graça. E o que foi acontecendo é que fui perdendo os empregos e o teatro começou a me dar dinheiro. No grupo de Mendonça, por exemplo, ganhava mais dinheiro vendendo programas antes do espetáculo e distribuindo filipeta, que era carimbada atrás com o meu nome e me dava comissão sobre o preço do ingresso, que como ator. Meu lado de vendedor ajudava e, ao mesmo tempo, a necessidade também. Eu não tinha pai pra me bancar, como hoje você tem o pai que banca o filho para que este faça uma figuração na novela das seis da Globo. Aí o coronel lá em Pernambuco fica felicíssimo porque o filho apareceu na televisão. Naquela época minha família achava que eu era *viado*, não era bem-visto fazer teatro, era outra coisa. Na primeira vez em que minha mãe foi ao teatro queria comprar minhas fotografias da porta, porra! A relação de minha família com o teatro era foda.



Se alguma coisa me pagasse mais, não teria sido ator. Acontece que a profissão de ator começou a me dar dinheiro e fui ficando. Porque a paixão não tem nada a ver com dinheiro. Essa manifestação, posso dizer artística, não depende de dinheiro, não tem nada a ver com dinheiro. Dinheiro é meu lado operário, lado de trabalhador, de carteira assinada, de reinvindicações, etc. Mas não é o dinheiro que me faz trabalhar, que me move na relação que tenho com a arte, não interfere em nada. Costumo dizer que o patrão maior que tenho sou eu mesmo. O público e eu mesmo. Acho que seria tão bom vendedor, ou industrial, ou qualquer outra coisa, quanto sou ator. Fernanda Montenegro também diz que ela faria bem qualquer coisa. O ator é essa possibilidade mesmo, aliás, o ser humano em geral é essa possibilidade mesmo de fazer qualquer coisa. O ator é a explicitação desse ser humano, é um ser humano frisado. Em caixa alta, em negrito.

De certa forma, poderíamos dizer que toda profissão é artística. Num texto que escrevi para o CAL[11] digo isso, que o pedreiro é um artista, que o ser humano em geral é artista. Os momentos divinos são poucos e você tem que descobrir quando eles acontecem, tem de estar sensível para reconhecê-los.



**Ser Ator**

*Vida: todas as artes têm o compromisso de explicitá-la, nas linguagens múltiplas em que se apresentam (opção do artista), mas a que mais radicaliza essa explicitação é, sem dúvida, o Teatro e, mais especificamente, a interpretaçao teatral.*

*No momento em que o Teatro, ou melhor, a arte da interpretação acontece, a partir de um en-*

---

[11] Centro de Artes das Laranjeiras

*contro direto entre o emissor/ator e o receptor/público, estamos correndo os riscos inerentes à vida – inclusive o risco de morte – e essa possibilidade múltipla e imponderável do viver e do atuar é o que me atrai naquilo que os céus me impuseram como destino – ser ator.*

*A repetição – tema recorrente das perguntas que os leigos me fazem sobre o ato de atuar – é, na verdade, uma ação sistemática de exercícios de aprimoramento que não podemos chamar (ainda) de arte, pois esta só acontece, quando acontece, depois de três meses de ensaios, duzentas apresentações, em um único segundo, numa única pausa, num único olhar, num único ouvir. Nesse instante, depois de um processo de meses e anos, quando acontece, atingimos a essência e a excelência do ser humano que somos, atingimos a divindade.*

*Tornamo-nos deuses não nos repetindo, não criando simplesmente arte, mas criando vida através da arte, que é a proposta maior do ser humano, seja ele pedreiro, seja ator. O resultado de tudo isso, às vezes, mas nem sempre, é um prêmio que não paga o preço de nossa solidão criativa.*

**Tonico Pereira**
8 de abril de 2008

Nessa época, Eliana, Daniela e eu nos mudamos para a casa do Bairro de Fátima, em Niterói, alugada. Ali começa nossa separação. Tive minhas relações ruins fora de casa e fui péssimo marido, acho que sou muito melhor ex-marido que marido. Como marido não funcionei, mas como ex-marido sou legal. Agora estou mais maduro ou mais incapaz, não sei.

No início da minha carreira o que salvou minha fome foi o angu do Gomes que, pelo menos durante uns dois anos, comi não digo diariamente, mas noturnamente. Cheguei a ter crédito na barraquinha da Praça XV. O prato era muito suculento e gostoso, tenho saudades até hoje e se me fosse dada a opção de ir a um restaurante ou comer um Angu do Gomes, acho que eu preferiria a segunda hipótese. Continuo sendo pobre.



Mendonça permitia que as individualidades acontecessem dentro do grupo, era muito respeitador. O grupo dele não era um grupo no sentido ortodoxo do termo. Hoje você vê companhias teatrais em que os participantes só conhecem o grupo e só se relacionam com o mundo por meio da visão do grupo. Então o melhor ator do mundo é desse grupo, o melhor diretor do mundo é desse grupo, o melhor cenógrafo do mundo é desse grupo. Isso é de uma burrice atroz e essa coisa não me pega, pois minha individualidade é muito forte. Às vezes me causa problema também, seja com a direção, seja com um ou outro ator. O grupo de Mendonça era uma cooperativa de profissionais com propostas populares, propostas que alguns remanescentes põem em prática até hoje. Tânia, Elba e eu somos exemplos típicos disso.



Mendonça foi um grande mestre e um ser humano maravilhoso. Ele me ensinou não as coisas complicadas que o Laboratório levantava, mas o oposto, a simplicidade, ou seja, as coisas se resolviam muito mais pela simplicidade do que pela erudição. Eu me lembro de que uma vez eu disse *estou rouco* e ele me disse para entrar rouco. Graças a isso faço qualquer espetáculo até hoje, em qualquer época, rouco ou não. Vejo atores que ficam loucos porque estão roucos, eu cago e ando, entro em cena rouco tal qual estivesse ótimo: o rei está rouco. Dane-se, assumo a rouquidão como parte do personagem. Estou ótimo. A voz se lança, rouco ou não, não tem problema nenhum, isso é muito mais da cabeça de cada um que da dificuldade real. Várias vezes estive completamente rouco durante a temporada do *Hamlet* em São Paulo, pois a mudança Rio-São Paulo era uma loucura. São Paulo estava seco demais.

*Meu ator é de esquerda, cotidianamente trabalhador;*

*meu artista é ambidestro, cotidianamente sonhador.*

**Um Gosto de Cinema**

*Conheci Tonico Pereira durante o processo de seleção de elenco de apoio para o filme* A Lira do Delírio *no Teatro Municipal de Niterói. Foi um encontro fulminante, com Tonico se impondo ao resto do elenco de uma maneira provocativa, desafiadora.*

*Confiei nele imediatamente. Não havia a menor dúvida que estávamos diante de um temperamento de ator. Como faríamos as filmagens em pleno carnaval de rua, em meio à massa humana, intuí que precisava de um ator que resguardasse a presença espontânea de Anecy Rocha no campo da filmagem. As filmagens provaram que estávamos no caminho certo e ele soube aproveitar todas as oportunidades que se ofereciam, assumindo um personagem que certamente exigia um desdobramento no material que faríamos após o carnaval, o que foi feito à perfeição.*

*Tonico é um ator espontâneo, de formação teatral, mas com carisma cinematográfico e su-*

*ficiente habilidade para se manter minimalista na tela grande, onde cresce como um excelente ator que é. Grande ser humano, amigo, desses que a gente guarda para a vida toda. Convivemos em diferentes momentos de nossas vidas, às vezes alegres e às vezes dramáticos. Tonico sempre esteve ao lado, companheiro, silencioso, um* gentleman.

*Trabalhamos mais uma vez juntos quando pensei num ponto de referência narrativo para* Ele, o Boto. *Ele foi um dos pescadores que refletiam ou ampliavam a história sendo contada. Foi uma curta convivência, mas com marcante presença*

*no filme. Sempre me cobro à presença dele em outros trabalhos meus e, certamente, se assim Deus o quiser, isso voltará a acontecer.*

**Walter Lima Jr.**

Para meu primeiro filme, *A Lira do Delírio*, de Walter Lima Jr., me ofereci como figurante. Até então só tinha feito teatro, fui fazer figuração de graça, houve uma seleção no Teatro Municipal de Niterói e me interessei porque nunca tinha visto uma câmera de cinema e tinha a maior curiosidade. Walter me aceitou e a gente filmou o carnaval inteiro num clima de loucura absoluta, de muitas drogas. E esse troço ficou parado dois ou três anos, enquanto ele captava dinheiro para dar continuidade àquela história do carnaval, que não era história, era um acontecimento, tinha porrada de verdade, uma porção de loucuras.

Nesse intervalo, trabalhei com Nelson Pereira dos Santos no *Amuleto de Ogum*. Faço o início e o fim do filme. Eu e mais dois comparsas tentamos assaltar um violeiro cego (Jards Macalé). Para ganhar tempo, o violeiro conta a história de um nordestino que se envolve com marginais da Baixada Fluminense, o qual é morto, mas ressuscita, protegido por Ogum. No final, nós três somos mortos pelo cego.



Quando Walter Lima Jr. retomou a filmagem da *Lira* fui o único figurante convidado a continuar porque durante o carnaval estabeleci uma ligação muito forte com Neci[12], a atriz principal. Foi assim que deixei de ser figurante e passei a ator. Walter nega isso: *Que figurante que nada*... Mas é a verdade.

Naquela época residia em Niterói, minha vida era lá, dormia lá. Ainda estava casado, apesar de ter outras mulheres no Rio. Era uma visão machista,

---

[12] Anecy Rocha (1942 - 1977)

*No filme* A Lira do Delírio, *com Anecy Rocha*

*No filme* A Lira do Delírio, *com Anecy Rocha*

*No filme* A Lira do Delírio, *com Anecy Rocha*

*No filme* A Lira do Delírio, *com Paulo César Pereio*

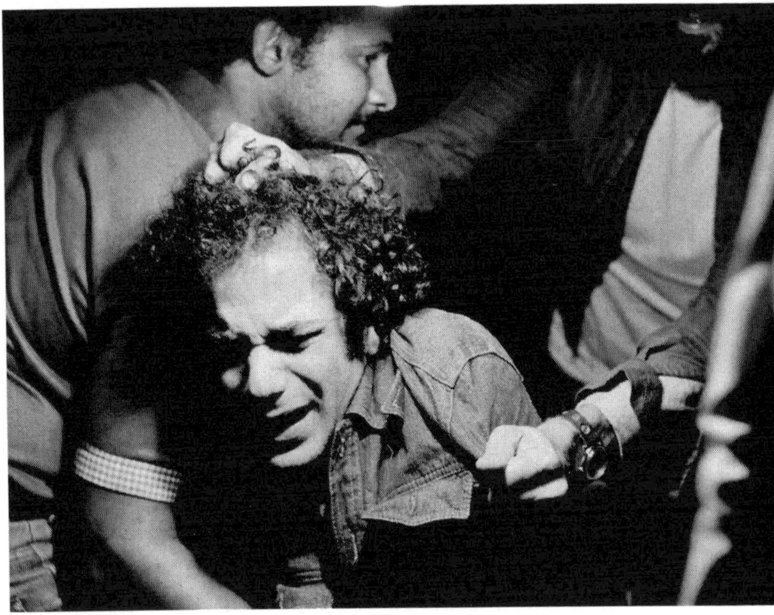

*No filme* A Lira do Delírio

achava isso normal. Só vim pro Rio morar quando conheci a atriz/diretora. Thaia nasceu nesse período ruim. Fui péssimo pai.

**Mahagoony**

Um dia encontrei Tânia na rua. Havia se separado do marido, tinha a filha Gabriela e estava fazendo dublagem. Uma menina do grupo de Mendonça, Márcia Gastaldi, ia parar de trabalhar e falei com ele sobre Tânia. Mendonça já a conhecia da universidade onde tinham feito um trabalho juntos. Ele a aceitou na hora e assim a gente trabalha junto há, praticamente, 40 anos. Vai e volta nos encontramos. Durante a temporada do *Hamlet* em São Paulo sempre nos víamos nos restaurantes após o espetáculo.



*Acho que a ponte entre nós foi José Carlos Gondin, ator e diretor de teatro, que cantava no mesmo coral que eu, o Musicantata. O regente José Eduardo Rosa arranjou uma salinha na UFF para ensaiarmos e várias vezes por semana eu cruzava de barca a Baía de Guanabara rumo a Niterói.*

*Lá conheci pessoas fascinantes e apavorantes. Caí numa constelação de jovens como eu, mas tão diferentes de mim: o próprio Gondin, Imara Reis – atriz, cabelos descoloridos, engajada po-*

*liticamente, fumante, já tomava a pílula, que medo! – e... Tonico Pereira. Eu era cantora lírica, virgem e lia* Os Vedas.

*Primeiro movimento – Eu no palco cantando Bach em alemão durante um recital e aquele rapaz de corpo magro, ágil, nevrálgico, barriga à mostra, calça boca de sino, tira na testa amarrada atrás da cabeça entre os cachinhos, atravessando o corredor da platéia e caminhando para mim de braços abertos na frente de todo mundo. Que vergonha e que vontade de rir! Por momentos invertíamos as posições, eu era a plateia e ele o palco. Fui assisti-lo na peça* O Futuro Está nos Ovos, *direção de Gondin, e entendi tudo. Ele era uma estrela!*



*Não sei se foi aquele lindo olhar canceriano, nem me lembro quanto tempo demorou para começarmos a ter um namorico. Minha castidade, porém, não tinha lugar naquela sofreguidão de viver* tudo agora *de Tonico e em pouco tempo ele me deixou. Chorei lágrimas virginais, porém profundas e sinceras.*

*Segundo movimento – Já casada e com minha filha Gabriela, voltei a encontrá-lo quando fui convidada por Yumara Rodrigues, atriz baiana, minha colega de dublagem na Cine Castro, para participar da peça que estava produzindo –* O Rapto das Cebolinhas, *de Maria Clara Machado. Tonico estava no elenco. Me levou para assistir às peças que fazia no Teatro de Arena da Guanabara –* As Incelenças e A Afilhada de Nossa Senhora da Conceição, *ambas de Luís Marinho. Tornei-me* tiete *do grupo, acabando por me tornar parte do Chegança, quando o grande diretor Luiz Mendonça me pediu para substituir uma moça que faltou um dia e nunca mais voltou.*

*Muitas aventuras vivemos juntos mambembando, desbravando o Brasil afora, apaixonados por teatro, duros,* sexo, drogas e forró *e o sonho da revolução. Íamos mudar o País!...*

*Minha conexão com Tonico solidificou-se cada vez mais, por conta dessa convivência, muita identificação, muita química e muita admiração. É um grande ator!*

*Talentoso e carismático. Inteligente. Intenso.*

*Terceiro movimento – Fui participar de um episódio do* Sítio do Pica-Pau Amarelo. *Tonico interpretava o Zé Carneiro, personagem caipira que falava muito engraçado, sucesso entre as crianças e os adultos. Antológico! Mais uma vez trocamos vida, muita vida e paixão.*

*Quarto movimento (século 21) – Estivemos juntos ainda no* Auto da Paixão de Cristo, *espetáculo ao ar livre em Angra dos Reis, produzido e dirigido por Ginaldo de Souza. Eu fazia Nossa Senhora e Tonico fazia Judas, e em* Amazônia, *minissérie de Glória Perez para a TV Globo.*

*Eterno movimento – Já ficamos anos sem nos ver, mas de alguma maneira temos conseguido compartilhar nossas alegrias e dramas pessoais, amores e desamores através dessas décadas.*

*Outro dia nos encontramos por acaso no restaurante paulista Teatrix, ponto de encontro dos elencos cariocas em cartaz na cidade. Ficamos um tempão nos olhando nos olhos, as mãos entrelaçadas com força. Nem precisava dizer nada, mas dissemos:* Nosso amor é para sempre!



**Tânia Alves**

Viajei com Mendonça pelo Norte/Nordeste. Mas quando *Cancão de Fogo* cumpriu temporada em São Paulo... não fui. Nessa época conheci Priscila Camargo. Veio ao Rio ainda menina, com 17, talvez 18 anos, em companhia de Beth Savalla. Beth ia fazer *Gabriela.* Priscila trabalhava com Mendonça e tinha feito no *Cordão Encarnado* uma pastora que não falava. No *Cancão de Fogo*, coincidentemente, Priscila também não tinha fala. Eu fazia o *Cancão* e lhe disse: *Fala qualquer coisa aí que eu respondo*. E assim ela teve sua primeira fala no teatro. Não sei se ela se lembra disso.

**Enfim, Protagonista**

No *Cancão de Fogo* fiz o papel principal por indicação de Tânia. Mendonça estava procurando um ator de fora para fazer o *Cancão* e Tânia sugeriu: *Mas, Mendonça, você tem o Tonico aí que é bom, por que você não aproveita?* O problema é que eu não tinha nome... Isso foi em 1974, 75 ou 76... algo assim... e foi meu primeiro papel principal.



*Tonico Pereira é um ator nato, daqueles que não levam o texto pra casa. Pequeno no tamanho e imenso, incomensurável nos palcos e nas telas. Sua sensibilidade e caráter me conquistaram. Fomos companheiros de bares, noitadas e cachaças surreais e indescritíveis. Um dia fiz uma música para ele chamada* Bobo da Corte. *Por trás do brincalhão, bufão, palhaço se escondem a inteligência, a integridade e a sabedoria.*

**Alceu Valença**

*Na peça* Cancão de Fogo

*Bobo da Corte*

Alceu Valença

*Nem todo beijo é pecado*
*Nem toda fruta é maçã*
*Nem todo réu é culpado*
*Nem toda culpa é cristã*
*Nem toda carta é marcada*
*Nem toda lente é ray-ban*
*Nem toda noite é noitada*
*Nem toda luz é manhã...(2x)*
*Por isso eu exijo respeito*
*Por teu desmantelo*
*Teus olhos vermelhos*
*Se vendo no espelho*
*E querendo voar...*
*Por isso eu exijo respeito*
*Por duas palavras*
*Na boca da noite*
*Na boca do bobo da corte...*



No *Cancão de Fogo*, Hélio Guerra, um cara que foi muito importante na minha vida, me deu uma lição.

Guerra tinha sido barman do Opinião e antes foi marinheiro. Fora cassado em 1964 e considerado morto. Sua mulher, melhor dizendo, ex-mulher, recebia pensão como viúva. Ele pediu para ser ator e Mendonça o integrou à equipe. Era um pouco mais velho que nós, muito simpático, enfim, era um sedutor, principalmente em relação às mulheres. Ainda como marinheiro já havia aprontado. Além de ter comido a *miss* Miami, Guerra foi preso naquela cidade porque saíra correndo nu de um hotel atrás de uma puta que roubara seu dinheiro e sua roupa. Foi detido nu e um militar brasileiro que estava fazendo um curso lá soube do caso e deu uma merda federal. Mas não foi por isso que foi cassado e sim por questões políticas.



Fazíamos o *Cancão de Fogo* num leprosário em Manaus, lá dentro da mata. Eu fazia o herói, o Cancão e o Guerra fazia o Coronel, que representava o poder, o inimigo. Meu personagem tinha que ganhar a simpatia da plateia porque era o herói, era o popular, era o *Cancão de Fogo*. O espetáculo era muito interativo, a gente entrava várias vezes no meio do público. Mas quando começou a gente ficou com um medo danado porque se tratava de um leprosário. O espetáculo se passava numa cabana de índio enorme, aberta dos lados, só havia a cobertura, o sol brilhava lá no fundo. O *Cancão de Fogo*, meu personagem, já tinha entrado em cena, mas eu não tinha descido do palco ainda, estava com o cu na mão por causa da aparência do público.

Era muito impressionante. E ainda por cima havia aquela história cristã da lepra como maldição. Esse fato estava vivo em minha cabeça... valores de minha formação católica, claro. Daí a 10, 15 minutos... o Coronel entra montado numa burrinha, aquela burrinha de bumba meu boi. Guerra entrou com aquele sol como pano de fundo e veio até o palco cumprimentando cada leproso, dando a mão a cada leproso, com aquele sorrisão. Essa foi uma lição de vida. Aí eu pensei: *Se eu não for pra cima agora o espetáculo não existe, se meu personagem perder pro Coronel, o espetáculo não existe* . Desci e a gente fez de verdade o espetáculo.



Guerra me deu essa lição dentre outras, muito significativa na minha vida de ator e de gente.

Eu já tinha feito a Dona Lola em *Rua do Lixo, 24,* no Diretório Central dos Estudantes (DCE), da Universidade Federal Fluminense. Também já tinha feito o papel principal em *O Patinho Torto ou os Mistérios do Sexo*, de Coelho Neto, no MAM[13], com direção de Mauro Rosth. Eu fazia Eufêmia, na verdade um homem que tinha sido criado como menina. Coelho Neto era jornalista e escreveu a peça a partir de um fato verídico.

---

[13] Museu de Arte Moderna do Rio de Janeiro

*Na peça* O Patinho Torto ou os Mistérios do Sexo

A história gira em torno de uma mulher – realmente um homem – que tem tesão na prima e não compreende nada porque todo mundo, inclusive a mãe, lhe dá uma identidade feminina. Esse elenco já estava formado quando saiu o ator principal e entrei no lugar dele. O elenco reagiu muito porque o mercado é competitivo e vários participantes se candidatavam ao papel. Lembro de um incidente importante com um dos atores que contracenavam comigo, uma pessoa que já morreu, que era amigo de Eliana e tinha sido seu aluno. Tratava-se de uma cena na qual eu usava um salto enorme e tinha de me equilibrar num pé só. Ele tinha que chegar, encostar e falar comigo. Aí ele chegava, encostava e me dava um toque de modo a me fazer cair do salto. Reclamei que não estava podendo fazer a marca por causa disso e o diretor disse: *Se vira*. Respondi: *Tá legal*. O ator chegou e dei-lhe uma cotovelada forte. Nunca mais ele repetiu a gracinha, nunca mais me tirou da marca. Em determinados momentos da vida a gente tem que tomar decisões. Eu ainda morava em Niterói .



No *Viva o Cordão Encarnado* não fui o protagonista, mas já nessa época sugeriram meu nome para o papel. Só que o grupo, sobretudo Ilva Niño, tinha restrições por eu ser novo, não ser oriundo do grupo, não ser pernambucano. Ivan

*Elenco de* Viva o Cordão Encarnado

Seta, irmão de Vera Seta, que ganhou o papel, também não era pernambucano, mas era um ator famoso, ainda mais depois de *Cemitério de Automóveis*.

Dessa época me lembro de um caso engraçado. Alguém deu uma festa, não lembro quem, e tinha uma sopa de cogumelos. Todo mundo tomou a sopa sabendo que estava tomando um alucinógeno. Mas Zé Marinho – ator, sobrinho do Luís Marinho, um tipo brasileiríssimo que trabalhou muito com o Glauber e hoje é professor de cinema na UFF – chegou atrasado. E ele era careta. Àquela altura ninguém mais estava em condições de avisar que a sopa não era exatamente sopa. E ele tomou como sopa. E tomou mesmo, comeu mesmo. E pirou completamente, foi uma loucura. Não me lembro na casa de quem foi, talvez na do próprio Mendonça.



Como ator principal fiz depois *O Último dos Nukupirus*, uma revista de Gugu Olimecha e Ziraldo, com direção de Mendonça. Eu fazia o último índio do Brasil que se encontrava com a civilização, representada por Marta Anderson, que o engolia, comia e comia sexualmente, representando a absorção cultural do índio brasileiro. Teatro de revista, outra vertente do teatro popular.

*Cena da peça* O Último dos Nukupirus

*Cena da peça* O Último dos Nukupirus

## Capítulo IV

## O Feijão e o Sonho

Tenho todo o caminho da improbabilidade, ou seja, não fiz nenhum esforço pra ser ator, não cursei nada. A profissão foi acontecendo e até hoje desconfio que ainda não sou ator. Tanto é que crio alternativas, perco dinheiro com elas pra ver se me dão segurança com relação a exercer a profissão de ator. Mas sou um péssimo empresário, nunca tirei um tostão de meus negócios, só perco dinheiro e o ator é que sustenta as outras atividades, pois nunca fiquei desempregado. Já tive peixaria, livraria (*Cabelhão*), bar, loja de parafuso. Esta está lá ainda – Dona Porca e seus Parafusos – em Alcântara, na estrada Amaral Peixoto, e sustenta meus irmãos. Cumpre o papel dela. Esta é a minha mania, ser comerciante apesar de minha carreira de ator.



Montei duas agências de automóveis que estão aí também, só não dão dinheiro. Só boto dinheiro, só me ferro, não tive o prazer ainda de ganhar com negócios fora do ofício de ator. Só quando eu era adolescente é que ganhei dinheiro com a linha de contrabando em Campos, que me deu, inclusive, acesso a classes mais altas que a minha porque eu vendia perfume, cigarro, isqueiro pra mulher chique.

Uma coisa que me preocupa muito mais que minha carreira é minha própria vida e a vida de meus filhos, o dinheiro que tenho que ganhar pra esses filhos. E não tenho essa história de me poupar, de ter mais tempo pra me concentrar na arte. Eu poderia ter uma pessoa, como outros atores têm, pra me assessorar e fazer coisas pra mim, mas acho que isso me plastificaria um pouco. Por outro lado, a partir do momento em que tive filhos, em que tive família, em que tive relações com mulheres e tal, criei compromissos com a vida que são o compromisso de fazer coisas, de executar tarefas. Isso não é diferente, por exemplo, de pagar uma conta de luz na sua casa e pagar uma conta de luz do teatro.



*A cada vez que Tonico se achega para me contar a mais recente novidade sobre a sua trajetória (sic) de homem de negócios, mais eu tendia a lamentar – e como! – o fato de que as artes cênicas não sejam suficientemente ubíquas e onipresentes para que ele sequer soubesse da existência cá fora de algo conhecido como o mundo dos negócios. Escrevendo mais claro: show, sim; business, nem pensar...*

*Comecei a elaborar uma hipótese quando me dava conta de que, embora não seja propriamente um interlocutor ideal dele nesta outra área, na medida em que minha vida profissional sempre foi dividida entre a criação e a transpiração, sempre que nos encontramos Tonico insistia em me exibir detalhados dados sobre as suas incursões capitalistas por segmentos tão diversos quanto, por exemplo, o comércio de autopeças, construção civil, mercado financeiro, administração sindical. E com um entusiasmo tal que faria até um John Maynard Keynes sambar em seu túmulo neoliberal.*

*Saindo dos encontros infelizmente bissextos com ele, quase sempre em casa de amigos queridos, me perguntava por que – estranhamente – Tonico jamais prestava muita atenção ou reservava maior importância às minhas eventuais opiniões sobre o mais atualizado balanço de informações que acabara de me passar a respeito dos seus geralmente maus negócios.*



*A hipótese: será que Mister Tonico Pereira, brazilian tycoon, made in Goytacazes Fields, gênio da alta finança, capaz da façanha de transformar um real em cinquenta centavos em menos de um milésimo de segundo, com um entusiasmo chapliniano, não seria também um personagem que este extraordinário ator leva, dia sim, outro também, para o mundo lá fora?*

*Lucros (parcos) e prejuízos (incessantes) à parte, ousaria intuir que entre outros tantos e lindos traços da sua vida o interlocutor (ou melhor, locutor) de negócios que me fala talvez tenha inventado no teatro do cotidiano o mais prazeroso e perene dos seus papéis, lado a lado de todos aqueles que fez, faz e ainda fará nos palcos e estúdios do Brasil.*

**Armando Strozemberg**

Acho que o artista – não gosto muito dessa palavra, mas não acho outra – se manifesta tanto melhor no ser humano quanto mais simples ele for, ou seja, a grande complexidade do ser humano se mostra na exposição de sua simplicidade. A redoma não é pro homem, não é pro artista, principalmente pro homem artista. Melhor é o botequim.



Essas ideias vêm da minha vida, da minha forma de viver e o Laboratório deu início a isso tudo. No entanto, o grupo tinha alguns preconceitos, por exemplo, com relação ao intelectual. O grupo Laboratório não admitia um artista que não fosse intelectual, tinha essa limitação que Mendonça não tinha, que Amir não tem. O Laboratório tinha exigências às quais eu não podia corresponder porque não era intelectual, era popular, era de formação popular. Nasci no lado popular da minha família, a divisão era muito clara entre meu pai e minha mãe de um lado e tia Bezinha e tio Juca ou tio Antoninho e tia Ruth de outro. Suely, minha prima, e eu temos origens próximas, parecidas, mas não iguais, pois seus pais são pessoas com quem ela e as irmãs tiveram diálogo e eu nunca tive diálogo com meus pais. Mesmo sendo da mesma família nós estávamos em lugares sociais muito diferentes. A possibilidade que tive na vida, aos 8 anos de uma formação completamente louca, de descobrir a propriedade, contribuiu para moldar o ser humano que sou. Porque o teatro e muitas outras coisas fundamentais na minha sobrevivência e na minha vida só se tornaram fundamentais para mim porque foram meu meio de sobrevivência. Eu tinha que sobreviver com os excessos, tinha que ter dinheiro não só para comer, mas também pra beber, por exemplo.



**Casa Própria**

*Minha morada tem 1,69 m, nem mais nem menos.*

*O dia em que o ser humano descobrir que ele não é a medida do mundo e que seus 1,60, 1,70, 1,80, 1,90, 2 m correspondem apenas ao que lhe cabe realmente de espaço na terra poderá ser pleno em suas próprias medidas, sem por elas se sentir humilhado e sem se servir delas para humilhar ninguém.*

*Muito altos ou muito baixos, pela perspectiva do mundo somos simplesmente O Homem.*

Quanto aos problemas do teatro, penso que, por incrível que pareça, muitos deles advêm da figura do patrocinador, pois, a partir de sua entrada em cena, o teatro perdeu a obrigação de ter público. A partir do momento em que a montagem está paga, o elenco, os produtores – não digo todos, mas a grande maioria – passam a viver de projeto e não mais de público. Isso é quase regra, o patrocínio é que dá o tempo de vida do espetáculo quando essa função seria do público. Mesmo com casa cheia o espetáculo termina quando acaba o patrocínio, mesmo porque sua existência encareceu os custos de teatro, de iluminação, de cenários, de tudo, pois antigamente todo mundo era cooperativado, inclusive a direção, agora todo mundo tem salário. Aí fica difícil você convencer um elenco a fazer uma cooperativa, a ir às faculdades, a estabelecer um intercâmbio com o público. O compromisso que tínhamos em 1968, 69, 70, com o Mendonça ou o Amir, de ter uma peça em cartaz em longas temporadas, com público todo dia, se perdeu, o entusiasmo diminuiu. No processo cooperativado que se fazia o produtor organizava a cooperativa, mas era diferente do produtor de hoje. Quando ele pegava dinheiro do governo era emprestado. Ou seja, tinha de ser devolvido.

Também o patrocínio privilegia quem geralmente precisa menos. Só os grandes nomes da televisão são patrocinados por anunciantes de peso. Um ator iniciante ou praticamente desconhecido à procura de patrocínio terá muitas dificuldades em obtê-lo.

Claro que a existência do patrocínio liberta o ator dessa parte de produção e deixa que ele se concentre naquilo que é o essencial, o trabalho artístico. Mas essa essência, pra mim, é dúbia, isto é, a essência do artista é sua humanidade e essa humanidade pode se dar, por exemplo, na atividade de engraxar sapato. Essa aplicação absoluta numa pretendida essência do teatro cria o ator careta. O ator careta acha que atuar é mais importante do que ser pedreiro, que ser operário, que ser qualquer outra coisa. Pessoalmente, acho que o meu trabalho é um trabalho como outro qualquer. Tem suas particularidades como todos os demais trabalhos, mas não tem uma aura. O deus que existe no ator, existe no pedreiro, no carpinteiro, no ser humano em geral.



Aliás, hoje em dia quem ganha dinheiro com teatro não é o autor, não é o diretor, não é o ator, não é o teatro, não é nada, é o *flanelinha*, que não paga imposto nenhum e te cobra R$ 10,00 pra você parar o carro, o que é praticamente um acinte. Se você não pagar, seu carro vai pagar. Shakespeare era tão incrível que explorava o estacionamento de seu teatro, ele próprio cobrava das carruagens e dos cavalos que paravam no teatro, ou seja, Shakespeare sabia que essas duas atividades estariam integradas, que a atividade teatral estaria integrada ao estacionamento. A expressão *merda pra você*, no sentido em que se diz no teatro, no sentido de *sucesso pra você*, que eu achava que era de origem francesa, na verdade é de origem shakespeariana, significando *muita bosta de cavalo pra você*, quer dizer, muito público pra você, muito sucesso. A gente aprende esse tipo de coisa na vida, nem sei se isso é verdade, mas não interessa muito, pois faz muito sentido, não?



Tenho militância sindical e trabalhei pela normatização da profissão de ator. Nessa época eu bebia muito e minha participação era quase sempre bêbada, mas, de qualquer maneira, estive lá, discuti, dei opinião, comprando, inclusive, muitas brigas. Por exemplo, meu amigo Fernando Pamplona e eu quase saímos na porrada um dia.

Atualmente sou segundo-tesoureiro do Sindicato dos Atores do Estado do Rio de Janeiro, mas vou muito pouco lá. Sou um ator que trabalha muito, tenho pouco tempo para a militância sindical. As pessoas me questionam sobre isso, mas respondo: *Meu amor, não sou um ator de sindicato, estou no sindicato contribuindo com o que posso, e o que posso é muito pouco porque meu tempo é de trabalho; trabalho muito, sou um ator que não fica desempregado, faço televisão, cinema e teatro constantemente, sempre, há anos, então não tenho tempo de ir ao sindicato todo dia fazer plantão.*

## Reflexões sobre a primeira página do Segundo Caderno

**de segunda-feira, 5 de abril de 2010.**



Stand-up x Teatro ou Teatro x Stand-up = + um episódio de colonialismo.

*Me interessa uma discussão entre pessoas que defendem que stand-up é teatro versus pessoas que defendem que stand-up não é teatro. Mesmo que não se chegue a qualquer conclusão, será enriquecedor para ambas as partes se elas se imbuírem de magnanimidade e se dispuserem a modificar suas opiniões perante uma argumentação enriquecida pela sabedoria e inteligência. E eu, de fora, formado que sou pelas discussões que aconteciam após um Bergman, no Paissandu, ou um Tango, no Teatro Tereza Rachel – invariavelmente regados a cerveja,* cuba libre, hi-fi, *ou, principalmente, cachaça, nos bares das adjacências – voltaria à minha época de curiosidades e descobertas e poderia daí sair com minha pessoal opinião sobre o embate. Que possibilidade linda reunirmos Lícia Manzo x Cláudio Torres Gonzaga para, embasados pelas experiências diversas que têm sobre o tema, erguerem brindes provocativos ao teatro e ao stand-up, regados pelo álcool de melhor relação custo/benefício que encontrarem no botequim escolhido.*

*Particularmente, tendo a dar razão aos dois, pois penso que, assim como o homem é um múltiplo de si mesmo, o teatro (se de boa qualidade) também o será – com espaço para todas as manifestações. Mas me encanta a possibilidade do botequim, da bebida, das opiniões contraditórias e – confesso – do resgate dos meus 20 anos, quando tudo o que saísse da boca de alguém era interessante para alguém que ouvisse.*

*Dita toda esta baboseira, chego ao que me interessa de fato. Me entristece que um país como o nosso, que é capaz de produzir Machado de Assis, Nelson Rodrigues, Amir Haddad, Aderbal Freire-Filho, Garrincha, Grande Otelo, Ariano Suassuna e outros muitos, recorra como juiz dessa discussão, que se dá no nosso fundo de quintal, a um ator milionário e americano, Steve Carell (nada contra os milionários e/ou americanos), que jamais entenderá nossas idiossincrasias de textos, interpretação e vida; que jamais notará a diferença entre uma folha seca de Didi e um* extra point kick *(o chute do futebol americano). No entanto, quando é consultado pelo* Globo *a propósito da discussão a respeito do stand-up x teatro, responde coerentemente, como convém a um colonizador diante dos embasbacados brasileiros colonizados:* Só pode ser piada. Merece virar chacota. *(sic). De saco cheio, só faltou dizer:* Me deixem com meus milhões de dólares... *Mas pensou e lembrou que estava lançando mais um filme no Brasil e, aproveitando a oportunidade (*time is money*), nos colonizou mais um pouquinho, fazendo propaganda do mesmo.*



*E eu só sei gritar:* Viva Silveira Sampaio e Zé Vasconcellos! Precursores no Brasil do melhor teatro em pé.

**Tonico Pereira**

*Agora tenho um blog:* www.tonicopereira.blogspot.com

*Apareçam por lá!*

Quando Lula foi à casa de Gilberto Gil e foram convidados artistas e intelectuais para um encontro com ele, tive de sair cedo e comecei meu discurso dizendo: *Sou um órfão brizolista e essa reunião não vai mudar meu voto*. Ficou parecendo que eu não ia votar em Lula. Mas continuei: *Vou votar em Lula, porque, pela primeira vez, estou vendo que quem está elegendo o presidente não é a classe média, não são os formadores de opinião, não é a classe A, não é nada disso, mas é o povão*. Amir concordou plenamente comigo nesse dia.

Lula tem, apesar de todos os problemas, os maiores índices de popularidade do Brasil, comparando-se inclusive com Getúlio Vargas. Pela primeira vez você está vendo o que o povo quer, sem levar em consideração o que os órgãos de imprensa indiquem. Independentemente do que o patrão fale para a empregada, ela está votando em Lula. Isso é talvez um avanço maior que o representado por se ter um operário no poder, o que já é um marco histórico em se tratando de um país reacionário como o Brasil. Mesmo que você discorde de Lula, você tem que considerar que estamos diante de um fato marcante, um operário no poder, um homem sem diploma no poder. Eu, que também não tenho diploma e que tenho também origem modesta, tenho de apoiar. Não nasci rico, não fui agraciado com benesses. Meu pai ganhava salário mínimo, só que o salário mínimo na época de meu pai lá em Campos dava pra manter família, quer dizer, dava pra você comer e morar, se bem que nós morássemos no terreno de minha avó. Era uma época em que o salário mínimo tinha significado. Hoje não tem nenhum... quase nenhum.

Acho que Brizola, se estivesse vivo, estaria votando também em Lula. Brizola sempre teve uma visão do povo. Brizola perdeu porque compôs politicamente errado, porque era aquele tipo de pessoa para quem às vezes os fins justificam os meios. Ele tinha medo de que acontecesse de novo o que ele já tinha vivido, tinha experiência.

*Tonico e seus pais*

# Capítulo V

## Minha Vida na Arte

### A Formação do Ator

Tive a sorte de ter conhecido minha tetravó, Bebé, mãe de Dindinha e Dindinha, mãe de meu avô. E um dos primeiros contatos que tive com a arte de representar deu-se justamente em casa de Dindinha. Lá todo mundo se reunia na sala pra ouvir as novelas de rádio, da mesma forma que hoje é costume se ver televisão. Então, aprendi a criar o espaço com a voz. O próprio da novela, da radiofonia é a criação do espaço e da imagem com a voz. Essa foi minha primeira escola.



Éramos uma porção de primos e primas, mas o único que fazia parte desse auditório era eu. Toda a noite eu ouvia as novelas. *O Anjo*, *O Sombra*, *Jerônimo, o Herói do Sertão*. Eu era criança e todos os outros eram mais velhos – Estela, Marta, tia Carmen, Dindinha e Bebé – e Bebé já estava esclerosada. Então, as pessoas ficavam ouvindo novela e catando feijão, bordando, fazendo várias atividades. E Bebé, por ser esclerosada, exercia todas essas atividades imaginariamente. Ela fazia um bordado imaginário, catava um feijão imaginário. E isso aí, pra mim, era teatro.

Como criança eu não via naquilo uma doença, aquilo me encantava. Era engraçado você ter essa capacidade de fazer o que não está ali, de ter uma realidade própria, diferente da nossa.

Eu brincava com as pessoas mais novas, mas a minha conversa era sempre com pessoas mais velhas. Diante da minha casa morava Seu Xixi, um italiano que consertava sapatos, amigo de meu avô por parte de pai. Eu ia pra lá e ficava conversando enquanto ele trabalhava. Meu avô Valdy teve uma influência enorme na minha vida, assim como Mãezinha, que era uma de minhas bisavós, e Dindinha, que era um amor



de pessoa. Eu geralmente almoçava na minha casa e na dela todo o dia, que era a mesma casa de Bebé. Almoçava num lugar, atravessava a rua e almoçava no outro. Isso era quase que diário. Muito importante pra mim também foram os pais dos amigos meus – Dr. Rui Pinto, pai de Godofredo e Dr. Hécio Bruno, pai de Hecinho. As pessoas mais velhas tiveram importância incrível na minha vida, os velhos que, hoje em dia, a sociedade ocidental despreza. Acho que, nesse ponto, sempre fui meio oriental. Sempre prezei muito ouvir história de velho. Adorava ouvir Dindinha contando história, Mãezinha contando história. Era sempre muito cativante, eu me prendia naquilo, como me prendiam as novelas de rádio, responsáveis pela formação de uma geração de atores – Paulo Gracindo, Lima Duarte, Fernanda Montenegro, Chico Anísio.

Não tínhamos televisão, por isso não recebi essa influência. Mas aprendi a usar a voz. Já fiz espetáculo – sem microfone – num teatro igual ao João Caetano, no Rio, para 1,2 mil pessoas. Hoje, todo mundo que vai pro João Caetano usa microfone. A pessoa não tem mais a formação para projetar a voz, a tecnologia vem substituindo a formação pessoal e tornando possível a existência de alguns atores. Até espetáculo no Guairão de Curitiba, com capacidade para 2,2 mil pessoas, se não me engano, fiz sem microfone. Também fiz muito teatro de rua em companhia do Mendonça. É a abordagem mais teatral da interpretação.



Por outro lado, não saio morto de cena não, fazer o espetáculo é um prazer. Às vezes pode bater um cansaço físico, mas você acaba conseguindo equilibrar. Os primeiros espetáculos às vezes são mais cansativos, mas normalmente você equaliza o espetáculo depois de certo tempo. Na hora em que você adquire a medida, bem, é como andar e produzir endorfina, você desperta a endorfina em você e vai em frente, não tem mais cansaço extremo, cansaço brutal. Canso mais com a vida fora de cena do que com o teatro.

Hoje, mesmo que a pessoa faça um curso de teatro, qualquer escola de teatro – tenho visto isso entre os jovens –, a vivência maior dela é televisiva, porque ela vê televisão desde criança. O modelo dela é esse, não é o teatro, embora ela possa até optar por fazer teatro. Ou seja, o que ela compreende como interpretação é a interpretação televisiva, o que significa uma forma de interpretar profundamente naturalista, a mais naturalista possível. Por sinal, a televisão propõe um naturalismo acentuado e dessa forma qualquer pessoa pode ser ator. Não estou falando mal da televisão, que tem bons atores. Há atores, inclusive, com formação só de televisão muito bons.



Não trabalho com muita naturalidade na televisão, mas isso é uma concessão feita a pouquíssimos atores. Normalmente, nos dias atuais, tanto o diretor de televisão quanto o de cinema, ambos novatos, diga-se, só pedem pra você ser *menos, menos*. Já cheguei a falar para um diretor: *... Se você quer menos vou ser bancário, só sou ator porque não é menos*. Acho que o interessante é você ser *mais* com naturalidade. Aí você atinge, não digo a perfeição, visto que a perfeição não existe, a linguagem adequada.

É o *ser mais* com naturalidade que considero a linguagem certa, e, de preferência, tragicômica, pois acho que é na linguagem tragicômica que o homem é *mais*: o homem é um ser tragicômico. Para constatar isso basta ver os grandes mitos da interpretação – Chaplin, que é um tragicômico maravilhoso; o Gordo e o Magro, os irmãos Marx, todos tragicômicos. A grande comunicação da arte de interpretação se dá na tragicomédia, não é nem no trágico nem na comédia. O próprio homem é o resultado desse equilíbrio.

**Tocando de Ouvido**

O primeiro livro que li foi *O Coronel e o Lobisomem*. A história se passa na minha terra e é de um autor também campista. O cenário é meu conhecido, o tipo de personagem, o lobisomem, tudo isso vem da minha infância. Foi um livro marcante pra mim e fiz os dois filmes baseados na obra. No primeiro, fiz o lobisomem, e, no segundo, um amigo do coronel, um gerente do banco onde ele pegava dinheiro emprestado. A filmagem do segundo, direção de Maurício Farias, foi numa fazenda perto de Campos, e o primeiro, de Alcindo Diniz, se não me engano, foi numa fazenda em Vassouras. Engraçado é que fui chamado pra fazer esses filmes sem que ninguém soubesse de minha relação com Campos ou com o livro. São essas coincidências da vida.



Desses dois filmes eu conhecia o livro em que foram baseados, mas o roteiro completo não li e até questionei algumas cenas, pois não eram iguais ao livro. Meu lobisomem aparece brigando. Fiz um lobisomem *clássico*, ficava nu e fazia a maquiagem do corpo inteiro, com pelos.

Acho que sou um cara de muita vivência. Minha formação, por assim dizer, intelectual, resulta da troca ideias em conversas de bar. Em contrapartida, todos os meus colegas e amigos do Grupo Laboratório tinham uma formação acadêmica que eu não tinha.

Não tenho a ortodoxia de uma escola, aliás, o ator brasileiro, *grosso modo*, não tem escola como tem o americano, por exemplo, que canta, dança e representa. Às vezes penso que me falta vida pra fazer tanta coisa. Não gosto de opinar sobre a atuação de atores estrangeiros. Parto do princípio que a interpretação está intimamente ligada ao domínio total da língua, pra você fazer dela o que bem quiser. Não me sinto capaz de julgar um ator que fala inglês se não falo bem inglês, se nem falo de fato inglês. Posso até gostar, mas afirmar *ele é bom*, ah, não posso.



Por outro lado, a dublagem é uma escola muito boa. É uma escola radiofônica. O dublador não só precisa construir um personagem como precisa botar a voz naquele espaço, na amplitude ou na intimidade do take. E isso a novela de rádio fazia brilhantemente. O dublador já parte da imagem, o que facilita seu trabalho.

Participei de filmes em inglês estudando o texto, procurando saber o que significavam minhas falas e reproduzindo seu som. Não fui dublado, falei em inglês. Em *A Grande Arte*, de Walter Salles, por exemplo, em que fiz o bandidão, o assassino, não fui dublado. Tive um *coach* (treinador), Jimmy Bontempo, um americano de origem italiana que veio dos Estados Unidos e me ensinou a musicalidade da fala. O sentido do texto eu já conhecia, já tinham me explicado: *Olha, você tá falando disso, disso, disso...* O filme foi feito em inglês e em português. Acho que fizeram dois *masters*.



Para esse filme aprendi também a manusear a faca. O roteiro de *A Grande Arte* era justamente isso, a arte da faca. Quando a Warner viu esse filme ligou pra mim dos Estados Unidos. Atendi ao telefone em inglês e não consegui falar com os caras. Ficou um impasse. Nunca soube o que eles queriam. Depois cheguei até a falar com um produtor, irmão do Marcos Flaksman, para ver se ele poderia me ajudar nesse contato, mas não deu em nada.

Fui conquistando coisas na vida por meio das relações, numa troca constante. Hoje sou capaz

*No filme* A Grande Arte

de falar das minhas insuficiências. Mas nunca me deixei intimidar por elas. Posso ter defasagens, mas isso não me bloqueia de jeito nenhum. Parto pra cima. Já contracenei com Ben Kinsley, artistas alemães, canadenses, ingleses, americanos. Mick Jagger fez um filme aqui, produção de Juarez Precioso e de Gogoia, mulher dele e campista como eu, na época, donos da Cara de Cão, uma produtora de publicidade. Era um clipe que virou longa, com 12 músicas, se não me engano. Participações de Grande Otelo, Norma Bengell... e não me lembro mais quem. Parece até que Norma Bengell processou Mick Jagger depois, porque no início seria um clipe, depois virou um longa e os acertos necessários não foram feitos. Não sei, sei que ganhei bem. Eu fazia um bêbado no filme. Mick Jagger chegou ao set e se recusou a entrar no carro que eu devia dirigir, alegando que não filmava comigo porque eu estava bêbado. A produção então lhe explicou que eu não estava bêbado, estava representando. E ele veio me pedir desculpas, dizendo que eu merecia o Oscar, pois conseguira enganá-lo.



**Saber Dizer seu Próprio Nome**

Até 1975, inclusive com Mendonça, quando trabalhei com Madame Satã, grafava meu nome em sua forma original – Antonio Carlos Pereira. Numa carona com Ary Fontoura, após as gravações de *Gabriela*, Ary sugeriu: *Pô, bota logo Tonico, todo mundo só te chama de Tonico. Gabriela* acho que ainda faço como Antonio Carlos Pereira, mas a partir dali passou a ser Tonico Pereira, que acho ótimo. Tânia só me chamava de Tonico.

*Tonico Pereira, segundo a canção, é brasileiro, de estatura mediana, que gostou e gosta muito de várias fulanas e ainda por cima é ator. Ator que atua e age não à toa e sempre à vera na vida, no palco ou em qualquer lugar em que esteja presente. E se alguém disser que essa história de ator brasileiro é coisa boba, besteira, que lá vem aquela mania ufanista de defender as cores nacionais, ainda mais em tempos de globalização (essa palavra que já tá cansando a beleza de todo mundo!) Respondo que pode até ser, mas é impossível não deixar de ver o Brasil no Tonico. Quando ele atua dá pra ver estampado no seu corpo este nosso país macunaímico, tropicalístico, estrambótico, hiperbólico e absurdo. Não é pouca coisa. Artista tem mania de mudar de nome pra ficar mais bonito. Sugiro o seguinte: Tonico Brasileiro Pereira. Fica mais condizente com o cidadão em questão.*

**Adriana Maia**

*Na novela* Gabriela, *com Jayme Barcellos*

*Me aproximei do Tonico por seu talento e seu poder de persuasão, encontrei nele uma pessoa especialmente íntegra, com uma capacidade de construção e descontrução sem igual. Amante dos filhos, da familia, dos amigos – fiel.*

**Bia Lessa**

*Em 2002 fazíamos o espetáculo* O Beijo no Asfalto. *No elenco, entre outros, Duse Nacaratti, Tonico, Marcelo Serrado, Alessandra Negrini, Nando Cunha e eu.*

*Fizemos uma temporada no Teatro Carlos Gomes no Rio. Tonico estava também em uma novela na qual ele era o tio do personagem Guma, feito pelo Marcos Palmeira. Antes do espetáculo descia sempre de cueca vermelha e sapato sem meia para falar com as pessoas, uma figuraça.*



*A grande atriz Duse Nacaratti, que é também uma figura, ficava horrorizada com as barbaridades do Tonico. Enfim, a* pérola *abaixo, cujo autor é o Nando, foi uma grande zoação que ele adora até hoje. Foi um prazer e uma honra pra mim ter feito esse espetáculo com o Tonico, fazíamos uma dupla terrível.*

*Tonico Pereira, que só fala besteira*
*Anda de cueca vermelha e só paga mico*

*Marina Santa, que só vive de dança*
*Atura o Zé Carneiro, tio do Guma*
*Duse pagou um pau que legal*
*Hoje o Goytacaz está em festa*
*É suruba neste carnaval.*
*Fala em pau e fala em cu*
*É boquete e é buceta, olha aí*
*Esse é o Tonico Pereira*

**Thelmo Fernandes**

*Sou amigo do Tonico há 30 anos, estamos trabalhando juntos no* Hamlet*, em São Paulo. O Tonico é homem de muitas histórias, grande figura da nossa tribo de artistas, as histórias são tantas que nem sei como começar. Bem, talvez pelo começo.*



*Fui apresentado ao Tonico pelo meu tio Zé Medeiros, fotógrafo do Cinema Novo, autor de inesquecíveis luzes e também figura cheia de histórias. Eu devia ter meus 16 anos, menino apaixonado pelo teatro, frequentador com meu tio do Posto 9, em Ipanema, a praia no auge. Eles ficavam se sacaneando mutuamente e era muito engraçado de assistir. Enquanto o Tonico ia pra água, meu tio distribuía os cigarros dele. Você imagina... já naquela época fazendo campanha para que ele parasse ou ao menos fumasse me-*

*nos. Ao mesmo tempo, quando as fãs vinham pedir autógrafo pro Tonico, ele apontava meu tio à distância e dizia que aquele era o Jofre Soares. O Zé tinha cabelos brancos, mas não lembrava o Jofre nem de longe. Mesmo assim, quando alguma menina lhe abordava pedindo* ... Um autógrafo seu Jofre!, *o Zé já sabia e abria o verbo:* Aquele filho da puta do Tonico chegou na praia!

*Contam que, anos depois, na filmagem de* Memórias do Cárcere *o Zé era o fotógrafo. As filmagens ocorriam numa penitenciária com todas as dificuldades do mundo; o Tonico pedia pra que o Zé tomasse conta dos seus cigarros e era só ele dar as costas e o Zé distribuía os cigarros pela figuração. No dia seguinte, o Tonico se esquecia do ocorrido e acontecia tudo de novo.*



*Vi muitos espetáculos, trabalhos inesquecíveis como Afinal, uma* Mulher de Negócios, *no Teatro dos 4, onde ele embolachava a Renata Sorrah em cena e parece que isso rendia os maiores problemas.* O Último dos Nukupirus, *no Teatro Rival, uma revista irreverente do Gugu Olimecha e Ziraldo, uma baixaria hilária com cenas de nudez das vedetes, ingênuas demais para os dias de hoje.*

Papa Highirte, *do Vianinha, e tantos outros.*

*Quando fui ver* Bent*, Tonico se machucou em cena carregando as pedras de verdade que compunham o cenário e o público. Angustiado acompanhei o rastro de sangue que ele foi deixando no palco até o fim do espetáculo e, nos agradecimentos, veio praticamente carregado, ovacionado como um herói.*

*Anos 1980, Baixo Gávea, inúmeras vezes tomávamos umas e outras até as tantas. Lembro do Paulão, querido ator falecido ano passado, chamando Tonico de Zeca Diabo-Mirim (fazendo menção ao Zé Carneiro), para incitar suas blasfêmias que duravam horas.*



*Ele tinha uma Fiat conversível que havia comprado do Tarcísio Meira. Ele negava, mas tinha um enorme furo no chão, e, quando chovia, parecia um chafariz. Ele namorava uma atriz baixinha e, muitas vezes, o vi passando naquele carro, falando e gesticulando, o que dava a impressão que estava falando sozinho. Na verdade, a baixinha estava ao lado dele, mas de tão pequenina não dava pra ser vista.*

*Um dia arranjou na noite uma namorada japonesa e foi de porre pra casa dela. Acordou, óbvio, de ressaca. No dia seguinte, deparou com um copo d´agua na cabeceira. Pensou:* Que maravilha, ela sacou que eu acordaria com sede e botou essa água aí pra mim. *Bebeu a água, dormiu de novo e acordou novamente horas depois com a japonesa perguntando se ele tinha visto as lentes de contato que estavam no copo. Ele respondeu prontamente:* Não, mas são gelatinosas ou de vidro? Gelatinosas, *disse ela. Tonico relaxou e emendou:* Ah, daqui a pouco voce encontra, *e voltou a dormir tranquilo por não ter engolido lentes de vidro, pois bebera as lentes da japa! Histórias de cinema? Ah, sei de várias. Quando filmava* A República dos Assassinos, *do Miguel Faria, um dia chegou cedo no set e amarrou a própria cara numas cordas grossas que encontrou por ali e cada um que chegava achava aquilo muito estranho, do tipo* é melhor não mexer, o cara tá muito doido hoje. *O próprio Miguel foi alertado da condição daquele maluco todo amarrado, e na hora que foi inevitável chamaram ele pra filmar. Eis que a cena era dele acordando e as marcas que as cordas deixaram na cara dele eram perfeitas pra situação do personagem todo marcado depois de uma noite de sono. Ele estava certo, ponto pro Tonico!*



*Com Babenco no* Brincando nos Campos do Senhor *– é este o nome correto do filme? – rodado na Amazônia, produção internacional, Tonico fazia uma participação. No dia de filmar, Tonico apareceu com o que tinha preparado: um* *personagem gago, fungando e babando. No que Babenco disse com sotaque inconfundível para passar a fazer parte dos autos do cinema brasileiro:* Tonico, ou baba, ou funga, ou gaga, os três não!

*Ele, por ter medo de avião, foi do Rio pra Belém de carro. Lá comprou outro carro e contratou um sujeito sem um braço pra vir pro Rio trazendo o carro que tinha comprado. Esse motorista foi preso no caminho por ser irregular que dirigisse numa autoestrada sem braço. Coisas que só acontecem com o Tonico.*

*No início dos anos 1990 eu trabalhava com Aderbal Freire-Filho, tínhamos uma companhia de teatro que se chamava Centro de Demolição e Construção do Espetáculo. Ocupávamos o Teatro Gláucio Gil em Copacabana após uma obra difícil e demorada, mas possível graças à sensibilidade e à inteligência da Aspásia Camargo, que era secretária de Cultura e nos amadrinhou naquele momento. Dias férteis, muitas peças, muitos visitantes, grupos do mundo todo, um verdadeiro centro de teatro como nunca tinha tido no Rio e nunca mais voltou a ter. Uma noite, após polêmicas de que nosso prazo naquele teatro estaria acabando, um rato molhado de nome Jesus, na calada da noite, trocou a fechadura do teatro com todo nosso material guardado lá dentro, impossibilitando nossa entrada. Foi uma comoção, fizemos vigília durante 14 noites na calçada do teatro, e iluminados apenas pela barraca de pipoca de nosso saudoso amigo pipoqueiro Tião, recebemos visitas de solidariedade de deus e o mundo – Lula, Betinho, Boff, Abujamra, Zé Celso, todo mundo esteve por ali solidários a nós e arrecadamos mais de 500 assinaturas da classe. Tonico, sempre presente e revoltado com o teatro fechado, numa dessas noites, de porre, se arremessou à porta de madeira para arrombá-la, aos gritos. Foi um deus nos acuda, pegaram ele na marra, todo mundo naquela* de vamos ser políticos, essa atitude não vale a pena.



*No dia seguinte, pileque curado, lá veio o Tonico de banho tomado com quilos... eu disse quilos... de jornal que ele tinha comprado e muitas, muitas velas. Gastou uma grana com isso, trabalhou o dia inteiro e fez um muro de jornal que representava algo que só ele pode explicar. À noite, aquela muralha de jornal e inúmeras velas acesas dava um contorno pop, inusitado, colocava em outra dimensão nosso protesto. Agora em Sampa, Tonico me disse que, passados 15 anos, ainda tem guardadas algumas velas que comprou naquela ocasião. Incrivel-*

*mente, estamos hoje trabalhando juntos – eu, Tonico, Aderbal. Ah, imagino que o tal que não tem nada de Jesus e não sei que fim levou, deva estar trocando fechaduras menos importantes na calada da noite, rato que é.*

*Tonico, pra mim, é mestre, referência, grande figura e um velho e querido amigo.*

**Candido Damm**

*Como espectadora é antiga minha admiração pelo trabalho de Tonico Pereira: há verdade em todos os seus personagens. A admiração aumentou quando o vi interpretar alguns textos meus no Centro Cultural Banco do Brasil, pequenos esquetes na abertura de palestras do seminário* Belle Époque. *Pude conhecer o profissionalismo, a curiosidade, a disponibilidade para a troca de ideias e, coisa difícil, o tempo certo para criar o efeito de humor na justa medida no palco e também nos ensaios com Amir Haddad. O retrato que ele compôs do homem do povo perambulando pelas ruas da cidade do Rio de Janeiro nos começos do século 20 traduzia o patético do abandono, sem perder um toque de graça e de simplicidade. Inesquecível.*

**Clarisse Fukelman**

*A história mais eloquente e engraçada que tenho a contar sobre meu amigo Tonico Pereira tem como insólito cenário a lanchonete McDonald's. Explico: no final dos anos 1980, saíamos os dois apressados do teatro rival, na Cinelândia, onde eu fazia uma peça que ele havia acabado de assistir. Estávamos de partida para uma festa e, antes de entrar no carro, resolvi comer qualquer coisa, puxando-o, num reflexo, para dentro do McDonald's. Pois foi lá que se deu a* transmutação*: no meio de homens, mulheres, crianças, que berravam afoitas por um* chedar macmelt *ou* um chicken macnugets, *olhei para a fila e vi: antenas alienígenas cresciam da cabeça do meu amigo que, do fundo de seu espanto, me perguntava:* ...As cadeiras são grudadas no chão por que eles tem medo que alguém possa levar embora, é isso? Esse plástico cor de laranja dentro do sanduíche é o que, queijo?! O que quer dizer *funcionário do mês? ET, criança, erê, palhaço... como definir meu amigo? Sérgio Porto, carioca convicto, orgulhava-se de ser* o homem que não foi a São Paulo*; pois Tonico, pra mim,* é o homem que nunca pisou num McDonald's *(ainda que tenha pisado, essa única vez, comigo). Ele parecia tão* dublado *ali dentro; tão Carlitos ao lado do Ronald McDonald, que engoli meu sanduíche correndo e o segui até o boteco mais próximo. Lá, ansioso, pediu uma* caninha *e um* *ovo cor-de-rosa que devorou, satisfeito, antes de desabafar:* Isso é pra me devolver a humanidade.

**Lícia Manzo**

*Nos conhecemos em 1982. Eu estava começando a fazer teatro e junto com um amigo o chamamos para dirigir uma peça. Nesse momento ele atuava num espetáculo com Bia Lessa e a convidou para dividir a direção. O texto escolhido foi* A Terra dos Meninos Pelados, *de Graciliano Ramos. Foram muitos meses de ensaio e muitas apresentações. O espetáculo foi um sucesso e o Tonico é muito responsável por isso.*



*Nesses meses de ensaio, Tonico, que era adorado pelos atores, costumava tirar sua soneca roncando sonoramente. Quando despertava parecia que não tinha perdido nada, dava com ênfase suas opiniões e sempre nos inspirava.*

*Era uma época de turbulência em sua vida, acredito eu....*

*Não parecia ser muito simples dividir uma direção, mas eu o tinha como uma referência, mesmo quando ele brigava e dizia desaforos era sempre franco e honesto.*

*Lembro-me que quando começamos a ensaiar* Ensaio n° 1 – A Tragédia Brasileira, *de Sérgio*

*Sant'Anna, dirigido por Bia Lessa, recebíamos visitas noturnas do Tonico que se dirigia a nós aos brados:* Vocês todos são umas merdas!... *acho que chegava alcoolizado... era sempre um estrondo!*

*Eu com meus 17 anos vibrava e o convidei para ser o meu padrinho de formatura na UNIRIO e hoje após mais de duas décadas constato a sua integridade e dignidade* do ser e não ser *e soube que continua roncando nos ensaios e dizendo barbaridades... que fidelidade a si mesmo!*

*Como ele me disse que isso não era um cartão de Natal... desejo a ele sempre MUITA MERDA!!!*



**Lorena da Silva**

*Falar do Tonico não é falar de alguém, de um homem, vai além disso. É descrever um estilo. Com uma estética, uma cor e luz próprias. Para mim, Tonico Pereira é um conceito, um modo de ser! Tem um pouco do malandro de antigamente, de terno de linho e chapéu-panamá. Que gosta de sinuca, de boemia e belas damas. Que não tem vergonha de ser intensamente sentimental, ridiculamente passional. Porque esta é uma palavra que não se aplica ao Tonico, mesmo quando ela poderia ser usada. Dá pra entender? É meio assim: o que poderia ser ridículo em qualquer pessoa, no Tonico não é. É Tonico!*

*Um homem que é capaz de largar um set de filmagem por causa de uma fenomenal crise de ciúmes conjugal. Lembro que ficamos todos ali maquiados e paramentados esperando o personagem principal da letra da canção entrar em cena... e nada! O cenário era uma imensa roda-gigante num parque de diversões cenográfico, e o clipe a ser gravado era o da canção* Domingo no Parque, *do Gil...* O rei da brincadeira, ei José, o rei da confusão, ei João. *Tonico seria... o João. E eu fazia parte do grupo, ia gravar a canção para um musical na TV. Ia. Foi assim que conheci Tonico, numa filmagem frustrada, mas de onde saímos com mais um caso divertido a ser lembrado por todos. E eu, com um novo grande amigo...*



*Amigo esse autêntico e generoso com seus colegas, seus personagens, seus amores, seus filhos, seus amigos. Que, mesmo tendo que acordar cedo para gravar, é capaz de sair de madrugada da cama para matar uma barata na casa de uma amiga indefesa... eu, no caso. O orgulho que tenho de ser essa amiga! De ter conhecido sua casa quando morava na parte mais íngreme de uma ladeira, no menor apartamento em que já tive a oportunidade de entrar na minha vida!*

*Mas era mágico entrar ali e de repente sentir o espaço e o tempo se alterarem em volta de nós, no cabide antigo repleto de chapéus de todos os tempos, nas fotos ilustrando toda uma vida de palcos e coxias, nos móveis antigos do maior bom gosto. Percebia-se sua alma revelada em cada pequeno detalhe, em cada canto daquele cômodo. Porque Pereirinha é isso, puro coração exposto... Lembro, também, do dia em que o encontrei caído no chão, todo enroladinho no jornal, tremendo de febre, mas com o forte argumento de que era assim que os soldados se aqueciam no front, que ele não era homem de se render a uma febrezinha, que dali não saía...*



*Isso fora os casos de vida, narrados com aquele humor de quem nasceu em cidade pequena, no meio do mato. Um* mix *do que é urbano e cosmopolita com um toque de pureza caipira. Um eterno* outsider. *Um cavalheiro à moda antiga. Meu grande e querido amigo, um dos maiores atores que conheço. Acima de tempo e espaço.*

*Afinal, estamos falando de Tonico Pereira!*

**Verônica Sabino**

(30/11/08)

**Ator + Humildade = Personagem**
*Em mim habita uma egolatria contumaz e exagerada, beirando o patético.*

*Sou assim com meus amigos, meus inimigos, meus parentes, minha mulher, meus filhos, meus diretores, meus companheiros de trabalho, é principalmente doente a minha egolatria.*

*Mas a saúde de minhas relações se manifesta intensa e honesta, prazerosa e íntima, em meus vários personagens. Espero que continue acontecendo isso com os que ainda irei conhecer, viver e humildemente apresentar a meus amigos, vocês.*



*Na verdade, a assinatura que me satisfaz para este texto é:*
***Eu***

**A Construção do Personagem**
Teatro, televisão e cinema são três veículos de arte, mas, para mim, a base de tudo – independentemente do veículo – é a interpretaçao. Minha pesquisa é sobre a interpretação, quero ser um ator de teatro, cinema e televisão com uma pesquisa profunda sobre o que é interpretar. Estou quase me tornando um filósofo da interpretação.

Fisicamente estou decadente e assumo isso legal, tenho 62 anos, já não tenho o físico que tinha há 30 anos. Não estou ótimo, como se diz, vejo hoje Wagner Moura usando o físico e me lembro de que antigamente, no *Cancão de Fogo*, por exemplo, eu dava um mortal numa vírgula e não alterava a respiração. Não tenho mais condição de fazer isso, claro, minha especificidade agora é muito mais a voz, o saber se colocar, a experiência. Não posso mais me usar fisicamente como me usava pra fazer *Cancão de Fogo*, pra fazer o *Cordão Encarnado*, ou *Lampião no Inferno*. Não existe esse corpo mais, e com esta biografia – só que espero ter mais umas três além desta – é a decadência começando.



Mas hoje sou um intelectual prático ou empírico, se é que se pode dizer assim. Aliás, acho que todo homem é intectual, basta ser ouvido. Todo homem tem uma vivência pra ser contada que só espera a atenção do outro. Não é uma particularidade do intelectual ser intelectual. Minha mulher, que é uma intelectual, que entende de cinema, de dança, de forma pra burro, vive pegando livros de vários pensadores da arte da interpretação, do teatro, do cinema pra me mostrar dizendo: *Olha aqui, você falou isso ontem, falou isso há poucos dias, olha o que você*

*Na peça* Lampião no Inferno

*Na peça* Lampião no Inferno

*Na peça* Lampião no Inferno

*fala aqui*. E às vezes é um grande da literatura teatral mundial. A ausência de escola, na prática da minha profissão não me faz falta, mas na prática da discussão de minha profissão sinto que sou realmente um analfabeto. Quando estou num papo e começam a aparecer citações de filósofos, pensadores, historiadores, psicólogos, etc., em noventa e nove por cento das vezes eu boio, não sei do que se trata. Sou um analfabeto, mas penso. E me faço uma pergunta a que não sei responder: *Será que eu seria melhor ator se tivesse estudado?*

## Obsessor



*Toda noite, após duas (no mínimo) taças de vinho bom e barato, sou possuído (de forma literária) por um espírito obsessor* e escrevedor *que me obriga a uma performance literária de baixa qualidade que eu, sem nenhum senso crítico, exibo a amigos, literatos profissionais.*

*Estes, após ouvirem, cometem uma pausa significativa, como se pensassem* não acredito em tamanha imbecilidade. *E com uma voz completamente sem consistência e caráter, balbuciam:* Muito bom, Tonico *E eu, sacando tudo, mas com a compreensão de um asno atolado em merda, consigo até acreditar.*

*Após tudo isso e sem tomar nenhum remédio para dormir, dirijo-me para a cama feliz, não antes de cumprir mais uma missão desse obsessor: passo no banheiro e dou uma mijada.*

*Na quantidade do mijo expelido vislumbro o obsessor indo embora, misturado à água da privada. Dou a descarga e ele grita:* Boa-noite, Tonico, amanhã, se tiver vinho, eu volto!

Minha falta de formação em escola de teatro se refletiu inclusive num episódio engraçado. Numa das primeiras peças que fiz, a atriz se recusou a continuar a temporada porque eu não sabia o que era o *beijo técnico*, um beijo sem língua, sem nada. Normalmente é assim que se beija no cinema e no teatro, você só beija mesmo se estiver querendo beijar. O espetáculo parou e ninguém me disse nada, fui saber disso muito tempo depois, através de uma biografia. Hoje em dia essa atriz é muito minha amiga, me respeita muito, gosta muito do meu trabalho e já voltamos a trabalhar juntos a seu convite.



Considero que a interpretação é basicamente uma brincadeira. Já fiz cena da morte do personagem brincando de tocar uma punheta. Era em off, o diretor não estava vendo, só tinha um microfone. Saiu lá, imprimiu, o diretor gostou, a equipe toda riu. Em cinema e televisão não só você pode fazer esse tipo de coisa, como o diretor pode fazer de qualquer pessoa um ator, se tiver cuidado e tempo. Hoje em dia, há um grande número de pessoas desinibidas e que confundem essa característica com atuação. Se você pega uma modelo desinibida ela pode ser atriz apenas por ser desinibida. Ela vai fazer o que o diretor quiser, desinibidamente, e pronto. Há também atores que constroem o personagem a partir do cabeleireiro, ou seja, o cabeleireiro de uma moça faz o cabelo dela e ela diz: *Agora o meu personagem é assim*. Cada um tem o seu método, eu não critico, só que não aplico a mim.


Gosto do diretor na medida em que ele me deixa trabalhar, me deixa ter minha visão do personagem. E também engano muito o diretor. Por exemplo, num filme em que eu era o ator mais novo e os outros eram não só mais velhos como também bons atores, o diretor numa cena foi chamar a minha atenção: *Tonico, você não pode fazer assim, tem que fazer assim, assim...* Legal. Virei para os outros atores que estavam comigo na cena, os mais velhos e disse: *Vou fazer igualzinho e ele vai aprovar, quer ver?* Fiz a cena todinha igual, sem mudar nada. Quando ele disse *cortaaa*, eu disse: *Agora foi, está bom?* Ou seja, prestei a ele a homenagem do poder. E ele respondeu: *Agora foi ótimo*. Eu tinha feito igualzinho, não tinha mudado nada, mas ele precisava da liturgia do cargo de diretor.

De certo modo, desde criança pensei em trabalhar com teatro e até hoje tenho muito vigor em defender minha interpretação dentro de um trabalho na televisão, no cinema ou no teatro. Se necessário, entro em choque com outros atores, com a direção, com o figurino, com uma porrada de coisas, mas em nenhum momento trata-se de uma impertinência estrelar. Trata-se apenas da vontade de fazer o melhor porque não sou estrela de jeito nenhum. Sempre fui simpático, os grupos que trabalham comigo me adoram, o grupo do Hamlet me adorou, os jovens me adoram.



No grupo Laboratório havia uma direção quase que coletiva. Gondin ou Dema dirigiam e a assistente de direção era Imara, mas todo mundo palpitava. Isso determinou muito a minha postura daí em diante. No Laboratório a gente fazia um ensaio e duas sessões de discussão, isso determinou muito o meu *não abaixar a cabeça na vida artística*, vamos dizer assim, na vida de ator. Aprendi a discutir, se bem que quando a discussão é boba já não me incluo.

O Laboratório me ensinou muito. Eu estudava muito pouco perto do que estudavam lá, mas quando o grupo estudou Grotowski as reuniões eram em minha casa no Rink. O grupo me considerava não muito moderno, meio caricato e Grotowski era a última fornada da modernidade. Lá pelas tantas num capítulo ele afirmava que era válida a caricatura. Todo mundo ficou louco porque, de certa forma, eu já preconizava isso no trabalho e as pessoas achavam que eu não sabia de nada. Aí sacaneei Dema, o mais intelectual, sacaneei todo mundo porque eu estava certo. Dentro da informação que o próprio grupo propunha, Grotowski me salvava.

Sou profundamente anárquico na minha profissão; por vezes, durante um ensaio, durmo e ronco. Há 40 anos eu não roncava. As pessoas acham que durmo assim por causa da idade, mas não é não, durmo sempre que me enche o saco, sou capaz de dormir mesmo numa festa com o maior movimento. Aos 20 anos, eu dormia deitado em cima da mesa do Diretório da Faculdade de Letras da UFF ao aguardar pelo ensaio. Mas isso se tornou um hábito que conservo até hoje. Encontrei alguns diretores que se incomodaram com isso, mas a maior parte não se incomoda. João Fonseca não se incomodava e Amir chega a botar a perna pra eu botar a cabeça e dormir, enquanto ele fala pros outros. Quando trabalhamos juntos Aderbal e eu, atrapalhei várias vezes o ensaio com meus roncos.

Já dormi muito em coxia também. Já houve vezes que um ator ou atriz me acordava pra eu entrar em cena. Em *Bent*, por exemplo, eu entrava em cena dormindo. O cenário era uma casa que virava um trem no final do primeiro ato. E meu personagem entrava deitado no trem, no final do primeiro ato. Eu chegava cedo – bebia muito –, botava minha roupa de presidiário de campo de concentração, deitava no trem e dormia. Quando aquele cenário virava, eu já estava dormindo dentro dele. As pessoas me acordavam com um pontapé e eu continuava a peça.

*O pobre ator que gagueja e vacila em sua hora sobre o palco*



**William Shakespeare**

*Sempre me intrigou a profissão de ator, esse tipo singular de artista cuja criação dá feição, corpo, voz, emoções, enfim, a vida a entes que não existem, que são abstrações imaginadas por um autor. Talvez por isso dediquei a eles uma parte dos meus estudos, sem jamais pensar em ser um deles. Depois de dar aulas de interpretação por vários anos e de dirigir algumas peças, o enigma dessa esfinge não se decifrou: de que consiste a estranha arte de um artista que passa a vida no absurdo e no generoso exercício de, sem deixar de ser quem é, nos fazer crer que é outro. A um só tempo, no palco, criador e criatura expostos na fragilidade do estremecimento intenso e efêmero. É o que Shakespeare cita como a própria experiência da vida humana sobre a terra: um pobre ator que gagueja e vacila em sua hora sobre o palco, e depois nunca mais se ouve.*

*Por isso o teatro nos ajuda a entender o que somos e até quem somos. Se no palco, luzes, cenários, figurinos, músicas e sons douram a mágica visível do espetáculo, é na criação dos atores que se oculta a essência do encantamento do teatro. Reduzido a pele e osso, teatro é gente, imitando gente para gente ver. O mistério do teatro está na gente.*



*Com tanto mistério, não há regras para ser ator. Cada pessoa é o ator que pode ser, uma vez que sua percepção do mundo e das personagens é radicalmente pessoal – por isso mesmo, vai mudando com o tempo, o amadurecimento existencial, a experiência profissional, o crescimento cultural e a consciência social. O ator é o profissional que mais depende da noção de alteridade, da sensibilidade para acolher o outro em si.*

*Com esse olhar, venho observando episodicamente a trajetória do Tonico Pereira como ator. Vê-lo no palco ou na tela, sempre me lembra uma força selvagem, um instinto generoso e livre de preconceito para acolher a personagem que irá representar. Muito dessa acolhida parece vir de um olhar maduro, sofrido e solidário para com a miséria humana, apreendida mais na refrega da vida cotidiana do que no estudo, na leitura ou na reflexão.*

*Tonico Pereira é um ator intuitivo – a intuição tem intangível articulação com o instinto – que fecunda sua criação não na observação metódica da vida, mas na acumulação espontânea, acidental e aleatória, criando uma espécie de reserva inconsciente de vivência, à qual sua intuição recorre quando se dispõe à criação. A partir desse embrião, sua imaginação voa – o que é radicalmente diferente dos surrados acervos de tipos a que recorrem atores sem imaginação, e que acabam se repetindo ao longo da carreira, ou se tornando mera personalidade cênica, que se antepõe à personagem a ser criada, obscurecendo-a.*



*Quando o instinto generoso e a acumulação existencial espontânea, que faz a imaginação voar, ganha forma exterior, a expressão é selvagem, tosca, poderosa e convincente. Não chega a ser exatamente o caso, mas lembra o ator preferido do Nelson Rodrigues, aquele que sobe pelas paredes e devora o cenário. O Nelson não me veio por acaso, os trabalhos de Tonico Pereira sugerem a sensibilidade rodriguiana, que preserva uma autenticidade não lapidada da vida suburbana. Vem daí a teatralidade que ambos esbanjam.*

**Alcione Araújo**

Não tenho nenhum preconceito contra nada, mas o teatro que se poderia chamar de *teatro de boulevard*, até aconteceu na minha vida em *Mulher Integral,* com direção do Avancini, mas não é significativo. Na minha carreira, se fiz uma opção foi pelo teatro mais popular, pela linha de interpretação popular, a partir de Mendonça e de Amir. *A Construção* já era um teatro popular, porque era um espetáculo, não tinha fixação no texto. Amir e Paulo Afonso Grisolli estavam juntos nessa empreitada, mas Amir já estava partindo para uma experiência mais radical de rua, já pensava num teatro fora dos moldes burgueses.



Amir representa a ideia que já exprimi de que o artista, o ator, o criador é o ser humano em negrito, em caixa alta. Amir é isso em relação ao teatro. É um indutor, tem um sistema de direção, de indução e compreensão, compreensão do texto e do ser humano, do cacete. Fiz um *Avarento*, o papel principal de uma peça de duas horas e meia, três horas... e Amir não me marcou uma cena, me induziu à compreensão do que tinha de ser feito, mas parar e dizer: *Faça assim*, não teve. Geralmente, em teatro, as pessoas me deixam livre, embora por vezes tentem me cercear porque tem diretor de todo tipo. Mas de maneira geral minha atuação é muito assinada por mim, desde o grupo Laboratório, desde sempre, porque a minha vida também é muito assinada por mim. Por isso tenho medo de avião. Voar é delegar poder. Não gosto que ninguém dirija pra mim, eu dirijo, já precisei de motorista quando precisei tomar remédio que me levava ao sono e o caralho, mas, normalmente, não gosto. Acho que perderia o medo de voar se pilotasse o avião. Aliás, dizem que é assim que se cura medo de voar.



*Interpretar é fácil.*
*Interpretar bem é difícil.*
*Dificílimo.*

Quanto à preparação do ator, não sinto necessidade de concentração para a composição do personagem. Vejo gente chegar duas horas antes do espetáculo pra fazer esquentamento físico e vocal e não vejo, no espetáculo, essa pessoa usar toda a potencialidade acumulada pelos exercícios. As pessoas ficam lá pulando. Se eu fizer isso tudo não entro em cena porque

*Em* O Avarento

*Cena de* O Avarento

*Em* O Avarento

já terei cansado. Até brinco que vou fazer um DVD sobre meu esquentamento, que vai durar de 15 a 20 segundos – é só fazer assim com a mão – e vou vender na porta. Meu lance é a ação, é o entrar em cena no teatro que me move, que me impulsiona. É a palavra *ação*. A palavra *ação* é mágica pra mim, é quase que a senha para uma transformação dentro de mim, provoca uma incorporação. Eu poderia dar até uma visão espiritualista disso, falar numa incorporação kardecista, sei lá. Gosto de ser um *cavalo* para meus personagens, como se diria no espiritismo ou nas religiões afro-brasileiras. Costumo dizer que o ator é um ser preparado pra ter quinhentas formas, cinco mil ideias e o resultado disso às vezes é até um prêmio, o que não paga o preço de nossa solidão criativa, esse momento que não se divide com ninguém, nem com diretor, nem com companheiro, nem com ninguém, o momento individual da criação, o momento em que se atinge o que se poderia chamar *perfeição*, momento que pude atingir algumas vezes, mas muito poucas.



Acho que existe um só Tonico com várias facetas porque a matéria-prima dos personagens é sempre a mesma. Mudo muito, mas a sutileza da mudança não é perceptível às vezes. Tenho meu velho – cada um tem seu velho, cada um tem seu caipira, cada um tem seu deputado, cada um tem seu personagem nas relações que tece com a vida. Na verdade, não me dei conta ainda de que sou ator, ainda não me considero ator, porque essa relação, como na vida, é progressiva e nunca estática, você nunca é, você está sempre pretendendo ser, assim como você sempre está pretendendo viver mais alguns dias, ou mais alguns anos.

Shakespeare é Shakespeare, é o maior, e Molière é Molière, mas no meu trabalho Shakespeare entra como um companheiro, não como o mito Shakespeare. Como ator, só me sinto bem com o personagem quando consigo colocar um rabo nele. Isso significa intimidade, ou seja, tenho um amigo, posso botar um rabo nele, de sacanagem, numa festa. Então quando eu tiver o personagem na mão a ponto de poder colocar um rabo nele, isso significará que ele também pode botar, não no meu rabo, mas um rabo em mim, ou seja, existe a intimidade do ator com o personagem. Do contrário, se eu tratar o texto como um mito vou ficar com cerimônia, intimidado.



De Molière fiz *O Doente Imaginário*. Direção de Jacqueline Lawrence, e *O Avarento*, dirigido por Amir.

Compus o *Avarento* a partir de mim mesmo, de imagens que tenho, das quais não tenho nem

O Doente Imaginário

*Cena de* O Avarento

O Doente Imaginário, *com Nedira Campos*

registro racional, estão dentro de mim. Há uma puta dentro de mim, como há um *viado*, um machão, tudo está dentro de mim, sou matéria-prima pra tudo. Isso é o ser humano, não é só o ator, quanto mais humano eu for mais ator serei.

Odeio laboratório de personagem, não gosto de fazer laboratório como faz um cara que vai fazer um cafetão e vai pra zona ver o cafetão. Isso é bobagem, não tem que buscar nada fora. Particularmente, já saí do Rio e fui até Belém, de carro, pra fazer um filme, e fui dormindo em puteiros daqui até lá. Mas não é porque por acaso eu tenho esse tipo de experiência que não gosto desse tipo de laboratório não. É porque o ser humano tem todas as possibilidades dentro dele, tem a possibilidade de matar um filho e jogar pela janela – a gente pode dizer que *é um horror*... e é, mas é uma possibilidade do ser humano, ou seja, o ser humano é capaz de tudo. Os mitos gregos mostram claramente. O pai mata o filho num primeiro momento, noutro o filho mata a mãe, num terceiro o filho trepa com a mãe. Isso acontece na literatura e acontece na vida.



É importante assinalar que, ao lado de todas as possibilidades, o ser humano tem o poder de opção, tem o livre arbítrio. Assim, por exemplo, posso ter tesão nas minhas filhas, mas posso, por escolha, não realizar esse tesão.

Por outro lado, é preciso ver também que certos conceitos dependem do contexto, o que não deixa de ser estranho. Por exemplo, considera-se hoje pedofilia a atração de um adulto por uma criança. No entanto, minhas bisavós se casaram com 12 anos e era normal. Já era pedofilia, vão dizer que não era? Vão dizer que não era porque a pedofilia parte do princípio de que você está transando como uma criança, uma criança que não consente, e minhas bisavós com 12 anos não eram consideradas crianças, não eram vistas como crianças. Mas isso é apenas o aspecto social da coisa, um raciocínio que não leva em conta a idade real das meninas que se casavam aos 12 anos. A sociedade se modifica e num minuto você pode viver um século, ou o contrário, um século pode adiantar apenas um minuto só.



Vejo Molière como um ser humano que podia ter nascido no Brasil, um cidadão do mundo, tanto que suas peças são encenadas no mundo inteiro. Ele não é particularmente francês, como Shakespeare não é particularmente inglês. Ambos são, digamos, particularmente humanos.

O Molière que fiz com Amir foi diferente do Molière de Jacqueline Laurence. O de Amir foi mais informal e o de Jacqueline mais formal. Minha interpretação foi informal nos dois. Persigo certo *approach*, certa abordagem do personagem. No momento em que estou fazendo Shakespeare no Brasil, tenho que estar fazendo Shakespeare para o Brasil, não posso fazer Shakespeare para a Inglaterra. Procuro dar aos meus personagens uma visão mais próxima do povo brasileiro, do Brasil. Meus Molière, por exemplo, foram visões brasileiras da avareza e da hipocondria.

*Tonico Pereira é um Harpagão astucioso, sem a carga patética que muitas vezes se atribui ao personagem, mas que encarna as suas fraquezas com a exuberância de um cômico popular. Mesmo sacrificando certo desenho mais real de Harpagão, Tonico Pereira é presença catalisadora do humor no palco.*



**Macksen Luiz**

LUIZ, Macksen. Vibração permanente. *Jornal do Brasil*, Rio de Janeiro, 10 de junho de 2000

Geralmente em trabalho de corpo eu durmo. No entanto, mesmo quando estou em outra sala – nos ensaios do Hamlet tinha outra sala ao lado da sala de ensaios e puseram lá uma cama pra eu dormir, pois eu roncava muito e atrapalhava o ensaio –, se ouço alguma coisa errada sei que a cena está errada, não preciso ver. Nos ensaios desse Shakespeare eu levantava, ia lá falar alguma coisa e voltava pra dormir. Quando a radiofonia, a novela, volta e volta criticamente, a voz não está certa. Sou casado com uma mulher que trabalha com corpo, é bailarina, professora de corpo da CAL, já fez milhões de preparações e coreografias de espetáculos, é o oposto de mim. Ela nunca me preparou porque criaríamos um impasse. Com Amir, por exemplo, em *Noite de Reis*, havia aula de corpo. Quando era pra deitar, eu dormia, virava obstáculo e as pessoas tinham que passar por cima. Marina sabe, como eu, que quando você coloca a voz certa o corpo vai estar normalmente certo e vice-versa, afinal, corpo e voz não são independentes, trabalham conjuntamente, são complementares.

**Escola**



*Um dia fui ao circo com Antonio e Nina, meus filhos menores. Lá vimos vários números arriscadíssimos, que envolviam a possibilidade presente e real de morte para seus executantes, os artistas. Deu-se o intervalo e, como num shopping, nos deparamos com uma praça de alimentação: pipoca, cachorro-quente, refrigerante, algodão-doce (ah, algodão-doce). E quem atendia nas barraquinhas? Quem? Os próprios artistas que se arriscavam por R$ 3,00 e 1 quilo de alimento não perecível. Esta era a concentração que exerciam para encarar de forma direta a morte que ronda os trapézios.*

*Enquanto isso, uma escola* moderna *de interpretação (não contemporânea), que finge a*

*Na peça* Noite de Reis

*morte, sem nenhuma possibilidade lógica de ela acontecer, propõe o silêncio, a abstinência total de qualquer razão, a sacralização, a abstração de um personagem que só se relaciona com ele mesmo, digno de um hospício, ah, que saco!... essa possibilidade (impossibilidade).*

*Eu quero apenas um algodão-doce antes de entrar em cena, que me remeta à infância, e no palco encontrar um público amigo, para rirmos e chorarmos juntos.*

**T. P.**

Por outro lado, adoro contrariar o movimento esperado em cena, brinco com isso. Por exemplo, em *Hamlet*, há uma cena em que o rei Ciáudio tenta explicar a Hamlet que é normal os pais morrerem antes dos filhos. Sua fala termina com *é assim que tem que ser* e *eu lhe imploro, enterre essa dor inútil* e *pense em nós como um pai*. O primeiro movimento que ocorre a quem diz a primeira frase é ir direto em direção a Hamlet, mas eu fazia diferentemente: acabava de dizer *é assim que ter que ser*, levantava, ia pro outro lado, voltava e continuava *... eu lhe imploro... pense em nós...*, ou seja, eu criava um ambiente dando no movimento uma informação contrária à que era dada pelas palavras. Acho isso mais

*Na peça* Hamlet

*Na peça* Hamlet

*Na peça* Hamlet

*Na peça* Hamlet

rico. Isso ninguém me ensinou, a gente aprende na vida. Esse movimento dá o sentido da relação humana mesmo.

*A primeira vez que eu vi Tonico foi, naturalmente, numa tela de cinema: no filme* República dos Assassinos, *de Miguel Faria, que eu assisti no Festival de Cannes de 1980. Fiquei impressionadíssimo, percebi logo que Tonico era um Pereira, um Zé Pereira, uma personalidade popular carioca, um ator que parecia saído das ruas direto para o cinema, sem qualquer afetação acadêmica. Quando o convidei para fazer o policial Bereco, em* O Homem da Capa Preta, *vim a conhecê-lo pessoalmente. E aquela primeira imagem se confirmou completamente. Tonico apareceu na produtora de short e camiseta regata, sandália havaiana, barba por fazer, como se estivesse indo ou vindo da praia. Nenhuma preocupação com uma imagem de artista. Despudorado. Nessa época, 1985, ele bebia – bebia bastante. Um dia, rodando em Caxias, ele gastou o tempo de infindáveis esperas que as filmagens impõem num boteco, ainda sem vestir a roupa do personagem. No dia seguinte, voltou ao mesmo boteco, agora vestido como Bereco e pediu uma dose de Fogo Paulista. O dono disse que não tinha, que na véspera um maluco estivera lá e acabara com a bebida. Tonico então levantou o chapéu do personagem e mostrou o rosto para o homem, que só então o reconheceu:* Foi você! *Tinha bebido o estoque do bar. E a cena que rodou naqueles dias? Perdida? Absolutamente, foram momentos espetaculares de sua atuação, as sequências em que espera o Delegado na porta do hotel de Caxias, seguida daquela em que é morto pelos homens de Tenório. Tonico tem humor, tem um ar* irresponsável, *mas isso nem de perto arranha sua seriedade profissional, a dedicação com que se lança ao trabalho. Votamos a estar juntos em* Guerra de Canudos, *onde ele fez o coronel Moreira César. Tinha muitas cenas a cavalo e Tonico disputava com Zé de Abreu um campeonato particular, de quem seria o melhor cavaleiro. Isso me surpreendeu, já que tinha dele a imagem de um homem essencialmente urbano. Não sei onde aprendeu, mas montava bem – embora se eu fosse jurado no concurso tivesse votado em Zé de Abreu. Mas foi desmontado, numa cena em sua tenda de campanha, num diálogo com Selton Mello, que ele fez a cena de que mais gosto, quase um monólogo, que culmina com um ataque epiléptico, mal que afligia o comandante da terceira expedição contra Canudos. Brilhante. Não voltamos a trabalhar juntos desde então, por variados motivos, mas o jogo ainda está em andamento, qualquer dia desses nos reencontraremos num set de filmagem.*

**Sérgio Rezende**

*Eu tive a honra, alegria, prazer e sorte de conviver profissionalmente e pessoalmente com Tonico Pereira em dois filmes da nossa empresa Aquarela Produções Culturais:* O Círculo de Fogo e No Coração dos Deuses, *ambos de direção de Geraldo Moraes,*

*Honra porque Tonico é sem dúvida um dos maiores atores deste País.*

*Alegria porque soubemos conviver harmonicamente, felizes, cumprindo a nossa profissão, função de atores e atrizes brasileiros.*



*Prazer por ter a oportunidade de observar e admirar como ele desenvolve seu trabalho de criação ao viver seus personagens.*

*É de uma profundidade tão intensa que não tem como dar errado... impressionante. As soluções aparecem com muita rapidez.*

*Ela entra no personagem por caminhos diversos. Não tem fórmula... tem um sentimento que se intensifica a cada detalhe.*

*E o mais incrível é que ele começa pelo que eu mais acredito: do nada.*

*Sorte de ter estado naqueles lugares, naquelas horas, naqueles filmes com esta pessoa. É um aprendizado e uma sensação de presente.*

*E, claro, através destas duas experiências nos tornamos amigos.*

*Estas maravilhas que a vida no cinema nos proporciona.*

*Não nos vemos muito, mas não precisamos disso para nos respeitar e sentir que fazemos parte da família do cinema e da vida.*

*Vi coisas vindas do Tonico que não dão para esquecer:*



*Quando o Geraldo escolheu o Tonico para* O Círculo de Fogo *eu vibrei. Mas até aí era admiração. Na verdade não o conhecia de perto.*

*Foram surpresas em geral: na interpretação e na vida.*

*Nossa vida no Hotel Vila Boa, em Goiás, antiga capital do Estado de Goiás, onde estava toda a equipe, era uma loucura.*

*O filme era intenso... e ele, é claro, pulsava e atraía esta loucura. Bebia todas nas folgas. Era um show da vida. Em uma dessas folgas ele chegou a desafiar um jornalista, irritado com a inconveniência do dito...que forçava a barra para fazer fotos diferentes. Lá pelas tantas, depois de discutir, ele baixou as calças deixando aparecer seu traseiro...foi muito engraçado.*

*O cara levou um susto. Ficou a equipe inteira voltada para ele.*

*Tonico tinha neste filme um personagem desafiante. Um cara do interior, destes bem machos, apaixonado pela irmã... Tipos que existem mesmo no interior do Brasil.*



*Ele cumpriu seu papel à risca... era um descarado... um perfeito descarado. Na cena em que ele briga com a irmã em casa, com ciúmes do namorado que ela havia arranjado, personagem vivido lindamente por Roberto Bonfim, ele foi antológico. Não havia nada fora do lugar. Era intenso, profundo. Olhares malditos... Ele e Cristina Prochaska trabalharam horas com o Geraldo Moraes nos ensaios. Era uma harmonia rica. A cena ficou perfeita.*

*E a equipe inteira estava lá ligada na intensidade da cena. Nunca vou esquecer esse dia na minha vida. Eu sabia que vários atores já haviam conseguido chegar a esse nível no mundo. Mas naquele momento o mundo era ali. E lá estava um ator impressionante... perfeito.*

*Depois, em Palmas, no Tocantins, Tonico me impressionou ainda mais. Geraldo convidou o Tonico para fazer um personagem meio Duende, meio mágico... um visionário atemporal. Ele me apareceu com uma que foi incrível.*

*Ele chegou a Palmas perto da hora do almoço. Era folga da equipe.*

*Eu fui com ele para a casa onde estava instalado o figurino para testarmos umas possíveis roupas do personagem.*



*Quando chegamos lá eu apresentei a ele umas peças que haviam sido separadas para ele: uns panos, um colete que eu não acreditava que ele ia querer, e não quis mesmo. Não tinha nada a ver. E uns objetos, couros, etc.*

*Éramos eu, ele e uma assistente. Muito quietos. Fiquei olhando ele pegar e buscar mil apetrechos. Ficamos quietos, sem falar nada, esperando por ele. Lá pelas tantas ele tirou a roupa dele e ficou nu. Olhava incansavelmente para o espelho e pegava uns panos...sei lá. Aí, eu senti que ele estava fazendo uns sons e comecei a falar o texto da velha Bruxa com a qual ele iria contracenar...*

*que louco foi aquilo. A Bruxa era vivida pela atriz Regina Dourado. Eu então comecei o texto e ele emitia cada vez mais sons diferentes. E ia se preparando, se adereçando com pedaços de coisas. Armou uma bolsa ...como se fosse um avental em saco e disse que queria colocar ali umas bananas e foi indo. Fazendo gestos e emitindo sons. Escolheu tudo. Pensou na maquiagem e dizia o que queria ali ter com ele. Uma verruga, uns pelos, etc. Lá pelas tantas... terminou. Se viu por inteiro no espelho, andou por ali e me disse: Mallú, o Cirineu não fala, grunhe... Eu olhei para ele... entendi tudo... mas disse: Tonico, o personagem tem cinco páginas de texto! Ele disse afirmativamente...não, não, ele não fala... mas todo mundo vai entender tudo, você vai ver! E fomos andando para o hotel e ele me convencendo que os grunhidos do Cirineu seriam claros, todo mundo ia entender.*



*E eu disse a ele. Então, convence o Geraldo. Vamos lá.*

*Chegamos ao hotel e ele foi direto ao Geraldo e disse: Geraldo, o Cirineu não fala, grunhe. O Geraldo olhou para ele e disse: Tá louco, Tonico, eu escrevi cinco páginas de texto para este personagem. Ninguém vai entender... E ali ficaram os dois um tempão falando sobre isso.*

*Três dias depois fomos gravar a cena. Era noite, uma locação difícil embaixo de uma imensa árvore...uma grota úmida. A produção preparou tudo muito bem todo o local. Tinha uma lua enorme que nos brindava com esta cena mágica...coisa de bruxaria mesmo. Era forte. Não deu outra. Ele arrasou... grunhia e grunhia e todo mundo entendia tudo!*

*Incrível o Cirineu dele. Um personagem raro, tirado dos mitos da bruxaria brasileira, do mundo. A partir daí foi lindo para todos da técnica curtir com ele as cenas que vieram a seguir.*

*Todo mundo entendeu tudo nos cinemas do Brasil. E no Projeto Escola foi maravilhosa a acolhida que tivemos com o filme, de Norte a Sul do Brasil. O Cirineu e o Curupira foram adorados pela turma jovem.*



*Sempre conto esta experiência para meus alunos de interpretação para cinema e TV. É um exemplo para atores que ficam brigando por texto, como se isso fosse fundamental para o ator. Ele abriu mão de cinco páginas de texto para exercitar a alma. É o que vale.*

*Depois disso não fizemos mais nada juntos. Nos encontramos várias vezes. Mas tudo o que ele faz eu vejo. Na TV, no cinema e no teatro... quando tenho oportunidade. Ele é sempre ímpar. Um dos grandes atores do mundo.*

*Recentemente fiz um curta como atriz e ele seria o meu parceiro, mas infelizmente ele não pôde fazer. Um filme da Cibele Amaral, uma jovem diretora de Brasília, chamado* Enciclopédia do Inusitado e do Irracional. *Foi uma pena. Eu teria curtido muito estar ao lado dele.*

*Mas ainda torço para que estejamos juntos em algum outro filme.*



*Tonico Pereira... quero vê-lo em muitos outros trabalhos ainda.*

**Mallú Moraes**

**Um amigo duende**

*Minha amizade com Tonico vem de dois filmes e mais de 20 anos. E é óbvio que antes de trabalhar com ele o Tonico já era uma admiração minha. No cinema, no teatro e na televisão eu já tinha visto muitas provas do talento e da versatilidade dele na criação de personagens tão diversos quanto humanos. E esse aspecto me encantava, o Tonico não atua a partir de um repertório conhecido, mas cria seres humanos peculiares, únicos.*

*Passei dois roteiros para ele. Nas duas vezes, Tonico disse que ia ler apenas as cenas dos seus personagens. Sabedoria dele: se a equipe estava fazendo um filme com vários personagens, ele estava vivendo apenas um...*

*Quando escrevi o roteiro de* Círculo de Fogo, *eu sempre visualizava o Tonico quando trabalhava o personagem Afonso. A ação do filme ocorria na cidade histórica de Vila Boa de Goiás e o conflito central era conduzido por três personagens: um ativista ligado à igreja católica, uma ceramista e o irmão dela, Afonso, um homem que fazia justiça com suas próprias mãos por ordem de um coronel da política local. O Tonico foi o primeiro nome pensado porque eu não queria um jagunço, mas um ser humano, um paranoico dividido entre a violência e a paixão que tinha pela irmã.*



*Tonico esmerou-se na criação de Afonso, fez um personagem introspectivo e dissimulado. A cena em que ele fala com a irmã sobre o namoro dela com o ativista é um primor de contida agressividade, no doloroso limite entre o carinho e o ciúme doentio.*

*Se nas conversas sobre o personagem e na preparação das cenas fala apenas o essencial, nas folgas ele é um companheiro brincalhão, dono de um humor sutil e franco. Um humor que provocou risadas gerais quando ele recebeu o prêmio de melhor ator no Festival de Brasília, pelo filme* O Cego que Gritava Luz, *de João Batista de Andrade. Tonico fez um breve agradecimento e disse que dividia o Candango com os outros atores do filme. Ele já estava descendo do palco quando os apresentadores pediram que ficasse, pois também havia um prêmio em dinheiro. Tonico recebeu o cheque, olhou pra ele e, com um sorriso, pediu desculpas aos colegas do elenco porque não tinha coragem de dividir também o dinheiro...*



Coração dos Deuses *é um filme juvenil de aventuras e chamei Tonico para fazer o papel de Cirineu, um tipo estranho que vivia no século 17. Quando chegou o momento de filmarmos a primeira cena do personagem, Tonico foi para o figurino e voltou de lá com uma caracterização incrível. Com pouquíssimos panos, detalhes feitos com objetos retirados do mato e um chapéu feito de ninho de passarinho, o Cirineu dele era um duende com algo que parecia um Quasímodo da floresta. Adorei a transmutação do personagem, mas o Tonico logo me deu um susto.* Só tem um problema: com essa caracterização, quando viro Cirineu, eu não consigo falar. *Fiquei perdido, ele tinha um texto, tínhamos acertado todos os detalhes, e na hora de rodar a cena o ator diz que o personagem não fala?! Tonico insistiu, convicto:* É, o Cirineu dá uns grunhidos, mas falar ele não fala. *E desafiou:* Vamos ensaiar... você vai ver. *Fomos para o ensaio, a surpresa foi geral e o resultado... incrível. Além de se fazer entender pelos gestos e por uns sons mal-articulados, o Cirineu do Tonico tinha adquirido uma humanidade que conquistava de cara a empatia de todos.*

*Por todas essas e muitas outras, tenho o Tonico num lugar muito especial do coração, seja como amigo, seja como ator, seja como companheiro de criação, no set de filmagem, num bar ou no interior do Brasil, para onde ele nunca vai de avião.*



**Geraldo Moraes**

A importância da novela para o ator é o fato de ela ser um trabalho, não é uma coisa que exija demais do ator, tal qual exige um Molière ou um Shakespeare. É outra coisa, é um negócio, é o que me sustenta e o que dá visibilidade imediata a qualquer ator: apareceu na televisão, você faz *Hamlet*, você faz qualquer Shakespeare, você faz tudo... e se não estiver na novela é mais difícil. Mas é mais complicado que isso, depende da época, da situação. Por exemplo, Wagner Moura, depois de *Hamlet*, recusou a Globo, recusou a Record, recusou tudo porque está muito bem – tanto no teatro quanto no cinema – e a televisão pra ele passou pra segundo plano. Assim, tudo depende da fase em que você está, da situação em que você está. Eu, por exemplo, antigamente ganhava mais em teatro do que em televisão, hoje essa situação se inverteu porque o teatro mudou muito.

*A perfeição não é a minha meta.*
*Já o aperfeiçoamento constante e gradual, sim.*
*A perfeição é uma mera ilusão nazista.*



Em cinema e em televisão não trabalho com roteiro, trabalho só com o que falo. *O Cego que Gritava Luz* foi um dos poucos roteiros que li todo, porque eu entrava em tudo. Em *O Amuleto de Ogum*, não vi roteiro. Na *Lira do Delírio,* também não vi, então achava que não existia roteiro em cinema. Se trabalhei com dois grandes mestres e não vi roteiro, por que vou trabalhar diferentemente com outros? Em televisão também só leio o que falo. Na *Grande Família*, por exemplo, só fico conhecendo o conjunto do episódio quando vejo no ar. Por outro lado, em teatro, obrigatoriamente, tenho de conhecer o texto inteiro.

*Em* A Grande Família, *num intervalo de gravação com Cláudio Paiva*

Acredito no que está escrito, por isso posso fazer uma cena sem ler o resto, porque o que está escrito, se for uma mentira e eu fizer de verdade, estarei mentindo melhor, e se for uma verdade é uma verdade – o que é uma mentira, a não ser uma afirmativa profundamente bem alicerçada em outras?

Sou literal. Costumo dizer que uma discussão em torno de Shakespeare é uma discussão estranhíssima e acho que é causada fundamentalmente pelos literatos e não pelos práticos de teatro. Os literatos, os intelectuais-literatos promovem uma discussão a partir de Shakespeare e traduzem



Shakespeare como literatura, não como teatro, porque, na verdade, Shakespeare é um precursor do bicheiro e do kardecismo.

Do bicheiro porque o que ele escreve é o que vale e não adianta elucubrar, não adianta viajar. Você parte de uma leitura de Shakespeare, leva quatro meses estudando e vai chegar à primeira visão, aquela da primeira leitura. Se a tradução for bem-feita, se as coisas forem bem-feitas, você estuda Shakespeare pra chegar a Shakespeare e não vai ultrapassar esse nível nunca.

Shakespeare é precursor do kardecismo porque o *fantasma do Hamlet* é uma manifestação kardecista. No Hamlet é profundamente presente essa coisa, Shakespeare realmente era um gênio.

**A Alegria do Povo**

*Noite de Reis* foi o primeiro Shakespeare que fiz. Direção de Amir Haddad. Esse espetáculo foi ótimo, um puta trabalho, e fiz bem pra caralho o personagem do Bobo. Num aniversário meu até mandei imprimir umas camisetas com uma de minhas fotos de cena tendo abaixo o seguinte texto: *Às vezes tento ser modesto, mas me faltam argumentos*. A frase é atribuída a Cassius Clay, aliás, Mohammed Ali.

Esse espetáculo do Amir era uma visão da alegria do povo.



Considero que o ser humano não deu certo. Evolui, devagar, mas não deu certo. E se eu pudesse escolher entre ser considerado o melhor ator do mundo ou a alegria do povo, preferiria ser a alegria do povo. Sou mais Garrincha que Pelé. E Garrincha é o homem que não deu certo, é o brasileiro que não deu certo, é o Macunaíma. Porque Pelé é uma exceção: Pelé é o poder, Pelé tornou-se elite. Garrincha foi apenas povo a vida inteira e foi a alegria do povo. Contra Pelé se conseguia torcer, contra Garrincha não. Os torcedores de outros times aplaudiam suas jogadas, ou seja, ele era uma manifestação do futebol, não como resultado, mas como arte, não como a objetividade do gol, mas como o lúdico da prática. É o que quero com a interpretação. Odeio a precisão. Minha meta é apresentar o ser humano, e quando parto para essa meta parto justamente do próprio ser humano que sou. Então é meio estranho, mas acontece que antes de trabalhar com minhas virtudes prefiro, preciso e só sei trabalhar com minhas limitações. A perfeição não é a relidade, pode ser meta, mas realidade não é. Garrincha era o imperfeito mais perfeito dentro do futebol, dentro do que ele se propunha a fazer, do que ele fazia. Foi recusado no Flamengo, não o deixaram nem mudar a roupa porque ele era aleijado, ou seja, era fisicamente impróprio para o futebol. Além disso, tinha uma relação de prazer com a bola, onde não entra o dinheiro.



Não sei se é verdade, mas dizem, acho que foi Chico Buarque que contou, que, depois de tudo, alguém encontrou Garrincha na Itália, onde ele era embaixador do café, um emprego que deram pra ele. Elza Soares estava com ele, se apresentando, parece. E essa pessoa teria perguntado a Garrincha: *E aí, Garrincha, tá tudo bem?* E ele teria respondido: *Tá tudo bem. – E você tá fazendo o quê? – Tô jogando. – Mas ninguém sabe que você tá jogando, tá jogando onde? – Não sabe não, mas vamos lá no campo, que eu vou jogar hoje*. E essa pessoa teria aceitado o convite e Garrincha realmente estava jogando... num time de padeiros da Itália. Pra ele, era a mesma coisa que estar jogando na Seleção Brasileira, o importante era estar jogando. Era o mesmo Garrincha que, quando terminou a Copa em 1958, declarou numa entrevista: *Garrincha, você é campeão do mundo!* E respondeu: *Mas não tem returno, já acabou?*. Ele gostava de jogar. Portanto, se almejo alguma coisa é ser um Garrincha na minha arte.

Garrincha era um jogador improvável como atleta. Eu me acho improvável e de aluguel. Minha relação com o teatro é a de um prostituto, de produzido, de convidado, de um ator de aluguel. Sou improvável porque nunca estudei, não busquei ser ator, apenas fui levado a isso. Se tivesse tido empregos que me tivessem dado mais dinheiro, talvez não tivesse sido ator. Hoje sou inseguro quanto à minha vida econômica, por isso tenho minhas lojas. Embora em certo momento tenha querido muito ser ator. Minha filha Thaia me lembrou outro dia uma conversa muito pessoal que tive com a mãe dela, com Eliana, na qual ela me disse que o que queria na vida era ser mãe e eu disse que eu queria ser ator. Mas essa foi uma conversa num momento particular. Essa disposição, essa vontade, não foi presente assim... todo o tempo. Inclusive eu cheguei a deixar de fazer teatro, no início, por um ano, porque Eliana tinha ciúme. Eu estava ainda no grupo Laboratório, tinha feito o *Futuro Está nos Ovos* e parei um ano, tanto é que eu não entrei no início do *Prometeu Acorrentado*, só fui entrar um ano depois. Eram restrições por causa de minha vida de casado com Eliana. E olha que ela conhecia todo mundo do grupo Laboratório. Mas o ciúme é um sentimento que se tem de qualquer pessoa a propósito de qualquer outra pessoa, com ou sem motivo. O ciúme é da pessoa, da atenção da pessoa. Eliana tinha ciúme da atividade teatral. Lembro de que em algum momento foi inevitável minha volta ao teatro e eu comecei a ganhar dinheiro com isso.



Na Globo havia uns torneios de futebol de campo entre os artistas e, como tinha um passado futebolístico, eu estava presente neles

**Reflexões de um analfabeto indignado**
**ou**
**Faltou Didi em Kaká**

*Houve um tempo em que o povo brasileiro viabilizava sua sobrevivência, agarrando-se como afogado a qualquer coisa que boiasse perto dele. Muitas das vezes, essa coisa era, por exemplo, a*

*No Futebol da Globo*

*No Futebol da Globo*

*bola, réplica menor de um mundo redondo, no qual os craques exerciam suas conquistas. Dentre as quais, a maior era a sobrevivência.*

*Bons tempos, sem saudosismo, em que uma junta médica russa, certamente, invibializaria um Garrincha para a prática do futebol, sem levar em conta que a necessidade do prazer, do lúdico e da sobrevivência seria capaz de contrariar qualquer diagnóstico e transformar o jogador em* alegria do povo, *para alegria de todos que o viram jogar. Tenho certeza de que fez jogadas monumentais nos vários campos de sua vida. Muitas das vezes apenas para ganhar a dose de cachaça ou aquela cerveja apostada no início da pelada com o time contrário, onde só lhe cabia vencer ou vencer, pois não teria dinheiro pra saldar sua dívida se a derrota acontecesse.*

*Estamos em 2010. Nossa seleção já ultrapassou (burramente) a necessidade da sobrevivência, íntima motivação do homem, mergulhada num consumismo exagerado de carros, joias, mulheres, etc., esquecendo-se de que a sobrevivência será sempre a motivação maior para o homem e sua existência.*

*O jogo é contra a simpática Holanda. Temos jogadores bons, sem dúvida, mas incapazes de segurar um placar a favor, muito menos de reverter um contrário. Ah, Didi, por que você, nascido na Lapa de Campos, rezado e abençoado por todos os orixás à beira do Paraíba, não se incorporou no Kaká e, com sua sapiência – hoje de preto velho, mas que, em 1958, era de preto ainda novo –, não liderou os miscigenados brasileiros? Com a bola debaixo do braço, calmamente caminhando em direção ao meio de campo, não falou para os colegas:* ... Nós somos muito melhores que eles, vamos botá-los na roda e ganhar esse jogo. *E, dirigindo-se, particularmente, a Felipe Melo, não disse:* ... Joga bola rapaz, dê outros passes daqueles que só o Gerson poderia ter dado pro Robinho, mas não faça merda. *E, incisivo, não comandou:* Dê a saída, Luiz Fabiano, toque pra Robinho, dele pra mim (incorporado em Kaká) e eu esticarei na ponta onde alguém, incorporado por Garrincha, tornará lúdica, prazerosa e vitoriosa a nossa pelada.



*Em 1958, Didi promoveu nossa verdadeira independência diante dos louros suecos e de um placar adverso e, sem usar palavras bélicas, somente disse para os miscigenados brasileiros :* ... Vamos pôr eles na roda.

*Neste momento me cai a ficha. Kaká é evangélico e jamais se permitiria ser incorporado pelo preto velho Didi. Bom, pior pra ele e pro Brasil também.*

*Observação que não quer calar:*

*Durante toda a copa, só vi o Dunga esboçar um sorriso em comerciais variados na televisão. Será que a CBF estava com o salário atrasado?*

*Saudades também do velho Feola. Ele dormia enquanto a seleção jogava... e bem!*

*Nossos jogadores comiam sem fartura, mas o suficiente para se manterem agéis e capazes de tourear nossos adversários, invariavelmente, bem alimentados e grandes.*

*Ass.: Brasil*



**OBS.: Escrito por Tonico Pereira**

**Prêmios**

Não acredito em prêmio. Nem quando eu ganho. Tenho três histórias, dentre outras, para justificar esse meu descrédito.

Recebi um telefonema de Brasília para que eu fosse ao festival. Hoje jamais faria isso, nem em se tratando do Oscar. Fui de avião para receber o prêmio de coadjuvante em *Lira do Delírio* num sábado. A entrega seria no domingo. Motivado pela pouca idade e inexperiência, lá fui eu. Dormi na banheira do quarto de Ricardo Miranda, montador, professor de montagem na Escola

Darcy Ribeiro e meu compadre, no Hotel Nacional, porque já não havia vagas no hotel. Vivi um dia de príncipe na piscina do hotel, aguardando a coroação de rei. Anunciaram o resultado à noite naquele cinemão enorme e abarrotado onde, anos depois, fui premiado pelo *Cego que Gritava Luz* e – vejam – como ator principal (Na certa, alguém foi injustiçado, mas tentei reparar oferecendo o meu prêmio a todos que concorreram, menos o cheque, porque meu caráter não deixava). Pois bem, prêmios anunciados, eu havia perdido: na hora, como *A Lira do Delírio* ia ganhar tudo, quiseram dar para outro filme o prêmio de coadjuvante. Eu era a parte mais fraca, é claro. E quem ganhou foi o Peréio, que, por sinal, estava no nosso filme e no outro filme também. E pior ainda foi o final. Alguém muito amigo se aproximou de mim e disse: *Tonico, o filme ganhou tudo, então tivemos que dar o prêmio de coadjuvante para outro ator em outro filme, pra não ficar chato, você entende?* E eu: *Claro, sou inteligente o suficiente pra não gostar de andar de avião, o que fiz pra chegar aqui, e dormir numa banheira, por falta de vaga. Com uma história de viagem como esta, um prêmio soaria descabido e incoerente. Obrigado pela explicação*. E voltei de ônibus de Brasília pros braços consoladores e seguros da minha amante chamada Rio de Janeiro. Mas essa história também pode não ser verdadeira. Ou essa outra que vou contar agora.

Dessa vez, não fui – como até hoje não fui – convidado para o Festival de Gramado, onde concorria como coadjuvante com o personagem Bereco, em *O Homem da Capa Preta*. E perdi. Na volta de lá, alguns colegas me disseram: *Sabe por que você não ganhou? Porque você não estava lá, eles só dão prêmio a quem está lá*.

Aqui faço um registro extra. Adoro coadjuvar. Não tenho a trabalheira de um papel principal e tenho as minúcias interpretativas que um papel menor, de preferência mudo, pode proporcionar.



Nessa última história, eu concorria a um prêmio de teatro com Harpagão, o personagem de *O Avarento* do Molière que eu, modestamente, fazia muito bem, inspirado na carga que o Amir Haddad dá aos seus espetáculos. E perdi. Engraçado é que o júri era composto por gente que viu e gente que não viu o espetáculo, sendo que o presidente do júri, particularmente, que é, aliás, uma das minhas influências positivas na arte de representar vilões no cinema nacional, seguramente não tinha ido assistir à peça. Ao final da premiação, passei por ele e falei: *Há quanto tempo a gente não se vê, Lewgoy*. E ele respondeu: *Você deixou de ir à Cobal e ao*

*No filme* O Homem da Capa Preta

*Plataforma*. Não resisti mais uma vez na vida, e respondi: *Mas eu estava no Centro Cultural Banco do Brasil fazendo* O Avarento.

No cinema, meu único papel principal foi em *O Cego que Gritava Luz*, de Joao Batista de Andrade, mas em todos os festivais o filme ganhou prêmio. Ganhei o prêmio de Melhor Ator do Festival de Cinema de Brasília, o Candango, e o do Sesc Nacional. Não é muito comum na minha vida o papel principal em cinema e televisão, é mais comum em teatro.

**A Verdadeira História de um Prêmio**

Eu fiz pouquíssimos comerciais, quase nenhum, meu tipo físico não ajuda, como já dizia um diretor de TV amigo: *Você é muito brasileiro.*



Mas João Daniel, da Jodaf (eu acho) junto com Mauro Salles, da Salles Propaganda, me convidaram pra um personagem na Campanha da Solidariedade da CNBB (*Saúde para Todos*).

Eu teria de pegar o primeiro avião da ponte aérea para São Paulo e rodar lá nas primeiras horas do dia.

Eu precisava de uma barba por fazer, então acrescentei uma noite sem dormir, ou seja, trepei a noite inteira com a namorada de época e embarquei virado. Lá chegando, fui direto pra filmagem e rodamos logo a primeira. Eu estava exausto e falei: *...Já foi boa*. Mas o mundo da publicidade exige várias tomadas, foram 14 para ficarem satisfeitos. Enfim, acabou.

O padre da CNBB se aproximou para me agradecer em nome de Deus. Eu disse: *Meu Deus é o Homem, não me agradeça, tenho imenso prazer em ajudar a saúde do homem brasileiro. Portanto, não me agradeça, faz o seguinte, me paga uma cachaça que eu estou duro e ficamos quites.* Ele, desconcertado, riu, e saímos andando em direção ao mais próximo botequim. O constrangimento dele era total, fiquei sorrindo.

Lá chegando, ele pediu com um falso relaxamento: *Uma cachaça, por favor.* Virei o copo, como era de costume. Ele teve um acesso contido/nervoso de riso (acessinho), interrompido pela minha mão estendida em agradecimento: *Obrigado!*

Meses depois, recebi a notícia por Marcos Humer e Patrícia, filha da crítica Bárbara Heliodora, de que eu tinha sido agraciado com o prêmio Lâmpada de Ouro de melhor ator em propaganda. E concorrendo com o Moreno, que lançava naquele ano a campanha do Bom Bril, que ainda lhe dá um troco até hoje (Axé!).

Eu não ganhei um tostão e pra conseguir, agora, uma cópia do filme que fiz de graça, a Memória da Propaganda Brasileira me cobrou R$ 250,00.

Mas quer saber? Trepei a noite inteira até ir ao aeroporto, o padre me pagou uma cachaça, me sinto bem pago.

Só espero ter melhorado a saúde no Brasil, mas isso já seria pedir demais.

*Em* O Avarento

# Capítulo VI

## Teatro e Mágica

### A interpretação

O teatro tem mágica. Eu costumo dizer até que, como Prometeu que roubou o fogo dos deuses e o deu aos homens, para garantir a superioridade desse homem perante as outras criaturas da terra, o ator tem de roubar o fogo pra fazer teatro. Que é uma linguagem diferente da linguagem de televisão e de cinema. É você estar presente com todos os sentidos abertos, incorporando uma barata que passe voando, incorporando a respiração do outro ator, incorporando tudo. Ou seja, o ato de incorporar é o ato de viver. Você está aqui e se vier um carro em sua direção, óbvio, você vai correr. Ou seja, incorporar esse carro é viver.



No entanto, você monta um espetáculo de teatro, ensaia dois, três meses, faz uma temporada de um ano, faz o espetáculo muito bem, é aclamado, ganha prêmio, etc., mas o momento divino acontece, às vezes, numa só pausa durante esse tempo todo. É o momento em que você encontra..., em que você é deus! Porque o homem é deus. Mas não sabe disso. O homem ignora isso e transfere a divindade pra uma porrada de coisas.

No resto, você entra em cena. E o momento divino é apenas, às vezes, uma vírgula, uma pausa, durante um ano e meio, dois... talvez numa vida de interpretação, bem, acontece um dia de você ser divino. Quer dizer, não é fácil ser divino. Por isso acho que o homem procura outras escapatórias, procura outras maneiras de identificar o divino. E quando o divino acontece é um prazer incomensurável, é um gozo sexual elevado a mil potências. É uma coisa absurdamente prazerosa.

E tem totalmente a ver com o público. Porque o teatro só acontece com o público. Antes não é nada. O ensaio não é nada. A integração com o público é que faz o evento, promove o evento. Sem público não há teatro. É apenas uma coisa de repetição, é um treino. O público é que dá a dimensão teatral à representação.



O teatro não é estático, não é igual todo dia, porque, justamente, o público muda todo dia. E, mesmo se não mudasse, se o público fosse o mesmo durante uma temporada inteira, o homem muda a cada segundo. Então, o público é sempre mutante, está sempre vivo. É diferente de um filme, é diferente da televisão. O teatro tem esse tipo de possibilidade, de ser feito com todos os riscos de uma vida. Você pode morrer no palco. Você pode ter uma dor de barriga no palco. Você pode ter uma incontinência urinária.

É uma interação com o público. O ator sente o público mais frio ou mais atencioso, às vezes mais frio por ser mais atencioso, ou seja, reagindo menos, mas prestando mais atenção. Geralmente o público mais intelectualizado presta mais atenção do que ri, por exemplo. O público mais popular já ri mais do que presta atenção. Mas são formas equivalentes de comunicação. Capto isso. E ainda incorporo o que me acontece, como a tosse no Harpagão.

Minha relação com o teatro, com a arte mesmo em si, é muito debochada, é muito pouco séria. Só me interessa o prazer. O sofrimento não me interessa de jeito nenhum. Em minha apresentação, por mais triste que seja o personagem, só me interessa o prazer, o prazer de fazer a peça, de apresentar o personagem. Não tenho relação com o sofrimento. Como hoje há pessoas que dão curso de teatro e que fazem quase um ator matar o outro, eu, jamais! Sempre fui um anarquista, sou um anarquista prático, empírico. Pelo meu comportamento, as experiências são muito lúdicas pra mim, não entendo arte se não for assim. Não entendo uma coisa séria, uma coisa hierárquica. Principalmente quando a hierarquia é por conta de dinheiro e não de capacidade. Corrijo o produtor se ele estiver em cena. Se ele for ator, por exemplo, digo: *Ó, tá errado*. E ele é o produtor? Dane-se. Não me limita esse aspecto. E se mandarem uma bola errada pra mim sou capaz de parar a cena e explicar: *Não faz assim que não dá*. É frescobol, você não pode jogar uma bola errada. Se jogar, vou falar: *Ó, meu irmão, volta e fala outra vez*. Sou capaz de mandar repetir até um *O quê?...*

Por outro lado, no *Hamlet*, por exemplo, eu adorava ficar vendo as possibilidades que se ofereciam aos atores. Achava ótimo ficar ali vendo as cenas e imaginando as leituras que as mesmas poderiam ter se fossem feitas de outro jeito. Na cena do Osric – que Wagner não fez mal, não é isso que estou dizendo – eu teria feito completamente diferente, porque o Osric tinha criado Hamlet, tinha sido sua babá. Tratava-se então de uma relação não de parente, mas de escolha – *esses lábios que me beijaram tantas vezes* – acho que eu desbundaria falando isso, choraria muito, teria muita emoção, seria como se eu falasse de minha bisavó Dindinha, de meu avô.



Tusso há 30 anos, é uma loucura, não é propriamente de minha doença. No *Hamlet*, Aderbal me marcou o primeiro ato todo. Quando eu não estava em cena estava do lado, sentado, assistindo à cena. É uma merda, porque me dava vontade de tossir. Eu entrava com pastilhas pra não atrapalhar a cena dos outros. E quando dava muita

*Na peça* Hamlet

vontade ia tossir lá fora. Desde o início Eliana sabia quando eu ia entrar em cena pela tosse na coxia. Porque, sempre que eu ia entrar em cena, eu tossia. Não é nem para limpar a garganta, a tosse pra mim é um vício, é um tique. Então meus personagens tossem quase sempre. Claro que tem uns em que posso limpar, nos quais tenho condições de limpar. Outros não. Teatro é fogo eu fazer sem tossir.

Por outro lado, particularmente, odeio símbolos. Símbolos assim, como o rei. Sempre procuro o lado humano do rei. Em *Hamlet* houve muitas discussões sobre o caráter do rei e fui muito claro, optei por uma linha. Gosto de assinar minha interpretação. Não é que eu não aceite direção, aceito. Mas a assinatura final é minha. E um dos argumentos que usei – porque as pessoas falavam da postura do rei, que eu não tinha a postura do rei – é que o ser humano é capaz de ser tudo, com qualquer postura. Senão, penso eu, vou ter de acreditar em Hollywood. Senão, vou ter de acreditar numa televisão que agora está-se modificando, mas que já me fez ouvir barbaridades. Ouvi, por exemplo, de um diretor de televisão, que até já morreu, iniciamos juntos em televisão, ele como diretor e eu como ator: *Pô, Tonico, você é bom ator pra caramba e tô sem papel pra você. Você é muito brasileiro, cara*. E ele era um dos chefes da televisão. Quer dizer, você ouve isso e *Onde é que eu estou, caralho?* Fiquei olhando para a cara dele. Vou falar o que pra uma pessoa dessas? Agora isso está-se modificando. O negro, por exemplo, agora está com mais espaço na televisão. Você vê um Lázaro Ramos beijando a mocinha. Tenho a impressão de que Milton Gonçalves não teve essa oportunidade. Acho que, por incrível que pareça, por mais que a lama seja grossa, as coisas vão pra frente, evoluem sempre um pouquinho. E um pouquinho de evolução é muita coisa. Um minuto é um século, caralho! Numa mudança histórica um minuto pode ser um século. É muito pouco e é muito ao mesmo tempo.



Eu talvez não soubesse racionalmente que apresentar um personagem era o que faço, mas já em Campos eu sabia intimamente que era alguma coisa diferente do que eu via. Mas não conseguiria verbalizar da maneira que verbalizo agora.

Quando *O Futuro Está nos Ovos* estreou em Niterói, se não me engano, houve duas reuniões do grupo para falar mal de mim. E tudo por quê? Porque no espetáculo eu evoluí por outros caminhos que não os do ensaio. Improvisei e as pessoas ficaram putas da vida. Quem fez minha defesa foi Zé Fernando Figueiredo, que argumentou: *Mas ele é um artista, gente! Vocês estão cobrando de um artista o fato de ele ser artista!* Aí saiu uma crítica de José Arrabal me destacando do resto do elenco, o que fez com que as diferenças no grupo se acentuassem.

Nesse momento, havia entre nós um choque de concepções sobre o teatro. De um lado tínhamos o teatro, digamos, de interpretação, do ator; de outro tínhamos o teatro de laboratório, como se dizia na época, aquele teatro que você preparava e apresentava como um produto de grupo, que tinha como modelo o Oficina de São Paulo. Era também o modelo de Amir Haddad na Construção. E a maior influência sobre o Gondin era Amir. Mas uma coisa não invalidava a outra e eu sabia disso. Tanto é que Amir me adora como ator. Sem dúvida, Amir evoluiu, mudou muito, mas em 1978, 79, ele assistiu à peça *Papa Higuirte* comigo e me disse na saída do espetáculo: *Enfim, um ator popular brasileiro*. E eu devia estar doidão, porque bebia muito nessa época. Geralmente bebia uma garrafa de cachaça por espetáculo. Mas isso nunca me derrubou não.



*O Avarento* ganhou o Prêmio Cultura Inglesa. O cenário também era muito bom, de Lídia Kosovski, com influência de Amir, visto que Amir influencia tudo. No intervalo, ninguém saía de cena, coisas de Amir. Sabe aquele homem-biscoito, homem-sanduíche, que carrega uma grande

*Em cena de* Papa Higuirte, *com* Sérgio Britto

*Em cena de* Papa Higuirte, *com Sérgio Britto*

*Em cena de* Papa Higuirte

*Em cena de* Papa Higuirte

placa na frente e outra nas costas. No intervalo eu botava essas placas pra fazer propaganda de minhas lojas. Os intervalos com Amir eram sempre engraçados. Quando minhas filhas iam assistir ao espetáculo eu dizia do palco: *Minhas filhas estão aí* – e fazia elas se levantarem. Claro, elas diziam que estavam pagando mico por minha causa. Porque Amir é assim, o espetáculo dele é de uma informalidade incrível pra tanto rigor artístico. Uma vez ele estava me substituindo depois de uma de minhas operações e fui assistir ao espetáculo. Ele anunciou minha presença e recitei uma trovinha imoralíssima, que acabava com *e se você fizer mal/vai acabar chupando meu pau*. Era um espetáculo vendido para senhoras sei lá de onde e ficaram todas num terrível mal-estar.



Amir é incrível. Thaia, minha filha, foi entrevistá-lo para o trabalho de fim de curso na faculdade e ficou maravilhada. Ela gravou mais de cinco fitas com ele. Aliás, já nos anos 1970 a gente saía de Niterói e ia assistir aos ensaios da comunidade no Museu de Arte Moderna.

**Tonico Pereira:**

*Se eu conseguisse dizer o que eu gostaria de dizer a respeito de um ator da natureza e qualidade do Tonico Pereira, acho que teria em mãos, finalmente, uma definição ou um conceito do que é um ator popular. Quando digo* popular, *quero dizer que é de todos os tempos e nunca pertenceu a nenhuma classe ou grupo social e sempre se manteve fora do alcance das classificações. Posso dizer que isso é popular, mas não posso dizer que Tonico Pereira é só isso. Tal o mistério que envolve o aparecimento de um ator desse tipo que traga dentro de si, de alguma maneira, o conhecimento do teatro em todos os tempos, e, graças a Deus, a ignorância do* saber culto do teatro da elites. *Tais forças, antigas e novas, em tensão permanente, parecem emitir os sinais que caracterizam atores dessa natureza. Velhos e novos, eternamente. Como Dercy Gonçalves, Jorge Dória e poucos mais.*

*Tonico resvala entre a mais remota ancestralidade e a mais moderna contemporaneidade, deixando claro que o futuro não se fará sem uma inevitável recuperação histórica do ator popular e sua maneira de representar. O futuro só acontece no presente, diziam os gregos. Atores como o Tonico, diga-se, trazem em si ao mesmo tempo o presente, o passado e o futuro. Neles, o tempo pode descansar. Não passa e passa.*

*Se o Tonico Pereira soubesse de tudo isso, talvez não fosse o Tonico Pereira, ator que conhecemos e amamos.*

*Em* Noite de Reis, *espetáculo que dirigi com ele, suas diferenças com o ator que fazia o Malvolio eram quase as mesmas que tinha seu personagem Feste, o bobo da corte, com este Malvolio, o administrador do palácio onde viviam os dois. No texto de Shakespeare, o bobo derrota o burguês puritano que controla a vida da condessa, dona do palácio. Malvolio é ridicularizado e castigado pelas artimanhas e talentos dos criados da casa, e principalmente pelo talento e humor do bobo Feste, que Tonico representava.*

*Na vida real, o burguês, puritano e moralista venceu a parada. Atores como os bobos da corte foram desvalorizados e o* realismo burguês *acaba por tormar conta da cena.*



*Tonico Pereira permanece como a maneira viva e eterna desse tipo de ator, que é filho da história e foge da ideologia.*

*Sua criação em* O Avarento, *de Molière, dirigido por mim, confirmava isso. Eterno ator, eterno jogador. Tonico Pereira.*

**Amir Haddad**

*P.S. Durante os ensaios de* O Avarento, *Tonico Pereira trazia frutas secas, as quais ele vendia para o elenco. Ele nunca se esquecia de quem tinha comido o que de sua cesta, mesmo que o ensaio tivesse demorado horas, ainda que fosse o protagonista. Tonico Pereira trabalhava muito.*

*No início do ano 2000 tive o prazer de fazer parte do elenco do espetáculo* O Avarento, *de Moliére, que estrearia em junho no Centro Cultural Banco do Brasil do Rio de Janeiro, com direção de Amir Haddad. Animado com a perspectiva de trabalhar com tal diretor, fui para o ensaio sem ter maiores conhecimentos sobre o projeto e seus integrantes. Cheguei no espaço de trabalho já com o ensaio rolando e me diverti um bocado com a maneira como Tonico fazia seu Harpagão. Lembrou-me de imediato o quitandeiro da esquina de casa, que cobrava os tubos por qualquer produto, mas andava vestido com os farrapos mais mulambentos e, se você descuidasse, te trapaceava no troco. Depois de um tempo, Amir deu uma pausa no ensaio da qual Tonico se aproveitou para destampar uma caixa bastante grande de plástico, cheia de saquinhos com frutas desidratadas dentro e anunciar a venda de cada saquinho por um Real. Foi como se Harpagão saísse da cena de Moliére e viesse interagir conosco na vida comum. Mas tarde vim a saber por Tonico, que ele estava vendendo as frutas secas para dar uma força a uma amiga que estava precisando. Contou também, entre o divertido e o encabulado que, ao vender as frutas no Projac tinha tomado um pito de um Diretor de TV, que teria dito:* Tonico, você é uma das estrelas da minha novela, não pode se comportar como um mascate. *Acho que esta história é um retrato bastante fiel do que é o Tonico como artista. Um ator sem pudores ou vergonhas, completamente destituído da majestade de sua profissão (Deus o abençoe por isso). Atua como um grande jogador, conhecedor do seu talento para produzir belos momentos no palco, e com a mesma serenidade descer do palco e fazer uma brincadeira com a sua cara. Gostaria ainda de acrescentar uma última coisa. Tonico é um ator brasileiro e assim também o são os personagens que ele interpreta. Não importa em que língua os personagens tenham sido escritos, não importa a nacionalidade que o autor tiver imaginado para eles; uma vez processados no interior do Tonico saem de lá de dentro genuinamente brasileiros.*



**Xando Graça**

*No ano de 2000 fiz parte do elenco do espetáculo* O Avarento, *de Molière, dirigido por Amir Haddad no CCBB do Rio de Janeiro. Tonico Pereira, claro, era o Harpagão, personagem emblemático da dramaturgia mundial.*

*Entre tantos ganhos e alegrias que esse trabalho me proporcionou, o convívio diário com Tonico, a oportunidade de acompanhar de perto seu processo de trabalho, a felicidade de, como Frozina, estar ao seu lado em cena e poder aprender com ele, a cada espetáculo, um pouco mais deste ofício que escolhemos com amor e paixão, é um dos orgulhos que tenho na minha trajetória profissional. Obrigada, querido Tonico, pela amizade, por todos os toques que você me deu, pelas risadas de felicidade e cumplicidade que compartilhamos. Não era sem um friozinho na barriga que eu entrava em cena para levar Frozina a encontrar o seu Harpagão, mas a alegria foi sempre minha companheira nos ensaios e em todos os dias daquela temporada.*



*Afinal...*

*Como esquecer a figura de Tonico, já com a maquiagem branca de Harpagão, de sapato social, meia soquete preta e cueca vinho (combinando com sua toalha de banho, também vinho, ambas compradas especialmente por ele para seu enxoval de camarim), adentrando nosso camarim (Dira, Alessandra e meu) para terminar o capricho dos olhos com nosso lápis preto?*

*Como esquecer, durante os ensaios, Tonico deitado no chão, sempre dormitando, enquanto o mestre Amir Haddad nos encantava com suas ideias?*

*Como esquecer que, ao levantar, era ele quem se aproximava com mais propriedade das propostas do Amir?*

*Inesquecível também o dia em que, às vésperas da estreia, ele me chamou em seu camarim e demonstrou como via o comportamento da Frozina em determinado momento da enorme cena com Harpagão, me ajudando a arredondar o que eu estava fazendo.*

*Como não poderia deixar de ser, ao lado da minha admiração pelo ator, foi nascendo um grande afeto e hoje Tonico é um dos meus mais queridos amigos: agradeço novamente, desta vez a Deus, ao destino, ou ao que for preciso, por, desde então, ter Tonico sempre por perto, ao lado de Marina, Antonio e Nina, os três anjos que moram na sua vida.*



*Oxalá Baco nos proporcione outro encontro no tablado mágico. Na vida nem é preciso que Deus nos ajude, já estamos irmãos. Assim é Tonico em mim.*

**Angela Rebello**

Costumo arriscar tudo numa interpretação, fazer tudo o que vem à minha cabeça, porque jamais serei censor de mim mesmo, deixo esse trabalho pro diretor. Em minha ânsia de fazer jamais interromperia o gozo, que fatores estranhos me interrompam tudo bem, mas que eu interrompa por minha livre e espontânea vontade, nunca. Jamais censuraria ou interromperia uma trepada ou um ato de criação. Deixo aos coordenadores de cena, aos diretores o famoso alerta: *Tonico, por aí não dá*. Contudo, assim mesmo vamos discutir sobre isso, porque geralmente quando eu proponho, dá.



**Comer bem favorece a digestão**
**Salve Artaud!**
**Cuidado!**

*Eu, abaixo assinado Tonico Pereira, não recomendo a leitura do texto que se segue a pessoas sensíveis.*

*Quaisquer reações de nojo e repulsa provocadas por essa leitura serão de inteira responsabilidade dos eventuais leitores, ficando o autor completamente absolvido, antecipadamente, de qualquer acusação.*

*Obrigado,*

**T...**

**Um ator é um verdadeiro cu.**

*Explico, talvez tenha que melhorar a definição para que os puros não me crucifiquem como ímpio desabonador de imagens puras. Vamos lá, vou melhorar o que puder. O ator é como um funil, ou seja, depois de pormos no liquidificador texto, direção, cenário, luz, figurino, música, cada ator-funil (me desculpem, no consigo me afastar da ideia) ou cu, despejará sobre o palco sua leitura-síntese de todo esse encontro criativo, sem predominância de qualquer dos elementos acima citados.*

*Portanto, Shakespeare, Nelson Rodrigues, Licia Manzo, Luiz Mendonça, Ginaldo de Souza, Aderbal Freire-Filho, Amir Haddad, Hélio Eichbauer, Fernando Costa, Jorginho de Carvalho, Luiz Paulo Neném, Kalma Murtinho, Beth Filipeck, somos todos, sem nenhuma reverência distanciosa, companheiros do mesmo ofício (gostaria de que os críticos também estivessem nessa), do mesmo trabalho e eu, ator, sou apenas o funil que despeja tudo isso sobre os sentidos do espectador e...*



*Desculpem-me, agora sei por que a imagem do cu é mais precisa. Afinal, funil não corta, não interrompe, apenas escorre e expõe sem críticas ou autocríticas. Enquanto o cu expele, corta, recomeça, dá pausas, às vezes, sutilmente, predomina o ar ou, quando se trata de um cu complicado, até hemorroidas pode ter...*

*Em resumo, o funil é o ator, o cu, o artista que administra o fluxo criativo tal qual um Picasso com suas próprias vontades e artes.*

**_Tonicu_ Pereira**

Conheci o popular de perto. Levei uma foto minha com Madame Satã para o elenco de *Hamlet* ver, pra provar que trabalhei com ele, porque ninguém acreditava. Contei aos meninos que um dos últimos homens por quem Madame Satã se apaixonou foi por mim, porque eu lembrava um caso dele chamado Magrelo, ou Magriço, que ele cita em sua biografia. Ele me adorava. Andávamos ele, Elba Ramalho e eu; Tânia Alves, também, às vezes, pois era menos necessitada que a gente.



Ficamos amigos e saíamos pra vender os livros dele, pra ganhar dinheiro. E era eu quem fazia as dedicatórias que ele, semianalfabeto, ditava e só assinava. O livro que ele me deu, com dedicatória, foi roubado. Não me conformo com isso. Frequentávamos o Amarelinho[14] e ele me ensinou muitas coisas como, por exemplo, a entrar em cena sempre com meu dinheiro no bolso. Era uma atitude de prisão, você não se afastava de nada seu que pudesse ser roubado. Ele amarrava o dinheiro numa meia e botava o embrulho na cueca. No *Hamlet* eu deixava o dinheiro no camarim, mas, normalmente, peço bolso nas minhas roupas pra botar meu dinheiro.

**Do Texto à Cena**

Em *Hamlet*, a gente estudou umas 12 traduções (eu, particularmente, só li uma, enganando...). Inclusive uma de Portugal e outra feita pela mãe de Bárbara Heliodora[15], que é muito cortada e joga fora muitas coisas. Acabamos usando uma tradução feita pelo grupo mesmo, a partir do texto original, por Aderbal, por Wagner e por Bárbara Harrington , dramaturga americana que dava o suporte em inglês.



Essa nossa tradução não foi feita por um literato. Foi feita para ser falada. Porque você pega

---

[14] Tradicional bar na Cinelândia, centro do Rio

[15] Anna Amélia de Queiroz Carneiro de Mendonça, poetisa, intelectual e feminista carioca. Fundadora, com Paschoal Carlos Magno, da Casa do Estudante do Brasil no Rio de Janeiro

as traduções do mercado e não entende. Nessa montagem de *Hamlet* isso aconteceu mais ou menos por acaso, mas é muito importante ter um ator e um diretor participando da tradução de um texto como o de Shakespeare. A tradução torna-se teatral e não literária.

E a tradução tem que ser informal e popular. O problema é que Shakespeare é tratado, normalmente, por pessoas que não atuam e que agem sobre o texto não com a prática da interpretação, não com a prática do teatro, mas só intelectualmente. Então vira uma obra literária, não teatral. A diferença de nosso *Hamlet* é que ele foi teatral. Como foi teatral a encenação de Amir Haddad também com *Noite de Reis*.



O problema é não dar à peça um enfoque literário. Os críticos têm uma visão ortodoxa e cobram da gente um espetáculo careta. Eles não gostam da informalidade do espetáculo. A primeira crítica de nosso *Hamlet* disse que Wagner estava maravilhoso. Ele é um ator jovem, maravilhoso e produtor também, quer dizer, está num bom caminho. Espero que ele viva muito pra me dar emprego. Afinal, sou um ator de aluguel, não produzo, espero que os outros produzam e me chamem. Mas esse primeiro crítico, por exemplo, disse que o meu rei era tão perigoso quanto doce. Fiz um cara simpático, filho da puta. E o crítico disse que fui me tornando mais filho da puta do que doce. Para outro crítico, do *Estadão*, eu era um rei fraco porque doce. Com certeza ele queria uma cicatriz na cara... É não entender, é querer um chavão. Minha preocupação é com o Brasil. Fiz Shakespeare no Brasil, para o Brasil, com elenco brasileiro.

Assino minha interpretação. Quis fazer o rei Cláudio como fiz e poderia ter feito de mil formas diferentes. Escolhi. Minha preocupação com o fazer, com o acentuar a presença do brasileiro em cena, num teatro brasileiro, é muito grande. Em acentuar a presença do ator brasileiro como eu, sem escola. Do ator que tem esse tipo de formação que tenho, que é nenhuma. O Grande Otelo, o ator popular.



Em *Hamlet* me senti um pouco prejudicado, pois, afinal, fiquei 15 dias sem ensaiar e Aderbal precisava de que meu personagem estivesse decorado. Aderbal e todo elenco, Wagner principalmente, porque era o protagonista e fazendo muito bem seu papel. Então me deram um ponto um mês e meio antes de o espetáculo estrear e viciei nele tal qual cocaína. Quando tive o texto decorado, bom, tive também as maiores dificuldades para largá-lo. Foi uma roubada em que espero não entrar nunca mais. O ponto limita em pelo menos 50%, 60% minha interpretação. Eu me sentia devendo ao elenco uma interpretação solta, cômoda mesma forma que um passarinho voando na floresta. E minha interpretação, pelo menos no início, não estava boa. Estava muito boa pro Seu Zezinho, pra minha exigência, não, sou passarinho e ali, dentro da gaiola, não era um passarinho livre, continuava um passarinho, mas não livre. Isso me deprimia me sentia como se estivesse ganhando bem demais, afinal, estava trabalhando menos com o salário que me pagavam.

**Interpretação**

*A maioria entra em cena,*
*alguns poucos são atores,*
*muito poucos modificam o homem.*
*São os artistas.*



**Tonico Pereira: Ator Brasileiro**

*Conheço Tonico Pereira desde o princípio dos tempos, quando a vida começou de verdade para mim, ocasião em que deixei a casa de meus pais, mudei-me de Mimoso do Sul, minha cidade natal no Espírito Santo, fui para Campos dos Goytacazes, no norte fluminense, cursar o colegial.*

*Em Campos fiz amigos de toda a vida. Éramos um grupo de garotos e garotas adolescentes com os olhos voltados para o futuro, nos interrogando o que seria da vida de cada um de nós.*

*Início dos 1960 no século passado, com o Brasil em democracia plena, crente em sonhos para um país socialmente mais justo, lances logo vetados pela estupidez tacanha do golpe de Estado de 1964, traficância de múmias autoritárias, obra violenta e reacionária de serviçais do poder imperialista da Casa Branca, em Washington, EUA.*

*Mas isso é outra história que aconteceu depois.*

*Meu primeiro encontro com o garoto Tonico Pereira foi antes dessa tragédia medíocre de mentalidades atrasadas da política brasileira.*

*Tínhamos idades próximas, ele um pouco mais novo.*



*Lembro bem. Tonico era de outro colégio. Volta e meia nos encontrávamos no acaso da cidade. Sei que certa vez perguntei a ele o que pretendia da vida. Contou-me que desejava ser ator, trabalhar em teatro, porque naquele tempo não tinha televisão profissionalizada, nem cinema nacional que sustentasse a vida de ninguém. Hoje é diferente. Também pudera, isso foi há quase 50 anos.*

*Sei que na ocasião não levei muito a sério o seu desejo. Fiquei foi preocupado. Considerei falta de juízo. Algo fora da realidade.*

*Verdade é que me enganei e a estrada da vida testemunhou-me o contrário, o que então era impossível imaginar... que Tonico Pereira haveria de se tornar um dos mais destacados atores do elenco nacional.*

*De Campos, alguns de nós fomos para o Rio de Janeiro, outros para Niterói, todos em busca de nossos cursos universitários.*

*Tonico Pereira foi à procura de suas personagens para representá-las.*

*Fiz-me jornalista e crítico de teatro no jornal carioca em que trabalhava, enquanto era aluno da Faculdade de Letras, na Universidade Federal Fluminense.*



*Aí já era ditadura, uma praga de um tempo anacrônico danado de difícil, fedendo a tortura, sangue e medo, espécie de ferida ruim na vida de todo mundo que era jovem universitário. Sarna incômoda no dia a dia de todos nós. Tralha que, entretanto, não nos anestesiou. Trouxe até maior disposição para remarmos firme e forte contra a maré jurássica do regime político vigente no Brasil... no caso de nossa Faculdade de Letras, melhor dizer...* rimarmos contra essa *maré troglodita reinante no país.*

*Uma dessas nossas rimas rebeldes foi o Grupo Laboratório de Teatro criado por colegas da Faculdade com intensa entrega, bons trabalhos cênicos sempre comprometidos com nossas ansiedades por democracia e liberdade.*

*Tonico Pereira juntou-se a nós. Não era aluno de Letras, mas somou-se ao grupo e, desde o primeiro instante, com primorosa vocação, fez-se seu melhor ator, seu intérprete premiado já no espetáculo de estreia do elenco.*

*Diz ele que na ocasião foi elogiado por mim em matéria jornalística que escrevi e publiquei, decerto exaltando a montagem. Tonico sempre me traz essa história generosa – alias, o melhor de Tonico Pereira, se é sua animada alegria, não menos é seu jeito generoso de ser com os amigos – diz ele que fui o primeiro crítico teatral a reconhecer positivamente seu talento. Deve ser verdade, pois não tem vez que me desagrada o trabalho de Tonico Pereira no palco, no cinema e na TV.*



*Gosto imensamente de seu modo de interpretar, construir suas personagens, todo um mundão de personagens bem criadas ao longo de sua carreira de ator.*

*Sou seu fã em torcida permanente a seu favor.*

Gosto de ver seus desempenhos.

Gosto porque gosto dele, do amigo de longa data. E gosto também por sua competência profissional marcante, inesquecível em cada uma de suas criações cômicas, dramáticas ou trágicas.

Tonico Pereira, em seu trabalho de ator, é fiel a uma tradição bastante brasileira da arte de interpretar. Tradição herdeira de gestus presentes em nossos mitos e lendas, em nossas representações circenses e nas festas populares da cultura nacional. Tradição que nos fornece o melhor de nosso elenco no passado e na contemporaneidade.



Um modo de interpretar que parece sempre uma brincadeira feliz, em que a introspecção criadora e o distanciamento crítico se associam, até podemos dizer que naturalmente, ainda que sejam frutos de vasta experiência, trabalho permanente, vivência com garra e prazer na tragédia, no drama ou na comédia.

Lição de nosso Otelo, o Grande Otelo. Lição de Derci Gonçalves e de um punhado de muitos outros atores e atrizes, gente valorosa e valiosa que construiu – e constrói – toda uma grandeza peculiar para a arte de criar e interpretar personagens no Brasil. Magnífico punhado de Pelés e Lulas da brasilidade popular presente nos circos, *nas emissoras de rádio, palcos de teatro, telas de cinema e nas tevês de nosso país e povo.*

*Lição que renasce todas as vezes que vejo Tonico Pereira representando... no palco, em* Viva o Cordão Encantado, *de Luiz Marinho, ou mesmo em* Hamlet, *de Shakespeare; no cinema, em* Memórias do Cárcere, *de Graciliano Ramos; ou na TV, em* A Grande Família, *mais em tudo mais que ele cria – e tantas vezes vi – com sua múltipla habilidade de ator seguro do que é preciso fazer para bem interpretar com esse estilo cênico nacional.*

*É honroso para mim dizer que conheço Tonico Pereira desde o princípio dos tempos. Uma satisfação ser seu fã, somar-me à grande torcida a favor desse valoroso intérprete da cena brasileira com gratos aplausos para ele.* 

*E não é só isso!*

*É Brasil! Viva o Brasil!*

**José Arrabal**

Além de Arrabal, eu nunca tinha falado com crítico até o dia que um deles foi até o meu camarim no *Papa Higuirte*. Até hoje não consigo falar muito bem com crítico. Acho que é uma questão ética de não misturar as coisas. Mas trata-se de uma atitude puritana minha porque essa promiscuidade existe, é normal. Mas procuro não falar com crítico... e quando falo é pra brigar. Quando se faz um espetáculo, se estuda, aprendo muito com os espetáculos que faço, com os personagens que faço. Então acho que quando se apresenta um espetáculo já se tem um embasamento muito grande e uma coisa que não admito é que um crítico diga pra mim assim: *Ó, sua linha tá errada*. Como em *Hamlet*, houve gente que elogiou minha linha e gente que disse que aquilo não era Shakespeare.


Nesse *Hamlet*, o papel que me tinha sido oferecido inicialmente era o de Polônio. Mas Polônio é um personagem que eu já visitava de certa forma há muito tempo, então me interessava fazer um personagem diferente daqueles para os quais sou sempre indicado. Então preferi fazer o rei. Houve alguns problemas, não aceitaram de início e tive que forçar a barra. Eu disse: ... *Faço o rei* e me deram o rei com muitas reticências, pois eu fazia uma leitura muito pessoal do rei. Foi uma leitura entendida por Aderbal, mas, de certa forma, não foi proposta por ele. Quem tem uma visão literária de Shakespeare ou uma visão careta do teatro não entendeu esse meu rei, que mais parecia um bicheiro brasileiro. Mas se uma só pessoa entendeu, podem cem discordar. Tinha muito a questão da postura do rei, mas não gosto de símbolos, não gosto de trabalhar com símbolos, gosto de trabalhar com o ser humano. Pra mim, o ser humano que é rei é o mesmo que pode ser operário, depende das circunstâncias. O ser humano que era rei na África veio pro Brasil como escravo.

As pessoas me cobram um comportamento europeu, coisa que não tenho porque não sou europeu e não quero ser. Não é uma incapacidade, é uma opção ideológica. Minha pesquisa é brasileira, não é outra coisa. Então alguns entenderam e outros acharam que eu não estava na linha certa. O próprio Hamlet fala, inclusive, do rei: *É um bufão, um assassino*... E algumas pessoas não entenderam que fiz isso: o bufão, o escroto... Aí cobraram uma postura clássica. Um disse que meu rei não tinha força pra enfrentar Hamlet, pois era engraçado. Outro disse que o perigo desse rei vinha, justamente, do fato de ele ser engraçado e, portanto, mais perigoso. E é isso o que me interessa, essa contradição, essa dialética. Então dane-se o crítico que não gostou. Mas que ele não cometa erro cultural, porque aí boto o dedo na ferida. Digo direitinho: *Olha, isso aqui é isso por isso*...



No *Cancão de Fogo*, Mendonça tinha uma pesquisa de teatro popular e folguedos brasileiros de bumba meu boi, a linguagem era toda de Catirina (principal personagem feminina de bumba meu boi), etc., e botou um ator fazendo uma mulher. Aí, um crítico, que hoje não é mais crítico, é autor, escreveu que Mendonça tentava *carioquizar* o espetáculo, usando um homem pra fazer mulher. Um crítico não pode dizer isso. Em Shakespeare só tinha homem. Nos folguedos nordestinos, no bumba meu boi, os personagens femininos são vividos por homens. Esse comentário é um erro cultural. Escrevi uma carta pra esse crítico. Uma carta aberta acusando isso. Ele podia não gostar do espetáculo, mas não podia errar culturalmente.



Na história do teatro popular mulher só entra como espectadora. O pastoril, por exemplo, não começa como teatro popular, começa dentro da igreja e termina feito por prostituta. O início do pastoril foi no pátio da igreja pra arrecadar fundos. Tinha quermesse e tinha o pastoril, que era feito pelas filhas de família. A função dele era vender votos para as moças, de modo a arrecadar dinheiro para a igreja. Isso depois passou para a prostituição. Ele se tornou teatro ao longo da história e foi se afastando da igreja, passou pra esquina até chegar ao baixo mundo. E foi muito aproveitado pelo Chacrinha na televisão. As pessoas não se davam conta, mas as chacretes e o velho guerreiro constituíam um pastoril, a estrutura toda do programa era a de um pastoril, com as pastoras e o velho. Porque ele, o velho guerreiro, era nordestino e conhecia muito bem o teatro popular. Mendonça, por sua vez, ganhou o Molière com *Viva o Cordão Encarnado*, que Imara fez, Tânia fez, Elke Maravilha fez, uma porção de gente, um elenco enorme, e era esse tipo de pastoril teatralizado pelo Luiz Marinho, um pastoril já feito por prostitutas.

*Não me proponha a excelência.*
*Eu só ando porque conheço minhas limitações.*

**T...** 

**Hipóteses x Verdades**
Sou capaz de negociar meu salário até a exaustão (verdade); sou capaz de renovar um contrato até ganhando menos (hipótese); até de trabalhar de graça (hipótese); mas em nenhuma circunstância me peça/exija/insinue que eu limite minha criação.

Atores/diretores/produtores, todos têm o poder de me cortar, editar, me mandar embora, mas ninguém teve, tem ou terá (verdade) o poder de limitar meu fluxo livre, a relação que tenho, direta e orgânica, com a interpretação.

**Das Brumas da Dinamarca à Garoa Paulistana**
Vinte e sete de julho de 2008, Fundação Armando Álvares Penteado (FAAP). Elenco de *Hamlet*, direção de Aderbal Freire-Filho

*Eu sou o produtor da peça. O elenco foi, em certa medida, escolhido por mim mesmo, e uma das primeiras pessoas em que pensei foi Tonico. A princípio pensei nele pra fazer o Polônio, mas depois começaram a achar interessante ele fazer o rei Cláudio porque é um personagem que Tonico geralmente não é convidado pra fazer. As pessoas acham que ele tem cara de popular – e justamente por isso o convidei. Seria interessante Tonico trazer essa característica de cara popular, essa escrotidão. Disse-lhe:* Tonico, pensei em você para fazer o Polônio, mas você pode também fazer o rei. *Ele adorou a ideia de fazer o rei e logo ligou pro Aderbal:* Eu quero fazer o rei, eu quero ser o rei.



**Sérgio Martins**

*Desde o começo foi um prazer trabalhar com um ator da categoria de Tonico. É um grande ator, um ator instintivo, selvagem. A primeira vez em que trabalhei com Tonico foi em* Saneamento Básico, *filme de Jorge Furtado. Mas a gente já tinha se conhecido antes, de uma forma muito legal: ele viu um filme que fiz* – Deus é Brasileiro *–, procurou meu telefone, me ligou – eu estava no carnaval em Recife – e disse:* Wagner, aqui quem está falando é Tonico Pereira, a gente não se conhece, estou ligando pra te dizer que assisti ao seu filme. *Eu já era fã dele e com esse gesto de generosidade – eu acho bonito demais um ator mais velho ter um gesto desses com um menino – eu fiquei querendo mais ainda conhecê-lo, querendo ser amigo dele. Algum tempo depois, um dia a gente se encontrou no Baixo Gávea e eu lhe disse:* Você, pra mim, é um dos maiores atores desse país. *E ele respondeu:* Você tá falando sério? *Como se dissesse:* ... Cê tá me sacaneando? *Respondi:* Claro que estou falando sério, não estou brincando. *Então ele fez uma pausa e concordou:* É verdade, sou mesmo.



*Aí ficamos amigos. Ele me chamou pra uma peça, a gente fez o filme do Jorge (Furtado) e eu descobri que ele é o verdadeiro ator* punk brasileiro. *Ele é* punk, *não é daqueles atores revoltadinhos, é um ator que acende um cigarro com a van fechada com todo mundo dentro.*

*Quando descobri que ele fazia cinema apenas lendo a parte dele nos roteiros, pensei: ... Que interessante isso, como é que pode, ele é um artista diferente, acredita, tem um jeito próprio de construir o personagem, as coisas, tem um jeito próprio de ver o teatro, onde entram as referências dele, referências de quando ele começou, antigas, mas que organizam uma forma muito particular de ver o trabalho de ator. Acho que tudo isso enriqueceu muito o nosso processo de trabalho.*

*(Agradecemos a presença amiga de Nil, Carla, Georgiana, Claudinho, Fabinho, Gyllray, Caio, Felipe e Marcelo)*

**Wagner Moura**

**Sobre Hamlet**[16]



*Responder ou não responder, esta é a questão. Melhor não responder, mas, como conviver com essa espinha na garganta e projetar minhas falas até a última fila do teatro que, por sinal, chama-se Casa Grande? É preciso equacionar isso, para que as primeiras filas não achem que estamos gritando e para que as últimas nos ouçam bem.*

*O que pretendo? Algumas reflexões sobre a arte de interpretar, ato que sempre nos remete a grandes artistas como Nelson Freire, por exemplo, que faz da sua interpretação ao piano um acontecimento artístico e com assinatura.*

---

[16] Artigo enviado ao colunista Artur Xexéo, de *O Globo*, em 4/3/2009. Não publicado

*Não sou um ator queridinho do cinema ou da televisão, mas o teatro me ama e eu a ele. São 60 anos de experiências e aprendizados e 40 anos de profissão me fazendo pensar assim. Só o quarto o veículo me proporcionou mais prazer e vivência: a vida, que me presenteou com um personagem chamado Tonico Pereira, que me fez viver as mais delirantes e intensas emoções. Vivo dele, por ele e para ele; é ele que me sustenta no meu dia a dia, do colégio dos meus filhos à moradia, da minha sinuca ao meu vinho. Esta é a persona que fornece subsídios para fazer os outros personagens, no cinema, na televisão e no teatro.*



*Não conhecia Wagner Moura, mas, há algum tempo, ele me proporcionou o incrível prazer de poder elogiar um colega – foi no filme* Deus é Brasileiro. *Sem conhecê-lo, procurei-o pelo Brasil inteiro e fui encontrá-lo, se não me engano, em Recife. Que bom! Eu que não consigo elogiar a muitos tive o enorme prazer de poder fazer isso.*

*Eis que, um tempo depois, ele me convida para fazer o* Polônio *em* Hamlet, *dirigido pelo Aderbal Freire— Filho. Desafiador como sempre sou e, sempre disposto a me dar mais do que mereço, peço para fazer o* rei Cláudio. Polônio *era uma praia já visitada por mim. Eu queria o* assassino, bufão, palhaço, rei de remendos e farrapos *que*

*Hamlet/Shakespeare descreve em seu texto. Penso que quando traduzimos um texto de qualquer língua para o português, devemos optar pela linguagem mais clara e comunicativa que possa existir; afinal, Shakespeare, em sua língua, sempre foi claro e comunicativo ou não sobreviveria às brigas de ursos, cachorros e galos que conviviam no mesmo espaço que as montagens teatrais de sua época. Refletindo agora sobre o* rei Cláudio, *vem a certeza de que o meu trabalho como ator é tornar claro o personagem que interpreto – neste caso – a partir do que ele representa na Dinamarca, criando um paralelo ao que ele representaria no Brasil. Ora, na Dinamarca o poder era o rei, no Brasil não, mas a essência da discussão de Hamlet/Shakespeare para o rei dinamarquês Cláudio – assassino, bufão, palhaço, rei de remendos e farrapos – se aplica aos 500 anos de poder no Brasil como uma luva. Que bom para mim, brasileiro de corpo e pensamento, ter a possibilidade de transformar um rei dinamarquês em um político, matador e corrupto, assim como alguns governadores, prefeitos, deputados, vereadores e senadores de remendos e farrapos. Não faço a caricatura de um brasileiro, faço um brasileiro. Faria, sim, a caricatura de um rei dinamarquês, já que isso não faz parte da vivência deste personagem chamado Tonico Pereira. Viva Shakespeare!, que descreve o poder daquela época na Dinamarca com adjetivos que continuam cumprindo a sua função no poder do Brasil de hoje. Por isso sua obra chega até nós e, certamente, nos ultrapassará porque suas palavras transcendem reis e rainhas, países e línguas e se acoplam ao poder em qualquer época e geografia.*

*Aliás, devo dizer que o meu* rei Cláudio, *também, se inspira no ponto de vista de um O.B., sim, aquele absorvente higiênico que o príncipe Charles desejava ser/estar dentro da vulva de sua amada Camila. Por certo, um momento muito brasileiro do príncipe, o que, sem sombra de dúvida, o desqualificaria para sua carreira de rei (pelo menos na opinião de nossa arrojada crítica do século 19), mas o qualificaria para um cargo político qualquer nesse imenso Brasil.*

*Salve Aderbal, Wagner, Fabinho, Marcelo, Felipinho, Claudinho, Carla, Georgiana, Cândido, Matheus, Caio, Gil, Shakespeare e Tonico, todos nossos companheiros de teatro.*

*O resto é crítica.*

**Antonio Carlos de Souza Pereira**

**Tonico Pereira**

**Da Comédia ao Drama**

*Era o ano de 1979.*

*O Teatro dos Quatro estava produzindo* Papa Highirte, *do Vianinha.*

*Sérgio Brito fazia o ditador exilado (Highirte).*

*Ele e o Nélson Xavier, o diretor do espetáculo, me escalaram para viver o general Perez y Mejia. Existia outro personagem importantissimo na trama: o jovem motorista empregado da casa, que, no final, matava Highirte.*



*Foi aí que conheci Tonico, contratado para fazer esse personagem. Quer dizer, conheci pessoalmente, pois já o tinha visto em algumas produçoes do grupo do Luiz Mendonça e no maravilhoso filme* A Lira do Delírio, *do Walter Lima Jr.*

*Nos demos bem logo de cara. Desde os ensaios e durante todos os nove meses da longa temporada de sucesso.*

*Daí em diante, sempre que nos reencontramos em algum novo trabalho, é como se tudo fosse ontem. Foi assim em* O Cortiço, *de novo com Sérgio Britto e anos depois com* O Doente Imaginário. *E toca a contar episódios desses encontros anteriores e a diversão continuava a mesma.*

*Sim, diversão! Pois com o Tonico é sempre assim: muito trabalho e muita diversão.*

*Tonico, te amo.*

**Nildo Parente**

Eu estava fazendo *O Fado e a Sina de Mateus e Catirina*, espetáculo nordestino com Tânia, Elba, Tetê Medina, Eduardo Tornaghi e Ginaldo de Souza, que é meu compadre e amigo até hoje.

Maria Lúcia, a viúva do Vianinha, e Mimina Roveda foram assistir à peça, não sei por quê. E me escolheram pra fazer *Papa Highirte*, me viram em cena e me escolheram. Engraçado, era para um papel supersensual, supercoisa, e elas me escolheram, elas me achavam parecido com o Vianinha, qualquer coisa assim, não sei.



Esse espetáculo marca uma virada da minha vida, que é a transição da comédia para o drama, ou seja, é a partir daí que as pessoas começam a me levar a sério, como ator sério, se bem que eu não tenha essa característica até hoje. Contudo, a partir daí a crítica me viu com possibilidades de fazer um papel sério. A crítica sempre teve certo preconceito com relação à comédia.

*Em cena de* O Fado e a Sina de Mateus e Catirina

Tive o prazer e a honra de contracenar com Sérgio Britto, que é um homem de uma importância incrível para o teatro. Algumas pessoas achavam que eu não podia fazer o papel por ter iniciado no teatro popular, ter trabalhado com o Mendonça e tal e coisa. Aí estreei e foi um sucesso.

Então e só a partir daí os críticos notaram que eu não era só um comediante.

*Tonico Pereira não é apenas um dos maiores atores do Brasil, é um homem de grande caráter, de uma integridade invejável e um grande amigo. Ele tem um estilo próprio de representar muito atual dentro do teatro brasileiro. A sua maneira de representar enquadra-se numa linha quase poética de enorme simplicidade, direta e comunicativa, sem uma única transigência ao fácil.*



*Em resumo: Tonico Pereira é um craque. Para ilustrar o personagem, queria contar aqui duas historinhas:*

*1. Uma época eu tinha um sítio em Rio das Ostras e resolvi montar um pequeno alambique caseiro. Conseguimos fazer uma cachaça muito boa e o Tonico estava sempre perto pra me ajudar na fabricação. Nessa época estava ele sem emprego e duro, e também ainda bebia (muita cachaça). Me convenceu a tentar vendê-la para conseguir grana. Criou um rótulo bem artesanal cujo nome* era Saudável Corrimento. *Ele e o Stepan Nercessian, que morava na Barra da Tijuca e até hoje é muito conhecido lá, saíam de bar em bar oferecendo o produto. E para provar que a cachaça era de ótima qualidade, em cada bar em que o produto era oferecido, Tonico tomava um copo. No fim da tarde, completamente embriagado, Tonico era carregado pra casa pelo Stepan.*

*2. Durante 25 anos na Paixão de Cristo encenada na rua, no Rio, Tonico fazia o papel de Judas Iscariotes. Na cena que antecedia sua morte havia um texto de mais ou menos 10 minutos. Ao terminar o texto, Tonico era aplaudido sempre, por mais de 30 mil pessoas, estimativa do público presente ao espetáculo sob os Arcos da Lapa. Acho que era o único lugar do mundo em que o ator que representava Judas era sempre muito aplaudido. Presumo que Tonico seja o Judas oficial do teatro de rua do Rio de Janeiro.*

**Ginaldo de Souza.**

**Do Ator ao Diretor**

Desde o Laboratório eu já tinha a ideia do espetáculo e assim também dirijo. Tenho várias direções, algumas muito loucas. A última que fiz , há cerca de dois anos, foi um Machado de

Assis, melhor dizendo, uma adaptação de vários contos de Machado de Assis. Foi uma montagem de fim de ano de alunos da CAL. Já dirigi duas ou três peças pra CAL como diretor convidado, recebendo, é claro, não faço nada de graça. Eles me chamaram também pra escrever no jornal deles, Marina e eu. Dirigi sem ler o texto antes, peguei o texto e comecei já a dirigir. O espetáculo se chamou *Machado de Assis Esta Noite*, nome original da adaptação. Tentei mudar pra *Machado de Assis Pede Passagem*. Durante os ensaios o espetáculo ficou com uma visão carnavalesca, quase que de escola de samba, mas o autor da adaptação não deixou, não viu o ensaio e não deixou. Aí conservei na divulgação o *Machado de Assis Esta Noite* e abri o espetáculo com *Machado de Assis Pede Passagem*, com um ator vestido de porta-bandeira. Assim consegui fazer o que eu queria sem interferir no título do autor da adaptação.



Há uns dez, quinze anos eu já tinha dirigido lá *O Futuro Está nos Ovos*, de Ionesco. Usei a mesma tradução que usamos no Laboratório, mas a direção foi completamente diferente, muito mais louca, com anúncios da década de 1940 (lindos). Fiz uma pesquisa com um cara da Rádio Nacional – a peça é uma crítica ao consumo. Num determinado momento, há uma reunião meio sigilosa. Então, na minha montagem, a reunião ia começando e as pessoas iam indo pra baixo da mesa e a reunião acabava se dando debaixo da mesa e ninguém via ninguém. O espetáculo abria com uma menina, Jacqueline, soltando uma pipa, cortina fechada e ela de sapatinho e uma pipa maquinada acima da cena, era completamente diferente do espetáculo do Laboratório, mas tinha o mesmo espírito.

No teatro já profissional dirigi Leon Goes em *Os Vencedores*, peça argentina de cuja história gostei muito. Foi montada no Sesc Copacabana e no Laura Alvin, há uns quatro, cinco anos mais ou menos. O produtor dessa peça era um diretor da CAL que me propôs a direção – acho que ele tinha brigado com o outro diretor ou o diretor argentino não pôde vir, não sei. Minha direção é sempre a partir do ator, é sempre uma visão de ator do espetáculo, nunca é uma visão clássica de diretor pro ator realizar. É pro ator realizar, sim, mas é a partir do ator. Na CAL participei ainda como ator de *Nostradamus*, produção de Gustavo e Hermes, os donos da CAL , com direção de Renato Borghi. O cenário dessa peça era espetacular, de Cerroni, e trabalhei com uma atriz maravilhosa, Laura Cardoso. Aliás, a gente dividiu o camarim. Laura Cardoso me adora. Uma senhora atriz.

*Em cena de* Nostradamus

*Não somos animais pavlovianos, mas, sim, loucos reflexivos*

*No ator, até a inconsciência tem que ser consciente, aliás, mais consciente ainda por, justamente, estar inconsciente.*

**Aposentadoria**
*O dia vai chegar em que não terei mais forças para entrar em cena.*

*Mas (espero) me restará o suficiente para fazer, com minha experiência acumulada, direção de ator.*


*O panfleto-propaganda já está preparado:*

**Um Artista Rodriguiano**
Todo artista é fundamentalmente um canalha. Quando digo que a biografia é o princípio da decadência e que a minha decadência se dá também nesse aspecto, quero dizer que estou deixando de ser um canalha, pela idade. Mas sou absolutamente hoje um identificador de canalhas, ou seja, um identificador de novos. Sei quem é bom e quem é ruim, quem pode ser e quem não pode ser.

O artista tem de ser um canalha porque ele tem de apresentar o homem e o homem é capaz de tudo. O homem tem a possibilidade de cometer um estupro, de matar o pai, de ter tesão nas próprias filhas e muitas dessas possibilidades se realizam. O artista é um canalha quando ele entende que o ser humano tem essas possibilidades todas e que, em alguns casos, realiza algumas delas.

Todo bom ator é um canalha. Eu até que fui um canalha inocente, porque, quando canalha, brigava muito e isso não é bom pra um canalha, um canalha não deve brigar muito. Hoje identifico Wagner como um grande canalha. É um grande ator, é um grande canalha, embora ele não seja da minha escola. Mas ele 
tem a possibilidade de realizar a canalhice e ao exercer a opção de não realizá-la é até mais canalha ainda, ou seja, de tão canalha que é se livra daquela canalhice por opção. Também não posso deixar de lembrar o canalha/ jovem/ mor, Selton Mello.

Fui um canalha durante algum tempo. Tive três, quatro, cinco mulheres ao mesmo tempo. Porra, hoje não tenho mais, estou deixando de ser canalha, é uma questão de idade, é uma questão de não ter mais físico pra isso, de não aguentar mais fisicamente. Mas hoje sou um entendedor, um identificador de canalhas.

Veja você quanto sou canalha, consigo que as pessoas me identifiquem como não canalha. Veja você quanto a minha canalhice é presente, é real, quando consigo que as pessoas pensem que não sou um canalha e me achem um cordeiro. Isso é de uma grande sabedoria canalhística.

Em outros termos, a canalhice é a compreensão da natureza humana. A obra de Nelson Rodrigues, um grande canalha, é uma obra canalha, ou seja, os personagens são expostos canalhamente e, portanto, humanamente. A grande maioria de artistas tem o discurso do bonzinho. A grande maioria parece que se isenta da possibilidade de fazer qualquer coisa terrível e se dá o direito de julgar os outros. Um ator não julga um personagem, faz o personagem. Pode ter opinião sobre o personagem, o que é uma forma de julgamento, mas fundamentalmente tem que fazer o personagem. Fazer, melhor que defender é fazer, fazer é melhor que qualquer discurso sobre.

*A arte só comporta a honestidade, nunca o bom comportamento*
*Vá à merda!*

**Tonico**

## Pretenso conselho de um pretensioso convicto

*A pretensão é importante no desenvolvimento do homem (sem hipocrisia). Mas na medida certa, sem excesso. Quando ultrapassa o bom senso e se expõe além dos travesseiros torna-se apenas um penduricalho que levaremos através da vida. Vai corromper nossa autocrítica, nos fazendo ridículos, sem noção.*

*Portanto, sem hipocrisia, sejamos pretensiosos, mas não explicitemos nossa pretensão além de nossos recônditos sonhos.*

**T...**

*Em cena de* O Beijo no Asfalto, *com Marcelo Serrado e Nando Cunha*

## Capítulo VII

## Entrando em Todas as Casas

### Estabilidade no Emprego

Entrei na Globo para fazer o personagem Bambolê na novela *O Espigão*. Direção de Régis Cardoso. Foi minha estreia em televisão, chamado por Guta, que naquela época era a única produtora de elenco. Há uns quatro ou cinco anos já vinha sendo convidado pela Globo e não aceitava por questões ideológicas, por não querer fazer televisão. Nesse momento aceitei, entrei e tratei preço pela primeira vez com Fábio Sabag, que me disse: *Tonico, isso é um papel pequeno, coisa pequena, você vai tirar de letra, aceita isso aí.*



Isso me lascou. Na Globo você fica preso ao primeiro cachê eternamente. Aí, pra mudar, pra conseguir ganhar melhor é difícil pra caralho. Hoje é diferente.

No entanto, sobrevivi, de 15 anos pra cá, por causa da Globo. Se eu fosse um ator só de teatro, ou só de cinema, olha, já teria morrido. Foi a Globo que, me dando plano de saúde, me dando apoio, me tirou dois cânceres e um tumor benigno. Quer dizer, me permitiu fazer três operações, fora as hemorroidas, fora o joelho, fora não sei o que. Em suma, a Globo me fez criar as minhas filhas. Quando fiz *Sexo dos Anjos* e precisei operar as hemorroidas, pedi a Talma que conseguisse para mim mais um mês de contrato após a novela, para eu ter o plano de saúde e fazer a operação. Essa operação foi razoavelmente bem-sucedida, mas o melhor dela é que namorei a anestesista. Acho que é meio incomum você conseguir namorar a anestesista de sua operação de hemorroidas. Penso que poucas pessoas tiveram esse privilégio no mundo.

*Tonico Pereira é de uma classe de atores indispensáveis ao teatro, cinema e televisão. É um espécime raro. Penso que atores como ele deveriam viver em jaulas de cristal e só serem soltos na hora do espetáculo. Ao fim da apresentação, todos deveriam ser recolhidos para ser preservados, mas, claro, não para que sejam mumificados, pelo contrário, para que sejam conservados para o resto de suas vidas e das nossas também.*



*É um ator que me encanta profundamente. Já me deu muito trabalho na televisão, mas tem um sorriso, tem um deboche tão característico que você não consegue brigar com ele.*

*Quando dirigi* o Sítio do Pica-Pau Amarelo, *numa temporada de quatro anos, nós nos divertimos muito, mas ele me dava certo trabalho.*

*Novela* Sexo dos Anjos

*Era um elenco muito gostoso e agradável de se trabalhar.*

*Mas acho que onde o Tonico mais se destaca é no teatro. Ele é um ator muito forte e quem contracenar com ele tem de estar atento, porque ele pode explodir a qualquer momento e a peça tomar outro rumo. Ele tem esse dom do improviso e tem o gestual muito pessoal, muito rico e isso faz com que seja um destaque. Ele pode fazer protagonista ou coadjuvante. Considero que os bons coadjuvantes são tão importantes quanto o protagonista, e muitas vezes há coadjuvantes que superam o próprio protagonista.*



*Tenho acompanhado a carreira de Tonico. Ele vai de Molière a Nelson Rodrigues e faz outros autores brasileiros com a mesma picardia, o mesmo non sense, a mesma loucura. Faz um Molière esplêndido, já fez Shakespeare, passa por todas as gamas do teatro e graças ao seu espírito teatral, ele é dono.*

*Acho que os deuses do teatro abençoam aquele grupo de pessoas mais queridas e mais talentosas do qual ele faz parte, pois é uma pessoa encantadora de se trabalhar. Depois que passam aqueles momentos de loucura dele e ele se acalma, é delicioso, é gostoso de se trabalhar, é um pouco fantoche, um pouco manequim e passa nas interpretações uma coisa fantástica. Ele tem um movimento corporal muito bonito. Quando entra em cena o foco das atenções se volta pra ele.*

*Não estou falando do amigo Tonico Pereira, mas do ator que encanta. Sou apaixonado pelo trabalho de ator, eu me comovo com o ator em cena. Ontem fui ver, apesar de minha cadeira de rodas, Sérgio Britto fazendo Beckett. Emocionante. Choro quando vejo Sérgio em cena, quando vejo Ítalo Rossi, Marília Pêra, Fernanda Montenegro, Bibi Ferreira. Eles podem estar fazendo até uma comédia, mas me emocionam. Toca-me o peito ver esses atores maravilhosos.*  *Tive a oportunidade de, ao longo de minha vida – farei 77 anos no mês de novembro e desde 7 anos estou dentro do teatro, do show business –, ver dezenas, centenas de atores brasileiros, sem falar de europeus e americanos, no auge de suas vidas e fazendo grandes trabalhos. Vi Jayme Costa fazendo* A Morte do Caixeiro Viajante, *que, por sinal, foi superior a Paul Newman, que fez o mesmo papel no cinema. Jayme Costa era um ator de mil possibilidades, mas viveu numa época muito fechada para o teatro, havia algumas companhias de teatro, mas o* boom *do teatro só surgiu com o Teatro Brasileiro de Comédia e a companhia d'Os Comediantes. Nós tínhamos no passado grandes grupos amadores, grupos experimentais e só depois de um período no teatro amador se passava para o teatro profissional. Hoje não existe mais isso, não sei se para o bem ou para o mal do teatro. As pessoas muitas vezes entram cruas e o fato de fazerem televisão também faz com que essa passagem seja muito rápida. Um ator despreparado, muitas vezes, vai pro teatro fazer o último personagem que fez na novela, num especial.*

*Voltando ao nosso estimado Tonico Pereira, no cinema ele é grande também, é maravilhoso. Fiz agora o* Veneno da Madrugada, *o último filme de Rui Guerra, uma história de Gabriel García Márquez, no qual ele faz um papel pequeno, mas ele põe a cabeça através da porta aberta e teu foco não sai dali, fica uma enquadração única, eu digo isso a você pra mostrar a minha admiração e meu respeito por esse ator maravilhoso.*



**Fábio Sabag**
1° de agosto de 2008

Em 1975, Avancini me chamou pra *Gabriela* e gostou muito de mim. Gostei muito dele também, ele foi muito legal comigo, me ensinou muito. Porém, no primeiro dia de *Gabriela* me deu um esporro e ganhou outro. Ele tinha marcado uma cena e ido para a cabine. E eu passava a cena, ele mandava repetir e não falava nada. Na terceira ou quarta vez ele falou: *Garoto, você não tá vendo que sua camisa está estourando?* Eu estava com uma camisa branca. Aí respondi: *Garoto, não, Antonio Carlos. E estou cumprindo a marca que o senhor mandou. Se está estourando não é problema meu.*

Aí foi uma parada no estúdio porque ninguém ousava enfrentar Avancini. Era meu primeiro dia de gravação. Aí ele desceu, me chamou num canto e me pediu desculpas. De sacanagem, falei que ele podia pedir desculpas na frente dos outros, seria melhor. Ele deu uma risadinha e começou a me chamar de companheiro e a me escalar.



Em *Gabriela*, o autor, Walter George Durst, não escrevia para mim, não me dava fala porque eu era um figurante. Avancini recebia o capítulo e devolvia, devolveu várias vezes. Ou ele mesmo reescrevia. E sabendo que eu era ator e gostando de mim como ator, às vezes mandava eu escrever um texto, um texto meu, e avisar a ele quando estivesse pronto. Quando eu tinha o texto dava a ele: *Avancini, escrevi isto aqui pra falar*. E ele me dava câmera. E assim Chico Moleza começou a existir, um pequeno papel que Avancini mandou escrever, que muitas vezes eu mesmo escrevi a seu pedido, uma figuração praticamente. A minha vida começa como figurante, Chico Moleza era um figurante e começou a existir e a participar da trama a partir dessa liberdade que Avancini me deu, isto é, de mexer no texto.

Antigamente, o poder na televisão era muito do diretor, era de Avancini, de Daniel Filho, etc. Agora o poder é mais da produção, é uma coisa de estratégia de empresa. Mas, na época, se o diretor, se Avancini, por exemplo, chegasse e a maçaneta da porta não funcionasse, ele cancelava a gravação, tinha que estar tudo perfeito. Hoje a producão não deixa isso acontecer. A turma da produção vai endireitar antes o que estiver errado, do contrário qualquer erro causa um prejuízo filho da puta, um prejuízo enorme.



Assim, quem escolhia o elenco era o diretor e também o autor. Hoje na Globo a produção tem muito mais força que a direção. E não é só na Globo, é na televisão em geral. No cinema isso depende, há filmes autorais e filmes não autorais. Por outro lado, o autor sempre teve voz ativa, o autor hoje na Globo é um dos caras que mais têm voz ativa e é dos que ganham mais também. Se o ator hoje não tiver boas relações com o autor está ferrado.

Geraldinho Carneiro, que é meu amigo e escreve pra Globo, por ser meu amigo e por ser louco, me deu uns teletemas com o papel principal de galã, foi engraçadissímo. Luíza Thomé, por exemplo, foi minha mulher na novela e já tinha sido minha amante numa outra coisa. Foi um dos poucos papéis principais que tive na Globo e devo isso a Geraldinho Carneiro, que fazia isso comigo até de brincadeira, piada. Ele dizia: *Vou botar duas mulheres na sua mão.*

**O dia em que Tonico Pereira conversou com Deus**

*Conheço Tonico Pereira desde o final dos anos 1970, quando ele era, se não me falha a memória (e ela falha muito), uma das estrelas da companhia do diretor Luiz Mendonça, que encenou diversos espetáculos de inspiração popular. A partir de 1989, Tonico e eu ficamos íntimos, por conta do convívio durante a montagem da peça* Lulu (A Caixa de Pandora), *de Frank Wedekind, que eu havia traduzido por encomenda de Maria Padilha. Apesar das qualidades da encenação, o espetáculo foi um sólido fracasso. Provavelmente esse fracasso nos subiu à cabeça e nos tornamos amigos fraternos e companheiros de aventuras físicas e metafísicas.*



*A penúltima, aliás, foi a festa-manifesta chamada* Os Desmandamentos, *que fizemos segunda-*

*Novela* Fera Ferida, *com Luíza Thomé*

*feira passada, 10 de agosto de 2009. Troco em miúdos: o poeta Salgado Maranhão e eu escrevemos um manifesto com este título, contra o abastardamento da palavra poética no Brasil e sua apropriação pelos demagogos. Como queríamos que nosso manifesto fosse um divisor de águas na cultura brasileira, chamamos Tonico para fazer o papel de Moisés, porque, além de suas ligações, dele, Moisés, com o* Pessoal lá de Cima, *o personagem tem* know-how *de fazer com que se abram as águas – pelo menos no Mar Vermelho.*

*O Tonico, como sempre, saiu muito melhor do que a encomenda. Sua entrada em cena, trazendo as Tábuas da Lei mosaica, envergando uma barba de Papai Noel comprada naquela tarde no Saara (não o do Oriente, mas o daqui do centro da cidade), foi do balacobaco. Como se não bastasse, Tonico pediu à sua mulher que lhe telefonasse, assim que ele entrasse em cena, como se fosse Deus Pai Todo-Poderoso, com quem Tonico dialogou ao celular com grande elegância. Não pense, caro leitor, que minha avaliação é hiperbólica, motivada pela proximidade e a admiração pessoal: foi um grande momento da comédia brasileira, só comparável a momentos igualmente sublimes de Grande Otelo. Em suma, foi uma performance do balacobaco.*

*Depois dele, Camilla Amado, Camila Pitanga, Ana Paula Pedro, Cissa Guimarães, Bianca Byington e Giulia Gam, nossas divas pagãs, leram poemas nossos com a graça de sempre, como se sancionadas por esse Sansão (perdão pelo trocadilho involuntário) da comédia, capaz de derrubar quaisquer muralhas de Jericó ou de Jericoacoara e de nos conduzir sempre à Canaã da teatralidade. Evoé, Tonico! Que Dyonisos continue sempre soprando as suas asas!*

**Geraldo Carneiro**



Para melhorar meu salário, que era o pior cachê da Globo na época de *Gabriela*, Avancini fazia um negócio comigo: eu fazia um dia de trabalho e ele mandava anotar dois. Ele era de esquerda e tal e me entendia como um homem de esquerda também. Mesmo assim meu salário continuava sendo o mais baixo.

Por ter entrado mal na Globo, participei muito pouco das sinopses dos trabalhos, sempre fui um ator convidado para um papel que não existia e que passava a existir depois, para personagens que não vinham nem na sinopse.

Depois disso Avancini estava fazendo uma peça de Carlos Eduardo Novaes, produção de Jorge

Haia, e como tinha a maior preocupação de me botar para trabalhar, me escalou para substituir Rui Rezende, que ia sair. Eu tinha saído do grupo de Mendonça porque o grupo tinha ido pra São Paulo. Quando acabou *Gabriela* veio *O Grito* e Avancini me propôs trabalhar na produção, pois não tinha papel pra mim. Respondi que não tinha vocação para a produção, que preferia ficar fazendo teatro. Daí a uns dez dias ele me disse que tinha surgido um papel para mim. Aí fiz um matador que perseguia uma japonesa por causa de contrabando de pó, fui morto e jogado no Tietê. Avancini me botou em *O Pulo do Gato*, outra novela.



A primeira vez em que me vi numa sinopse foi como o Bráulio de *Luna Caliente*, minissérie da Globo de Jorge Furtado passada no Sul. O departamento de elenco da Globo me ligou, pois o diretor estava me chamando. Aceitei, já era empregado da Globo, tinha de fazer e com Jorge Furtado seria um produto bom de qualquer maneira. O resultado foi lindo, maravilhoso. É a adaptação de um livro de um autor argentino feita pelo próprio Jorge Furtado.

**Tonico Pereira. Profissão: artista.**
*O Tonico empresta uma verdade arrebatadora a todos os seus personagens. Acho que nisso consiste a profissão do ator, emprestar verdade.*

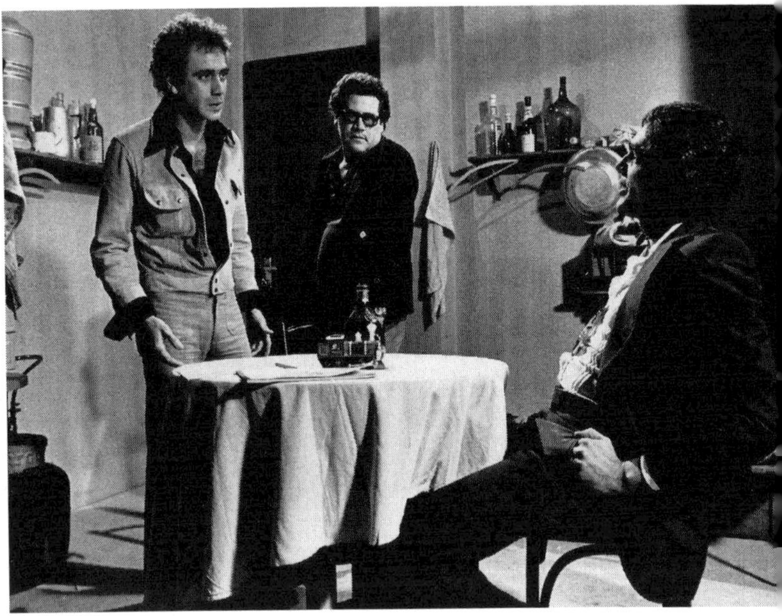

*Novela* O Grito

*Novela* O Pulo do Gato

*Como bem lembrou o Pedro Cardoso, atuar é o oposto de mentir. A mesma verdade que brilha nos olhos do Zé Carneiro ao enrolar Dona Benta, brilha nos olhos de Cláudio, que alerta Gertrudes sobre a loucura de Hamlet, e também nos olhos do chefe Itaparica, que se apronta para jantar o Caramuru. As lágrimas que correm dos olhos do Dr. Bráulio Tennembaum quando descreve a crueldade da tortura, brotam da mesma fonte das do seu Antonio, que ao lado de um velho amigo, ouve música e lembra da infância.*

*A fonte desta verdade, acredito, é a integridade moral do ator, seu senso de humanidade, de*

*fraternidade e de justiça. Bem, isso e uma total falta de vergonha na cara, é claro. É preciso ser muito desavergonhado para expressar tanta verdade em público, na frente de todo mundo. Pior, na frente da câmera!*

*O Tonico exerce como poucos esta mistura gloriosa de integridade e galhofa. Não me lembro de tê-lo visto em anúncios publicitários – talvez tenha feito muitos, não sei –, mas gostaria de vê-lo tentar dar verdade a uma condição de pagamento ou preço. Talvez conseguisse, é um grande ator, mas quem compraria um produto anunciado por Fallstaff? (Todos hão de desconfiar que ele está ali só pelo cachê.)*

*Para amar seu personagem é preciso saber amar sua matéria-prima, a raça humana. Para emprestar-lhe verdade, é preciso conhecer profundamente o instrumento de trabalho do ator, ele mesmo. Conhecimento de si mesmo e fraternidade o Tonico tem de sobra. E é isso que faz dele, além de um grande ator, um artista.*

**Jorge Furtado**
Porto Alegre, 8 de novembro de 2008

Foi muito bom trabalhar com ele e Nora, a mulher dele e produtora. São pessoas maravilhosas, temos uma relação que só não digo que nem parece de cinema porque seria um preconceito. São pessoas maravilhosas e artistas maravilhosos e foi muito bom pra minha vida conhecê-los. Até pedi a Nora, de sacanagem, para ser minha agente. Jorge Furtado tem uma forma de produzir muito própria, que considero excelente. Ele tem uma casa de produção que ele gerencia ali, entre amigos e familiares. Os filmes saem dali com equipes fixas, o esquema é muito fechado e muito interessante, acho que ele descobriu uma forma de produzir muito bacana fora do eixo Rio-São Paulo. Além de fazer um cinema de entretenimento bom, muito bom. O pior trabalho dele é muito bom. Recentemente vi um filme dele sem pretensões e muito bom, que mostra um cuidado grande. Sou fã de carteirinha dele e desse modo de ele produzir. Como filma no Sul, ele leva o elenco pra lá e cria-se um vínculo entre o elenco e entre o elenco e a produção, o que não acontece sempre.

Jorge Furtado e Guel Arraes me escalaram sempre. Guel, na televisão, deu oportunidade a atores que não tinham perfil televisivo, vamos dizer assim, do galã, do bonito. Ele se preocupou mais com uma estética, se é que se pode dizer assim, mais brasileira. Tenho que agradecer a ele por ter recuperado um tipo de ator mais brasileiro, mais comprometido com a estética nacional. Ele tem esse mérito e isso é curioso porque ele veio da França. Ou talvez essa atitude dele venha justamente do fato de ele ter se formado na França e de ter um olhar do Brasil a partir de sua especificidade. Guel levantou muitos atores dentro da Globo que não são galãs, que são atores, bons atores. Deu chance a esse tipo de ator porque a televisão tem uma tendência muito estética, ainda mais agora, com a era da plástica (Não pretendo fazer plástica de jeito nenhum, a única coisa que pretendo fazer é botar uma prótese se eu broxar, até aí vai. Muitos atores, bons atores, fizeram altas plásticas, mas prefiro ignorar essa tendência). Guel foi então uma possibilidade, uma porta que se abriu na televisão. Avancini também tinha isso comigo, já tinha esse tipo de preocupação, mas não ficou muito tempo na Globo. E talvez Guel nem se dê conta de que tem tais preocupações. O irmão dele, que é artista plástico, me disse que no exílio via o Zé Carneiro e que era meu fã. Fatalmente Guel viu também, eles têm idades aproximadas. Então já me conheciam, o irmão de Guel, pelo menos, já me conhecia.

*Tonico e eu tínhamos tudo para não nos entendermos no trabalho. Ele é partidário do improviso e da intuição, eu do estudo e da preparação. Ele se deixa levar, eu tento controlar. Ele é anárquico, eu cartesiano. Eu vivo querendo colocá-lo nos trilhos, já ele faz de tudo para reconquistar sua liberdade. Mas como na dupla de palhaços formada pelo Augusto, que representa a criança, e o Branco, que representa o adulto, já fizemos o público dar boas risadas*[17].



*Ele me contou que uma vez tinha sido acusado de ser um ator "brasileiro demais". Era um comentário pejorativo porque o coloca em opo-*

---

[17] Branco e Augusto são dois palhaços que trabalham em dupla. O Branco é o *sabe-tudo*, o chefe, e, cheio de esperteza e de malícia, tenta sempre enganar seu parceiro. Augusto é o bobo, o dominado pelo Branco e que geralmente o vence até sem querer, fazendo triunfar a ingenuidade sobre a esperteza

*sição ao modelo ideal representado pelo ator americano, mas é claro que ele se reconheceu nele . E é verdade que isso o define bem e é sua grande qualidade. Sua falta de método é um método rigoroso. Seu jeito esculhambado é cultivado com afinco. Seu padroeiro seria Macunaíma, o herói sem nenhum caráter. Sem caráter no sentido que Mário de Andrade deu ao seu herói, de personagem sem uma personalidade congelada porque capaz de viver todas as faces do brasileiro. Que elogio melhor se pode fazer para um ator?*

**Guel Arraes**



**O Sítio do Pica-Pau Amarelo**

Em 1977, entrei no *Sítio do Pica-Pau Amarelo*, criação histórica de Geraldo Casé da TV Globo, pra fazer o Zé Carneiro. Fiz esse personagem por oito anos e ele me sustentou e sustentou meus aluguéis e minhas filhas durante esse mesmo período. Engraçado é que anteriormente eu já tinha trabalhado com Monteiro Lobato e o *Sítio do Pica-Pau Amarelo* numa peça de Mendonça, *As Reinações de Narizinho*, fazendo o personagem Pedrinho.

Entrei pra fazer o Zé Carneiro quando voltei da excursão pelo Norte e Nordeste com Mendonça.

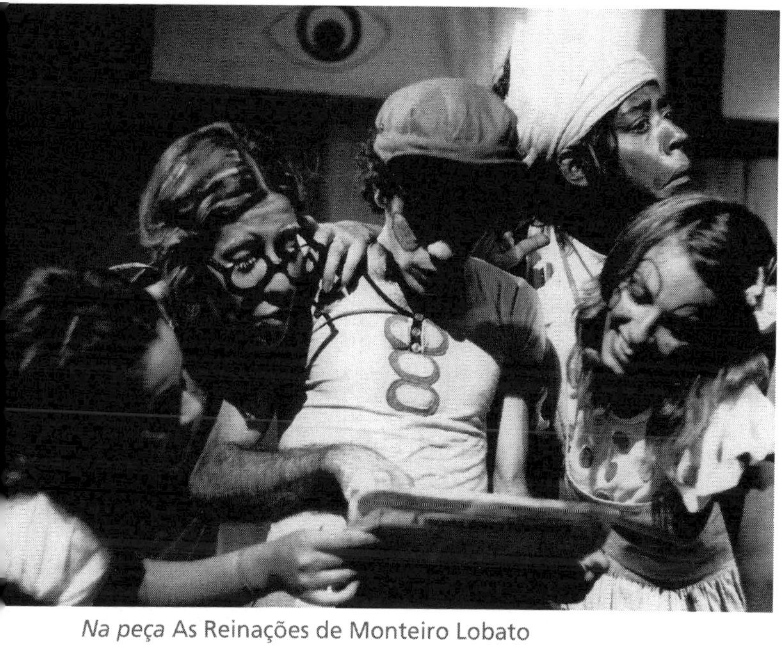

*Na peça* As Reinações de Monteiro Lobato

Era um contrato assinado por dois meses. Gosto de citar um pensador do futebol chamado Neném Prancha que tinha várias frases, como, por exemplo, *se macumba ganhasse jogo, o campeonato baiano terminava empatado*, ou *o jogador deve ir na bola como um faminto vai no prato de comida*. Usei essa segunda frase pra compor o Zé Carneiro. Assim assinei dois meses e fiquei oito anos, o personagem foi um puta sucesso, catapultou minha carreira e minha vida.

Ao mesmo tempo isso me atrapalhou, porque fiquei fazendo só ele em televisão. Em cinema e em teatro fiz outras coisas, mas em televisão era só ele. Não podia fazer outra coisa. E até fiz, houve semana em que eu estava no *Malu Mulher* fazendo uma bicha ou no *Plantão de Polícia*, fazendo um delegado e fazendo o Zé Carneiro à tarde, mas Boni não gostava disso. Não era proibido por contrato, mas não era bem-visto. Nessa época eu tinha contrato só pra fazer o Zé Carneiro, o resto eu ganhava por fora. Agora sou empregado da Globo, quer dizer, tenho um contrato por tempo indeterminado, fundo de garantia, décimo terceiro salário, etc. e tenho de fazer o que eles mandarem. Às vezes é duro, mas eles gostam de mim e sempre dá pra negociar.



Quem me indicou pro Zé Carneiro foi Jaime Barcelos, que eu tinha conhecido em *Gabriela* e que

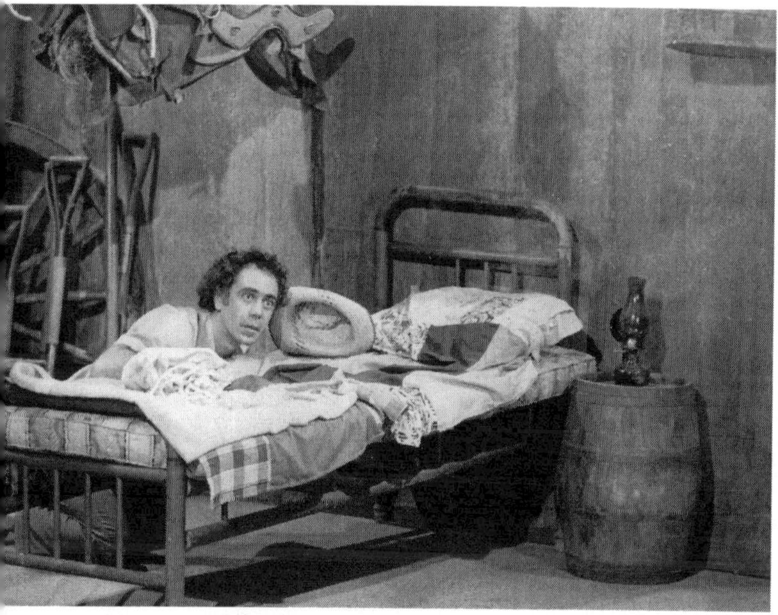

*O Zé Carneiro do* Sítio do Pica-pau Amarelo

*O Zé Carneiro do* Sítio do Pica-pau Amarelo

*Com Gondim e Tânia Alves no* Sítio do Pica-pau Amarelo

*Num episódio de* Malu Mulher, *com Regina Duarte*

ia fazer o Coronel Teodorico. Quem ia fazer o Zé Carneiro era André Valli. Aí André passou para o Visconde de Sabugosa, o Zé Carneiro ficou livre, Jaime Barcelos me indicou e Casé me aprovou.

Aconteceu uma coisa chata nessa época. Eu era grande amigo de Wilson Gray, que fazia o Jeca Tatu, um personagem da obra de Monteiro Lobato. E o Zé Carneiro só tinha o nome de Zé Carneiro, mas era na verdade o Jeca Tatu. Com a ascensão do Zé Carneiro, aí cortaram o personagem de Wilson. Pra minha cabeça isso foi muito ruim, porque Wilson era meu amigo, companheiro, colega de jogar sinuca, de papo. Ele já tinha um nome – é o cara que mais fez cinema no Brasil –, mas eu fiquei chateado porque ele perdeu esse papel.



Tive alguns problemas na Globo, na maioria das vezes por bebida, mas também por outras razões. Uma vez me mandaram embora porque briguei com o diretor que estava cantando Priscila Camargo, que era minha namorada. Eu morava em Niterói e ainda não estava formalmente separado. Mas em seguida uma pesquisa ocasional mostrou que o Zé Carneiro estava com tanto ou mais Ibope que a Emília. Aí eles se *fuderam* e, como eu não tinha telefone, mandaram uma Kombi me chamar, me deram um aumento de 100%, me mandaram pra Bahia pra dar um tchauzinho pro povo e ganhar um troco pra eu poder voltar, e eu voltei. E no final Zé Carneiro acabou se casando com Narizinho porque Marina, minha mulher, e Rosana Garcia, a Narizinho, têm a mesma idade.

Depois saí do *Sítio* porque briguei com um dos diretores. Tive relações muito boas com Sabag, que foi meu amigo até o fim[18], com Boury[19], que é meu amigo até hoje, com Casé[20], que era o diretor-geral e era uma pessoa legal comigo. De Vignati não gostei, fiz *Bent* com direção dele e foi um enorme sucesso também, ganhei muito dinheiro, e fiz A Noite dos Assassinos também com ele e com Bia Lessa, mas lembro que briguei com ele no *Sítio* porque eu era muito leal a alguns princípios. Assim, um dia cheguei ao cenário antes de todo mundo e minha cena era a primeira. Deitei na minha cama e dormi, esperando chegar a equipe. Ele chegou com a equipe, me viu dormindo e foi gravar outra coisa ao invés de me acordar. Ora, eu estava no local, parado lá, esperando, dormindo. Ele começou a gravar, eu ronquei e parou a cena. Aí ele deu



---

[18] Fábio Sabag, 1931- 2008

[19] Reynaldo Boury

[20] Geraldo Casé, 1928 - 2008

um esporro no diretor de estúdio por causa disso. Acordei com o esporro dele e fui pra cima: *Vem cá, por que você não dá o esporro em mim? Fui eu, estou no local de ensaio da cena, ia começar por lá e não começou... e por que você não dá o esporro em mim?* Aí ficou uma e me afastaram do *Sítio*.

**Depois do Sítio**

Em 1987 fiz *O Outro*, com Ioná Magalhães. Já é um papel importante, um papel legal, o *Americano*.

Em 1992 fiz *De Corpo e Alma*. Meu personagem era um favelado, apontador de bicho, casado com Terê, interpretada por Neuza Borges. Terê é negra e o filho deles nasce branquinho. Na verdade as crianças tinham sido trocadas na maternidade e o menino em questão era filho dos personagens de José Mayer e Maria Zilda. Nunca mais vi esse menino, ele era lindo. As cenas foram gravadas na favela.

*Novela* O Outro, *com Yoná Magalhães*

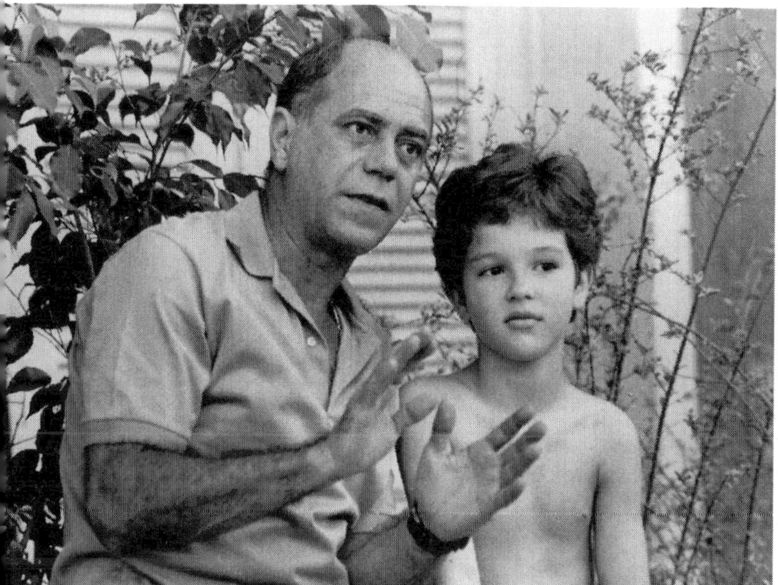

*Novela* De Corpo e Alma

## Capítulo 8

## São Muitos os Perigos Deste Mundo

### Adicto

*Todos os meus vícios eu domei.*
*Todos, menos um, a droga mais forte, que eu não faço questão nenhuma de abandonar, ao contrário, quero ser mais e mais viciado, mais e mais dependente.*
*Afinal, minha droga é mulher.*

Enfrentei o poder algumas vezes, motivado pela minha disposição pessoal e ideológica, é verdade, mas pela bebida também. Sou alcoólatra ainda hoje, é claro, alcoólatra não deixa de ser alcoólatra, se eu começar a tomar cachaça aqui vou virar a noite, vou embora.



Comecei a beber no grupo de Mendonça, comecei a beber mais fortemente, mas, por outro lado, comecei a jantar a partir do *Papa Highirte*, quando comecei a ganhar dinheiro pra jantar na rua. Com Mendonça eu bebia o tempo inteiro, antes, durante e depois do espetáculo. Eu era muito magro, comia muito o Angu do Gomes, na Praça XV, tinha até crédito lá. Ou então disputava na porrinha com Moleza, o cara que vendia o angu lá na Praça XV, se ia pagar ou não. Também tomava muito vinho, depois comecei com a cachaça e comecei a beber de dia, de noite, a qualquer hora.

Houve um dia, por exemplo, em que Tânia Alves, que na época era casada com Louro, um percussionista, me disse: *Tonico, estive na Bahia e trouxe três litros de cachaça. Como você entende de cachaça, vamos lá em casa para você experimentar e dizer se é boa* . Fui, experimentei e tomamos os três litros, o marido dela e eu, a cachaça devia ser boa. Eles moravam na Glória, no Rio, eu em Niterói. Nesse dia, voltando pra casa, virei na ponte Rio-Niterói. Era um fusca, dormi ao volante, encostei a lateral no parapeito da ponte, tirei e dormi de novo e bati de novo, ouvi o barulho, virei com muita sofreguidão e o carro tombou umas duas ou três vezes, carro tombado, cabeça pra baixo, roda pra cima, capotado. E aí, já que estava virado, capotado, e eram quatro, cinco horas da manhã, resolvi dormir no carro, porque não tinha acontecido nada comigo. Pensei: *Ah, porra, já virou, caralho, vou fazer o quê? Não tem o que fazer, não tem ninguém passando aqui*. E fiquei capotado no carro, dormindo no teto do carro virado de roda pra cima. Naquela época não se usava cinto de segurança. Fui acordado pela polícia rodoviária no rádio ao lado do carro, falando *o corpo está não sei o quê, não sei o que lá*, e esse corpo era o meu. Aí abri os olhos e disse: ... *Olha, não estou morto não, estou bêbado, mas não estou morto não*. Hoje em dia eu não resistiria ao teste do bafômetro de maneira nenhuma, se bem que, hoje em dia, quando tomo minhas taças de vinho só ando de táxi e o meu carro é só para levar as crianças no colégio e para viajar ou dar algum passeio descompromissado com bebida.

De quinze anos para cá parei com tudo, principalmente com bebida, que era meu vício maior. De lá pra cá me restrinjo a duas taças de vinho por noite, sempre procurando um vinho de custo-benefício razoável e sempre tentando dar preferência aos nacionais porque já há bons vinhos aqui.



De 90% de minhas bebedeiras não tenho nem lembrança. Mas algumas me ficaram na memória. Eu morava numa ladeira. Morei 20 anos numa ladeira, na Rua João Afonso, no Humaitá. E tinha uma Fiat italiana conversível, comprada de Tarcísio Meira. Um dia briguei com a namorada, saí de casa, peguei a Fiat, desengrenei e soltei. E tinha esquecido a chave. A Fiat trancou e eu bati em três, quatro, cinco carros, sei lá. Só sei que levei meses pagando conserto de automóvel dos outros, porque a batida foi monumental, a Fiat foi batendo até parar e eu estava bêbado, claro. Só me lembro de que o para-choque da

Fiat valia um Volkswagen. Foi uma loucura, gastei uma grana com isso.

Nessa época eu gostava muito de carro, acho que era porque a minha infância pobre não me permitiu ter os carrinhos que os meus amigos e vizinhos tinham. Eu fabricava muito meus brinquedos de carretel, de rolimã, etc. Então, quando tive chance, comprei carro como se fosse brinquedo. Cheguei a ter, nessa época, cinco carros, um *Dodgão* Charger 1976, um fusca também 1976 ou 1972, se não me engano, um Morris 1949, um Renault rabo-quente 1952 e a Fiat italiana, conversível e linda, de dupla carburação, maravilhosa, uma potência, um puro-sangue e o mais engraçado disso tudo era que eu morava numa quitinete. Costumo dizer que não podia nem ficar de pau duro lá dentro porque não dava e, além disso, não tinha garagem. Eu tinha cinco carros sem ter garagem, uma coisa absurda, um exagero total.



Num outro porre, e foi muito engraçado, bati três vezes na mesma noite. Saí da Estudantina completamente bêbado, levando uma namorada e a mãe dela. Entrei na Bento Lisboa, no Catete pra pegar o túnel Rebouças. Só que segui reto, atropelei o Largo do Machado e ali ficou um para-lama do carro. Tirei o carro, voltei, peguei o para-lama, subi a Rua das Laranjeiras e a Cosme

Velho e peguei o túnel Rebouças em direção à zona sul. Naquele roda-moinho da subida do túnel trepei na mureta, foi outra batida, desceu o para-choque mais um para-lama. Finalmente na reta do túnel, consegui bater na lateral e aí o carro não andou mais, e tive de ser rebocado, graças a Deus, acho que foi meu santo protetor. O mais engraçado disso tudo é que, durante todo o tempo, a menina não disse nada nem a mãe dela. Elas não abriram a boca um segundo, tudo acontecia e elas ali, sérias, acho que mais tensas do que sérias, mas em nenhum momento pediram pra descer ou que eu parasse de dirigir.

De outra vez eu estava bêbado e bati também, mas não fui culpado, quer dizer, penso que não. Foi no Aterro do Flamengo. Era uma sexta-feira à noite, eu tinha um Opala cinza, duas portas, que não era pintado, só tinha o *sulface*. Eu adorava aquela cor de *sulface*, que é uma base que se dá antes de pôr a tinta definitiva e que, inclusive, sai. O cara ia pintar o carro e quando estava no *sulface* eu disse: ... *Essa cor eu gostei, deixa assim*. Ele respondeu: ... *Mas o carro não está pintado*. E eu insisti: ... *Mas deixa assim mesmo que eu quero assim mesmo*. Ficou no *sulface*. Então, depois de brigar com uma namorada, eu vinha pelo Aterro e andando bem. Era uma época em que os postos fechavam na sexta-feira e só abriam na segunda por questão de racionamento. De repente, entro numa semicurva daquelas e tem um carro parado na minha frente. Fui tentar tirar pra direita, tinha um carro do meu lado à direita e pensei: ... *Bom, não tem jeito, o jeito é bater*. Bati, meu joelho chegou no queixo. Os guardas chegaram, era a época do Zé Carneiro, eles me reconheceram e começaram a me sacanear: *Dou R$ 50,00 no carro, você quer, Zé Carneiro?* Eles tinham me reconhecido como ator de televisão e queriam me sacanear. O carro tinha parado em cima do jardim do Aterro, naquela pista divisória. Respondi: *Meu irmão, com R$ 50,00 eu faço é isso.*

Tirei o paletó, botei fogo nele, joguei no carro e falei pro guarda: *E tira a joaninha daí..., porque o tanque está cheio, esta merda vai explodir*. Falei isso enquanto vomitava também, foi uma coisa, um ato conjunto incrível, era uma cena dificil de ser construída por um cineasta. Quando eu disse *tire a joaninha daí*, eles tiraram a joaninha, voltaram para apagar o fogo do carro e daí em diante me trataram como louco, como maluco, e, não tenho dúvidas, eu era maluco. Era uma época corajosa que hoje não existe mais, não tenho mais condições físicas para isso.

Trabalhei muito tempo tomando uma garrafa de cachaça por espetáculo e espetáculos importantes. Na minha estreia em *Papa Highirte*, por exemplo, tomei uma garrafa de conhaque. Vanda Lacerda, excelente atriz, era presidente do sindicato e estava lá. Quando ela entrou no camarim para me cumprimentar, disse: *Tonico, que bom que você parou de beber, trabalho maravilhoso!* Porque, de fato, esse trabalho foi o ponto-chave na minha carreira, associado a outros, claro, mas o ponto-chave. Respondi: *Vanda, tá vendo aquela garrafa de conhaque ali vazia? Acabei durante o espetáculo. Não parei de beber, continuo bebendo e fazendo o meu teatro, nunca parei de fazer porque fiquei bêbado.*

De repente me dei conta de que era alcoólatra.  Foi quando parei de tomar cachaça e passei a tomar chope. Na primeira vez, tomei uns 60 chopes e não me aconteceu nada porque estava acostumado a tomar cachaça, chope era água para mim. Mas a partir de certo momento comecei a passar mal depois de tomar um chope só, como se estivesse envenenado. Fui ao médico e estava diabético. Alcoólatra já era, já sabia que era, todo mundo sabe. Isso faz uns 16 anos. De lá pra cá eu tomo vinho, duas taças de vinho, três, quatro. Frequentei o AA, os Alcoólatras Anônimos, mas só por três sessões. Odeio seita e grupo, o último grupo formal meu foi o de Mendonça, ou melhor, o Laboratório.

*Adoro vinhos, mas meu interesse neles é muito específico, ou seja, procuro os de custo-benefício equilibrados, que me satisfaçam simultaneamente ao bolso e ao gosto.*

*Donde se conclui que sou um bebedor de vinhos com capacidade financeira apenas para beber cachaça (da barata).*

*Salve os vinhos B&B (bons e baratos!)*

No Rio vim descobrir a maconha e o pó. Foi muito engraçada a primeira vez em que puxei um fumo. Estávamos nas barcas, atravessando do Rio pra Niterói, Cássio Pzevodowski, um amigo do grupo Laboratório e eu. Cássio me deu um cigarro de maconha. Eu morava na Paulo Alves, na pensão da Dona Grisélidia. Aliás, ontem, fui na Grampiso, uma firma enorme em Niterói, comprar mármore para a obra de minha casa. Mais tarde recebi um telefonema: *Tonico, aqui é Márcio*. E eu: *Que Márcio?!... A gente morou junto na Dona Grisélidia*, ele respondeu. E eu: *Cara!*. E ele: *Eu sou o dono da Grampiso e o pessoal me disse que você veio aqui. Eu acompanho sua carreira há 40 anos*. E do fundo da memória me veio Márcio, os beliches, Dona Grisélidia, que me deu uma panela de pressão no meu casamento, o bairro do Ingá. Márcio disse que se eu comprar lá vai me dar preços legais, etc. É uma loucura, a gente morou no mesmo quarto e não nos vimos mais. Engraçadas as coincidências, ele é um empresário bem-sucedido e vamos nos reencontrar desse jeito. E eu que não sei o sobrenome dele? Márcio de quê? Acho que nunca soube e ele também não disse. A gente precisa se ver. Quarenta anos...

Mas, voltando à história da maconha, Cássio me deu o cigarro e fomos da estação das barcas pra casa a pé, cortando pelo centro de Niterói e subindo a Rua São Sebastião, uma rua escura que depois descia, era um morro urbanizado, onde morava Cássio, no Edifício dos Bancários. Depois eu continuava pela Paulo Alves até perto da praia do Ingá, onde ficava a pensão. Deixei Cássio diante do edifício dele e pensei: *Vou fumar essa porra*. Entrei na Fagundes Varela, outra rua escura à esquerda, e logo depois da esquina havia uma casa de muro baixo, tudo apagado. Sentei no muro e fumei o cigarro de maconha. Tempos depois passei diante dessa casa de dia e vi que era uma repartição da Polícia Federal. O lugar que escolhi pra fumar meu primeiro baseado, numa época em que todo mundo era perseguido, era um prédio da Polícia Federal.

Para minha geração, o fundamental era a politização. A droga funcionou como uma forma libertária de expressão da impossibilidade de um caminho político melhor. A gente foi, a gente acabou indo para as drogas e tal e coisa. Longe de mim considerar que é uma boa coisa, não acho legal, mas acho sim que a droga deveria ser legalizada, a hipocrisia do não legalizar é uma sacanagem. Acho que a população e os políticos podiam tomar isso mais em mãos. Afinal, do jeito que está, a droga só atinge fins escusos. E, por meio da arrecadação de impostos sobre a venda legalizada, seria possível pagar o tratamento de drogados. Do jeito que está, a droga representa apenas um ônus que a sociedade tem de pagar, seja a saúde, seja a violência.



Hoje sou um aposentado. Faz 15 anos que não uso drogas nem bebida, só tomo vinho, duas taças de vinho por dia, ou melhor, por noite. Quanto às drogas, parei com tudo. Ninguém pode me chamar de careta, sou um aposentado. Por outro lado, como a droga é ilegal, quando você compra está comprando de um traficante e está sustentando a violência, imprimindo na vida de uma cidade um aspecto bastante violento. É por isso que quero a legalização.

Não consigo parar de fumar cigarros e o cigarro é também uma droga horrível. O fato de não conseguir largar este vício e estar aqui com esta voz rouca, sentindo que isso diminui meu espaço me deprime muito. Já fiz uns 50 tratamentos, até psiquiátrico, até acupuntura e não consigo parar.

Briguei muito, briguei na rua contra injustiças, injustiças sociais sempre me incomodaram muito. Se uma pessoa tratava mal um garçom num bar eu era capaz de brigar. Por outro lado, sempre fui bom de briga, mas nunca briguei com ninguém mais fraco que eu, sempre bati em pessoas mais fortes. E não brigo com bêbado, jamais consegui bater em alguém que estivesse fragilizado. Na minha vida pessoal e na profissional sempre tive preocupação com a injustiça. É uma coisa que me irrita profundamente e na nossa classe há pessoas que não entendem, que podem, por exemplo, tratar mal um garçom, tratar mal uma pessoa mais frágil. Quando tratei mal alguém, tratei mal o poder. Já briguei muito, mas jamais com uma pessoa mais fraca que eu, nunca consegui cometer uma covardia.



Mas já encarei brigas pesadas, já encarei gente muito mais forte que eu, às vezes até a polícia no Rio, há tempos, há vinte anos. A polícia me parava e mandava eu pegar meus documentos. Nessa época eu usava bolsa. Pois eu pegava minha bolsa e jogava no chão tudo que tinha dentro, dizendo: *Olha aí e vê se acha alguma coisa, mas na minha bolsa não bota a mão, é meu direito*. Eu fazia essas loucuras.

## Capítulo 9

## Afinidades Eletivas

Na nossa profissão a possibilidade de elogiar é tão ínfima, tão pequena, que quando acontece dá um prazer enorme, não só para quem recebe o elogio, mas, sobretudo, para quem elogia. Nelson Xavier tem uma cena maravilhosa no *Rainha Diaba*. Milton Gonçalves tem uma cena maravilhosa num espetáculo de Mendonça, *Farsa da Boa Preguiça*. São coisas que ficam na memória da gente. Mesmo porque, quando falo de um grande ator, quando falo de um grande trabalho de um ator, isso se refere em geral a um filme, a uma peça, mas, o específico, a grandeza do trabalho, às vezes acontece num segundo só. Tive o privilégio de ver alguns segundos em que alguns atores foram deuses, como tive, também eu, meus momentos de deus: em *Bent*, em *Papa Higuirte*, em *O Fado e a Sina de Mateus e Catirina*, por exemplo.



**Pessoas que me influenciaram (até meus 60 anos) com seu talento, comportamento e/ou amizade, portanto, verdadeiramente meus patrocinadores, que nunca exigiram contrapartida:** *Grande Otelo, Oscarito, Paulo José, Milton Gonçalves, José Carlos Gondin, Otávio Augus-*

*to, Eliana Regina, Nelson Xavier, Wilson Grey, Paulo Gracindo, Maurício Farias, Lima Duarte, Nildo Parente, Chico Anísio, Walter D'Ávila, Lúcio Mauro, Jô Soares, Marco Nanini, Chaplin, Marieta Severo, O Gordo e o Magro, Andréa Beltrão, Irmãos Marx, Ginaldo de Souza, Imara Reis, Stepan Nercessian, Walter Avancini, Gonzaga Blota, Grupo Laboratório de Teatro da UFF, Reinaldo Boury, Tânia Alves, Luiz Mendonça, Grupo Chegança de Teatro, Amir Haddad, Ilva Niño, Aderbal Freire Filho, Suely e Fernando Gualda (onde tudo começou), Elza Soares, Stênio Garcia, Fernanda Montenegro, Fernando Torres, José Arrabal, Oswaldo Louzada, Renata Sorrah, Armando Bógus, Marina Salomon, Jaime Barcelos, Ary Fontoura, Zilka Salaberry, Fábio Sabag, Pedro Paulo Rangel, Tony Ramos, Jofre Soares, Guel Arraes, Nelson Pereira dos Santos, Walter Lima Jr., Sérgio Rezende, Geraldo Casé, Gianfrancesco Guarnieri, Eugênio Kusnet, Cláudio Marzo, Paulo César Peréio, Antônio Pedro, Hugo Carvana, Cláudio Corrêa e Castro, Régis Cardoso, Joana Fomm, Jorge Furtado e Nora, Raul Cortez, Débora Duarte, Laura Cardoso, João Nogueira, Tim Maia, Alceu Valença, Elis Regina, Picasso, Nelson Rodrigues, Van Gogh, Ariano Suassuna, Hermeto Pascoal, Dirce Migliacio, Daniela Pereira, Thaia Campos, Nina Sofia, Antonio Nicolau, Doutor*

*Hécio Bruno, Doutor Rui Pinto, Doutor Osvaldo Tavares, Seu Xixi, Seu Custódio, Paulinho Tâmega, Maria Amélia Pinto, Godofredo Pinto, Papai e Mamãe, Mário Barbeiro, Luiz Antonio Nunes, Hecinho Bruno, Jorge Paes, Tio Juca, Tia Bezinha, Tio Antoninho, Tia Ruth, Vovô Valdy, Dindinha, Mãezinha, José Perlingeiro.*

*Didi – Príncipe etíope, campista como eu e jogador do Goytacaz.*

*Que me perdoe Nelson Rodrigues (meu patrocinador dos maiores), mas vou discordar: nós não deixamos de ser vira-latas, ao contrário, nunca fomos tão vira-latas, só que provamos que nós, vira-latas brasileiros que somos, verdadeira síntese da não raça, da miscigenação, pode vencer, triunfar diante de qualquer raça de cão fabricada pela pureza nazista. Salve os vira-latas, raça a que me orgulho de pertencer.*

*E, por fim, Garrincha, o homem que tem o maior título que um homem pode alcançar. Ele não é rei, não é príncipe, xeique, conde, doutor. Ele é, simplesmente, a alegria do povo, corpo e alma de brasileiro, bobo da corte maior de um império de vira-latas.*

*E viva Macunaíma!*

*Conheço o Tonico há mais de 20 anos. Entre 1978 e 1988 fiz fotografia de cena, mas nunca trabalhei com o Tonico no cinema, nunca fiz um filme com ele. Leda, minha mulher, sim, (Leda Borges) trabalhou com ele. Ela é atriz, fez* Calabar, *por exemplo, foi divulgadora de teatro, foi secretária de produção de cinema. Aliás, foi por causa dela que eu conheci Tonico. Mas conhecer mesmo pra valer eu só conheci quando a gente montou aqui o restaurante no Largo dos Leões, o Policarpo, e ele começou a vir sempre porque ele morava aqui perto e é amigo da Leda. Aí foi que a gente começou a se conhecer mais, mais intimamente, mais no dia a dia... e eu acho que, antes de mais nada, ele é um tremendo de um ator, ele é um ator nato, ele é um ator que se não fosse ator tinha que ser ator... e é um ator tipicamente brasileiro, tem a alma do povo brasileiro. Ele tem tanto a vida urbana como a vida de cidade do interior, pelo fato de ter nascido em Campos, de ter visto a indústria canavieira, quer dizer, de toda aquela situação de Brasil de década de 1950. Por incrível que pareça, o americano o definiria como* self-made man, *mas ele é o* self-made-man *mais antiamericano que eu conheço.Tonico é exatamente avesso ao sucesso, eu acho que ele é um cara extremamente simples no jeito de ser, no jeito de andar, no jeito de falar, e muito preocupado com o bem-estar das pessoas. A gente percebe que o Tonico é amigo dos amigos. Além disso, todo mundo reconhece ele, e ele tem muita paciência quando alguém se aproxima e tenta falar com ele ou fazer um elogio. Tem a maior paciência em receber o público que o admira, sempre com a maior educação. Eu tenho um grupo de amigos que frequentam o Policarpo, uma é geógrafa do IBGE, outra trabalha na Fundação Getúlio Vargas, outra é consultora do Sebrae e, volta e meia, a gente senta na mesa aqui e ele acaba sentando na mesa com todo mundo e partilhamos aquele momento, todos da mesma turma... e eu acho que é isso, essa proximidade dele com o povo é que faz dele a grande pessoa que ele é, pessoa que pode fazer qualquer tipo brasileiro, desde o mais humilde ao corrupto mais sofisticado. Eu acho que qualquer um que ele queira fazer ele vai fazer muito bem, porque está na alma dele.*



**Luiz Gennari**

**Sincretismo Racial: A Esperança**

*Não entendo o ser humano dividido e enquadrado por raças. Até mesmo acho menor qualquer ação ou comportamento que se inicie a partir desse pensamento que, em si, é segregador e preconceituoso; brote ele da imaginação de um ser humano de qualquer cor. Quero amar e ser amado pela cor vermelha essencial e única do nosso sangue, pois a pele é apenas uma etiquetagem menor de um produto pleno, nós, o Homem.*

**Ator bom/jogador bom (vai lá, menino, a bola é sua)**

Gosto de gostar, *ver um ator bom em cena é o deleite máximo de que, acidentalmente, um ator como eu pode desfrutar.*

*Mas, confesso, tenho dificuldades em vê-los no cinema/teatro/televisão.*

*No teatro, particularmente, só me restam duas opções (no futebol também): gostar e ficar com inveja ou odiar e querer ir embora.*

*Eu gosto de atuar, eu gosto de jogar lado a lado com o ator/jogador bom e daí escolhê-lo sempre para meus elencos e pros meus times de pelada.*

## Capítulo 10

## Precisa que Haja Vento sem Parar

Será que sou feliz? Tenho filhos, que são fatores de felicidade, mas feliz... sei lá, acho que já penso o suficiente pra tornar difícil a felicidade. Uma das frases mais burras que conheço, e que vejo muito em entrevistas, é *eu não me arrependo de nada do que fiz na vida*. Ora, eu me arrependo de quase tudo que fiz na vida. Acho que isso é um sintoma de inteligência e o contrário seria um sintoma de burrice. Como é que posso não me arrepender de nada na minha vida se só fiz merda? Claro que me arrependo.



Acho que o fator maior de felicidade, para mim, é o fato de eu ter filhos. Agora tenho até um homem. Outro fator é ouvir a palavra *ação* e começar a interpretar no cinema e televisão, é dar uma pausa numa vírgula qualquer no teatro... isso tudo configura momentos de felicidade, mas feliz ninguém é, eu acho, precisa ser muito burro pra ser feliz o tempo inteiro.

Agora, se me perguntam se eu estou satisfeito já é outra coisa. Vou falar uma bobagem, mas nasci nu e estou vestido, nasci não dono e sou dono, então a minha vida se modificou. Levei muito tempo, por exemplo, pra ser proprietário, fiz análise pra comprar meu primeiro apartamento... isso faz dez anos, eu não conseguia comprar um apartamento até que esse analista me fez ver que o ator que eu era não podia morar num apartamento alugado e tive de comprar um apartamento e perder o grilo de ser proprietário. E comprar a crédito, eu não comprava a crédito. Por outro lado, passar a comprar a crédito foi um grande mal pra mim, pois estou devendo muitíssimo atualmente, preferia não dever. Mas, de certa forma, não estou estagnado, eu me locomovi, mudei, vivi, vivi muito... aliás, muito. Tive privilégios incríveis na minha vida, como, por exemplo, trabalhar com Madame Satã, conhecer Madame Satã.



Quando eu saí de Campos, com 16, 17 anos, as pessoas me preveniam *cuidado com Madame Satã*. Ele era um mito da Lapa, tinha fama de comer os garotos à força – e ele era passivo, nunca foi ativo! Em Campos corria a lenda de que ele obrigava os garotos a comerem ele. Aí eu chego ao Rio e trabalho com ele!

Outro fator de satisfação é a pausa. É bom pausar, pausar é uma felicidade, ou seja, é um exemplo de felicidade interpretativa. Saber pausar é delicioso, isso me faz feliz, é quase que como uma trepada com preliminares, não ser tão objetivo.

## Capítulo 11

## Amor é para Sempre

**Olha pro Céu, Frederico!**

*Nunca deixei uma mulher pelada (ou com a possibilidade de ficar...) para jogar uma partida de futebol.*
*Só por isso não fui um jogador de sucesso.*
*Não me arrependi.*

Não gosto de trepar objetivamente, gosto muito de variações. Por outro lado, aprendi com Antonio Pitanga, uma pessoa que admiro muito, que um cavalheiro não tem memória. Assim, prefiro que as mulheres falem de mim, não falo delas.



Fui apaixonado por todas as mulheres que tive. Fui apaixonado por todas as mulheres com quem tive uma vida chegada e mesmo por aquelas com quem simplesmente trepei. Pra trepar eu justificava de uma forma estranhíssima, era capaz de me apaixonar por uma puta pra trepar porque precisava do estado de paixão. Por isso tive muito romance com puta, o que não me isentava de pagar, mas eu precisava de um estado de romance. E geralmente não podia dividir a puta, o que era engraçadíssimo, porque já estive em puteiros com amigos e quando um deles queria certa mulher, eu dizia: ... *Não, essa aqui é mi-*

*nha, não divido, enquanto ela estiver comigo é minha*. Aliás, se saio na rua com uma amiga e ela der mole pra uma pessoa vou ficar furioso. Porque ela está comigo, está acompanhada por mim, tem que me respeitar, ora, mesmo que não seja minha namorada, que é isso, cara, sou antigo, não é machão não, é antigo. Ainda sou da época na qual uma mulher que estava acompanhada por um homem, num baile, por exemplo, tinha de respeitá-lo. Marina é uma excelente dançarina de salão, a gente vai aos bailes e ela dança com os outros. Não dança comigo, mas as pessoas vêm à mesa e me pedem licença. Adoro ver Marina dançando, é um dos momentos mais bonitos dela quando ela dança dança de salão. A gente vai dançar na Estudantina, no Circo Voador, em vários lugares. Marina é profissional, ia pra São Paulo e levava o sapato de dança. Marina dança com outras pessoas na boa desde que me respeitem, que não seja uma paquera, por exemplo. É dançar-dançar, assim como eu interpreto e ela não vai me cobrar ciúme disso. Sou capaz na interpretação de beijar tanto um homem quanto minha filha.



Freudianamente falando, o homem é essencialmente libido, não é? Já morei em Brasília por causa de mulher, já dirigi mulher pra televisão pra ela ganhar a guerra – e elas nem reconhecem, acham que ganharam sozinhas e depois conhecem outras coisas. Elas nem notam minha dedicação, geralmente sou um cachorro vira-latas ou um rufião. Rufião é um cavalo-pangaré. O pangaré seduz a égua puro-sangue, mas na hora de trepar pegam o garanhão puro-sangue e botam no lugar dele porque o garanhão puro-sangue não sabe levar a égua ao estado necessário. Eu me comparo ao rufião e ao cão vira-latas, sou um preparador de mulheres pro mundo e um vira-latas, no sentido carioca.

Minha relação com o ofício de ator é muito próxima e muito diferente da que tenho com as mulheres. Quando estou atuando, de certa forma estou amando. E, quando estou amando, geralmente não estou atuando. Então, entendendo o amor como amor carnal, a relação mais pura é a relação de amor. Minha entrega sexual é muito forte, gosto muito dela, ela me é muito necessária e já me frustra um pouco hoje em dia, já estou quase precisando tomar um viagra pra tocar uma punheta.



É claro que hoje eu mais olho do que faço, mas o meu desejo sempre foi muito forte, meu desejo sexual. Talvez eu até tivesse sido menos prejudicado e estivesse hoje melhor de vida se a libido não fosse tão importante para mim. No dia em que a libido acabar vou ser – talvez, quem sabe, é uma incógnita – mais artista, pois ela vai interferir menos na minha vida e na minha obra, mas acho a interferência dela hoje legal e necessária. Mas não sei, de repente pode ser que eu me libere de uma série de coisas.

Na verdade, eu brinco com essa questão de a minha libido ser tão importante pra mim, brinco com o fato de as pessoas dizerem que tenho pau grande. Não construí imagem nenhuma nesse sentido, mas boca dos outros ninguém segura e não sou eu quem vai segurar, mas o fato exato é que sempre gostei e gosto muito de trepar. Tive várias mulheres, algumas muito importantes, dentre as quais citaria Eliana, que foi muito importante, que me deu as primeiras filhas, mas a última é sempre a mais importante, então Marina hoje é a mulher mais importante de minha vida. Ela está comigo já há um tempão, com algumas interrupções – período que ela não considera, mas eu considero. A gente se separou umas duas ou três vezes, ela acha que não, eu acho que sim.

Fundamentalmente, acho que um homem atinge a maturidade se ele conseguir superar – se não conseguir não vai atingir a maturidade – a experiência da *cornitude*. Se superou, o homem virou homem.

No meu fim de vida eu adoraria ter todos os meus filhos em torno de uma mesa enorme, como na casa de meu avô, eu sentado, nenhuma mulher... e todos os meus filhos. Se, de repente, eu descobrisse que tinha outros filhos, outros filhos que não registrei, os acolheria com o maior carinho, com a maior vibração.

**Só tive filhos de sagitarianas**
*Eu trepo certo, através de um pau torto...*

**Tonico Pereira**

Primeira peça curta



Cenário: balcão do finado teatro Delfim, Humaitá, Rio de Janeiro.

Data: há certa confusão mental a respeito.

**Personagens**

Tonico, Caíque, atriz/diretora e jovem moça.

*Após um ensaio, tarde da noite, jovem moça assustada corre até Caíque para avisá-lo de que a atriz/diretora está tendo uma séria desavença com Tonico na plateia superior. Caíque sobe as escadas correndo e tenta tirar Tonico de cima da atriz/diretora.*

TONICO – Eu vou acabar com ela, eu vou matá-la.

CAÍQUE *(tentando puxar Tonico)* – Vai nada, que bobagem, deixa disso.

ATRIZ/DIRETORA – Pode deixar, Caíque, está tudo bem.

*Em meio ao tumulto, Tonico levanta, muda o tom e o discurso.*

TONICO – Então, Caíque, você me mata! Agora!

CAÍQUE – Matar você?



TONICO – É. Me mata.

CAÍQUE – Como?

TONICO – Sei lá, improvisa.

CAÍQUE – Não estou com vontade de te matar, esquece.

TONICO – Então eu vou me matar.

CAÍQUE – Como?

TONICO – Vou me jogar daqui de cima do balcão.

CAÍQUE – Um momento, guentaí.

*Caíque vai até o limite da plateia superior e olha para baixo. Observa que a altura é mínima e chama Tonico que se aproxima.*

CAÍQUE – Olhe só, é muito baixo. Se você se jogar, vai acabar quebrando uma perna e dando o maior trabalho para nós todos.

TONICO *(olhando com atenção e seriedade)* – Você acha mesmo?

CAÍQUE – Tenho certeza. É uma alturinha de nada.

TONICO – Então vamos no botequim beber.



CAÍQUE – Certo.

*Pano rápido.*

Segunda peça curta:

Local: palco do teatro Clara Nunes.

Peça: Cara ou Coroa, grupo Navegando, teatro para jovens, texto e direção de Lúcia Coelho, texto e música de Caíque.

Data: nebulosa.

**Personagens**

Tonico – no palco; Lúcia Coelho e Caíque – na plateia.

Antecedentes: um dia antes, no sábado, Tonico tinha discutido asperamente, após o espetáculo, com a atriz/diretora que contracenava com ele. Nesta cena, Tonico era um rei que acabava de se separar de sua rainha, para tristeza dos dois. Ficamos sabendo, sem problemas, que a atriz/diretora não iria, compreensivelmente, à récita de domingo.



Ação: ao final da dita cena, assim que a atriz substituta sai do palco e antes que comece a música de transição, Tonico tira do bolso de seu figurino de rei um manuscrito de meia página e se põe a lê-lo. Lúcia aperta meu braço assustada e me diz que aquilo não está em nosso texto. Acabamos ponderando rapidamente que, não dando para fazer nada na hora, deveríamos ouvir o que ele falava. Ao final, para alívio geral, era uma carta de despedida totalmente dentro do espírito da peça, poética e sutil. Tonico se despedia dela como ator e personagem.

Terceira peça curta:

Local: algum bar ou teatro do Rio de Janeiro.

Personagens: Tonico, Caíque, atriz/diretora e assessora teórica.

Assunto: escolha de ator para protagonizar *O Pintor*, de Lygia Bojunga. Chegou-se à conclusão de que, na impossibilidade prática de convidar Ivan Lendl (consultem na internet e terão uma surpresa), o ideal mesmo seria convidar um tremendo ator, Luiz Linhares, com quem Caíque já trabalhara na peça *Réquiem para uma Negra*. O detalhe é que sabíamos que o referido ator, já não tão jovem, estava morando retirado no interior de Minas Gerais em uma pequena cidade chamada Astolfo Dutra. Fora uma opção de vida de Linhares, cansado do teatro e tendo outras motivações para se dedicar.



O resultado foi que, após caloroso discurso de Tonico, e já de posse do endereço que nos foi fornecido, entramos os quatro em um carro pela manhã e saímos os quatro com a incumbência de convencer Luiz Linhares a voltar aos palcos através daquele belo personagem. Batemos à sua porta já anoitecendo, para sua imensa surpresa. Convidou-nos a entrar e divertiu-se muito com o inusitado convite. Tivemos uma grande noite de conversas e fomos embora, sem ele, claro. Mas com o Tonico, que mais tarde faria brilhantemente *O Pintor*.

Mais um dado: Tonico me deu o prazer de participar de meu livro *Achados,* uma quase antologia de memórias e afetos, colaborando com uma poesia de sua adolescência, com a qual se despede de sua cidade natal, Campos dos Goytacazes, onde eu vim a fazer e ver tantas boas peças.

**Caíque Botkay**

*Lembro de duas histórias do Tonico.*

*A primeira.*



*Ensaiávamos a peça* Camaleão na Lua, *de Maria Clara Machado. Cacá Mourthè dirigia. Era uma peça infantil, com um elenco muito legal, alguns atores bem jovens, outros já experientes. Às vezes ensaiávamos de madrugada, uma peça infantil que se ensaiava de madrugada. Mas em certos dias era o único horário que o teatro oferecia. Se não me engano, era o Teatro Nelson Rodrigues. O camarim era coletivo. No dia da estreia, todo mundo arrumando sua bancada, colocando toalhinha, organizando maquiagem, fotos de namorado, pai, mãe, cachorrinho, tudo muito fofo; chega o Tonico, coloca uma foto no espelho da sua bancada e com sua voz poderosa diz mais ou menos assim:*

*– Tô colocando essa foto aqui pra vocês me conhecerem, pra ninguém duvidar do que sou capaz. Todo mundo para de arrumar suas coisas e vai olhar a foto. Era uma foto dele mesmo, bem jovem, com os cabelos encaracolados, em pé, no alto de um telhado, com uma expressão esperta, totalmente nu. Comprovamos naquele momento que Tonico não era apenas bem-dotado artística e intelectualmente, mas, também, fisicamente.*

*A segunda.*

*Essa não presenciei, me contaram, então, deve haver pessoas que conhecem a história melhor do que eu. Tonico namorava uma atriz/diretora. Eles faziam uma peça juntos. Ele fazia um rei e ela, uma rainha. Um dia, ela não vai ao Teatro e manda uma carta ao Tonico terminando o namoro. Acho que eles trabalhavam numa peça dirigida pela Lúcia Coelho. Bem, na peça havia uma cena em que o rei recebia uma carta da rainha. Tonico, na coxia, troca a carta fictícia da peça pela a da atriz/diretora. Quando a rainha (uma atriz/substituta), entrega ao rei a carta, Tonico, em cena, lê para o público toda a carta da ex-namorada terminando o namoro com ele. Era uma carta íntima e longa. Essa história ficou famosa na época. Foi uma ousadia, uma catarse, uma indisciplina que marcou quem viu pela beleza dramática que teve. Eu, que não vi, lembro dessa história até hoje justamente pela força com a qual ela me chegou na época.*

**Clarice Niskier**

**Declaração de Amor**

*Adoro as prostitutas, as mulheres principalmente me encantam pelo seu lado prostituto de existir e aceitar qualquer moeda em troca de sua excelência em dar/doar – às vezes, até amor serve.*

*Obrigado por terem me posto na vida e com a mesma seiva da buceta parida me atraírem para juntos fazermos vida, vida, vida, vida, vida.*



*Deus meu, dá-me a riqueza da moeda/do amor para que eu tenha sempre uma puta mulher ao meu lado.*

**Prazer**

**Queridas Mulheres,**

*Perdoem-me antecipadamente, mas só entendo a linguagem do prazer. A partir disso, só discuto relacionamento com pau dentro e, garanto, será melhor para nós dois.*

*De qualquer maneira, mais uma vez, perdão.*

**Tonico**

**A bem da verdade 1**: Faz muito tempo, eu tinha um Corcel II, azul-claro. E andava sorridente, sem consciência exata de sua cor, conquistando ou tentando conquistar as meninas do Rio de Janeiro. Um dia, uma felizarda, adentrou meu carro. Em meio às peripécias eróticas que vieram a acontecer dentro do veículo, ela deixou transparecer languidamente sua calcinha – epa! – azul, da mesmíssima cor do Corcel. Bêbado, como sempre estava naquela época, não gravei o nome da moça. Mas se perpetuou em minha cabeça e se espalhou pelo Rio de Janeiro a lembrança da agora denominada cor azul-calcinha de meu carro.



**A bem da verdade 2:** ECO 92[21]. Reunidos no Baixo Leblon, mais precisamente no RA, ou melhor, Real Astória, Alceu Valença, Azul[22] e eu. Lá pelas três ou quatro horas da manhã estávamos bêbados o suficiente para nos lançarmos dentro de um táxi e seguirmos até o Aterro do Flamengo, na esperança de encontrarmos meninas bonitas,

---

[21] Conferência das Nações Unidas para o Meio Ambiente e o Desenvolvimento (CNUMAD), conhecida como Cúpula ou Cimeira da Terra, realizada entre 3 e 14 de junho de 1992 no Rio de Janeiro.

[22] Músico e compositor que nessa época trabalhava com Alceu Valença

de nacionalidades diversas que, motivadas pelo mesmo ingrediente alcoólico que nos movia e *otras cositas más*, topassem uma confraternização sexual, ecológica e global perfeita. Ao chegarmos, pegamos a passarela do Aterro em direção ao espaço em que a Eco 92 acontecia. Do outro lado da passarela se materializava o nosso anseio, desejo e sonho... Uma morena, de cabelos compridos, vestido branco também comprido, com flores variadas nas mãos e nos cabelos. Quedamos no meio da passarela sem acreditar no que víamos: uma saltitante mulher que sem nenhum temor (o Exército estava nas ruas) se aproximava de nós três. E nosso olhar etílico se esclarecia a cada passo que ela dava em nossa direção. A cinco passos de nós constatamos em uníssono: Elba Ramalho! E ela: *Oi, Tonico! Oi, Alceu! Oi, Azul!... O que vocês estão fazendo por aqui?*



Diante dessa pergunta surpreendentemente arguta, respondemos: *Viemos visitar a nossa seita*. E ela, surpresa, exclamou enfática e feliz: *Vocês têm uma seita?!* Em uníssono respondemos: *Temos*. Ela, então, em pleno estado de congraçamento, perguntou: *Qual é a seita de vocês?* Entreolhamo-nos e eu assumi a palavra: *A BUCEITA!*

Elba partiu saltitando rápido para se livrar de nós: três bêbados inconvenientes e inconsequentes. E, ali mesmo, no meio da passarela do Aterro, assumimos a criação da nossa *S©eita*. Fui escolhido, por aclamação, presidente-fundador. Alceu, também por aclamação, vice-presidente-fundador. E Azul foi também aclamado primeiro-secretário-fundador.

*+ ou - Física Quântica + ou -*
*Trepar e jogar futebol obedecem ao mesmo princípio,*
*o da ocupação de espaço.*

**Aviso**
*Mulheres!*
*Meu primeiro jato não tem direção.*
*Perdão.*



**Só Tinha de Ser com Você**
Conheci Marina há uns 20 e poucos anos, na Rua Voluntários da Pátria, no Humaitá, numa festa de aniversário de Soraia, que era casada com Isaac Bernard. Ela estava sendo cantada por um ator, amigo meu, que era muito lento. Ele estava lá a noite inteira conversando com ela e eu não estava podendo nem chegar porque ele era amigo meu. Aí, quando ele foi ao banheiro, entrei, atropelei, ganhei e já saímos dali juntos. Tivemos um caso de um mês, dois meses no máximo e sumimos um do outro. Eu morava na Rua João Afonso, no Humaitá. Uns dez anos

*Tonico e Nina, Marina e Antonio*

depois, estou subindo a rua e Marina estava na esquina pra pegar um táxi. Cumprimentei, voltei com o carro e disse: *Você vai pra onde?*. Ela ia pra Casa de Laura Alvim, aquele teatro que tem em Ipanema, na praia, levei-a lá, fui em casa e tomei um banho, mudei de roupa e voltei para apanhá-la depois do espetáculo. E ela saiu do evento com um namorado.

Tudo bem. Ela terminou com o namorado alguns dias depois. Coincidentemente liguei para ela, a gente ficou junto e está junto até hoje. Separamos algumas vezes, mas estamos até hoje e com dois filhos. Ainda não casamos, mas vamos nos casar. Desde o ano passado sou divorciado.



Essa história é engraçada porque quando conheci Marina tinha acabado de levar um pontapé na bunda de uma jornalista em Brasília. A gente tinha começado a namorar aqui e ela tinha ido pra Brasília, que é o ápice da carreira de jornalista, pra cobrir política e economia lá. Na época ela estava no *Jornal do Brasil* e agora está na Globo, voltou pra Globo, é uma jornalista bem conceituada. A gente tinha alugado apartamento em Brasília, eu tinha conseguido fiador com um amigo meu e o caralho e, enquanto a Globo não me chamava, eu ficava lá fazendo móvel pra casa, fazendo essas coisas. Tenho habilidade pra fazer qualquer coisa, então fazia arara pra roupas, não sei o que e tal e vinha ao Rio gravar. Aí aconteceu que ela veio ao Rio e nós tivemos um fim de semana maravilhoso. No outro fim de semana fui eu pra lá de carro, levando umas coisas para os amigos dela e pra ela. Já dirigi até Belém do Pará, não gosto muito de avião, prefiro conhecer o Brasil pelo chão, não o avião caindo, mas de carro. Então cheguei em Brasília e, estranhamente, assim de supetão, ela terminou comigo, me disse que dormisse lá e voltasse pro Rio no dia seguinte. Não aceitei: *Não, vou voltar agora, porra. Você teve a oportunidade na semana passada de me ligar e dizer pra eu não vir*. Fiquei 12 horas viajando pra ir e mais



12 pra voltar, foi foda. Durante a viagem pra cá, boto o toca-fitas pra tocar – era um toca-fitas num Del-Rey. O toca-fitas quebra e passa a tocar só uma música – *The Man I Love*. Vim de Brasília ao Rio ouvindo *The Man I Love* nessa situação. Assim, quando eu reencontrei Marina ainda estava meio traumatizado. Mas fiquei ligando pra ela calhordamente, não costumo respeitar namorado.

**Teste Noturno**
*3 horas da manhã*

*Eu tomo vinho (meu vício), ela no computador (vício dela), tento uma comunicação:*

*– Escreve uma frase qualquer, eu vou tentar dar continuidade...*

*Rapidamente ela escreve: ESTOU TRABALHANDO...*

*Estou trabalhando! É a resposta que ela dá a qualquer solicitação que eu faça. Tomo mais uma taça de vinho BB e me ponho agora quieto para não atrapalhá-la em seu recorrente trabalho – que me afasta, prende e fascina como um dos mistérios de minha infância longínqua; só que hoje sou um homem e ela uma mulher, minha, quero crer – a esperar, cheio de tesão, por seus momentos de folga, quando ela largará por instantes seu trabalho no computador e se oferecerá a mim por inteiro, em todas as posições (sonho meu), para que eu trabalhe no que me é mais prazeroso, fazer seu corpo feliz.*



*Obrigado!*

*Tentarei ser escravo!*

**Afinal, um Rapaz de Família**

Da vida de família para a vida de artista eu não coordeno nada, geralmente me lasco porque é tudo muito misturado. Sei que há atores que conseguem ter uma vida mais fácil, que têm um secretário que paga todas as contas, etc.

Sou um homem que faz tudo pra si mesmo, sou eu quem paga tudo. Vou ao Cobal[23], sou um homem absolutamente do cotidiano. Aqui em casa temos, entre diaristas e fixos, uns seis empregados e temos de ver salário de todo mundo, passagem pra todo mundo, INSS, etc. Não tenho secretário nem agente, negocio meus contratos diretamente, não tenho dinheiro pra dividir. Isso de agente é uma prática muito moderna no Brasil, vejo hoje os garotinhos com 20 anos, fazendo *Armação Ilimitada*, com agente, acho engraçadíssimo, não tenho agente e estou com 50 peças, 54 filmes, 35 anos de televisão, nem gravo mais minhas performances. Acho que eu tenho o *Avarento*, não sei, parei de me arquivar há uns 15, 16 anos, mais ou menos, perdi o saco.



Advogado eu tenho, porque já fiz muita merda e, por outro lado, tento ser cidadão e processo muito. Processei a Prefeitura e a CET-Rio[24] porque rebocaram meu carro indevidamente. Ganhei, uma já me pagou e a outra tem um carro penhorado pra me pagar. Estou processando agora dois bancos e já processei também a Caixa Econômica Federal.

---

[23] Hortomercados em Botafogo, no Rio de Janeiro

[24] Companhia de Engenharia e Tráfego do Rio de Janeiro

**Ninho**

*Não consigo me afastar de meu berço. Por mais que me aventure em façanhas distantes é para lá que volto, pro meu sono perturbado e reparador.*

*De lá me alço e vou ao politicamente incorreto que, graças a Deus, sou.*

*Para lá volto defendendo-me das granadas que me atiram.*

*Como na caverna de Batman, lá me escondo, não da forma careta pela qual se manifesta esse mito da hipocrisia, mas, no mínimo, comendo o Robin, que, no meu caso, não é um garoto, mas uma garota com os pelos pubianos ainda ralos, porém fortes o suficiente para me alimentarem e me darem forças para frustar mais um assalto, mais um roubo, mais uma sacanagem contra o ser humano.*

## Capítulo 12

## Campos on My Mind

### Volta ao Lar

Minha relação com Campos evoca dois sentimentos, um de amor, outro de ódio. É evidente que hoje em dia surgiu outro, a saudade. De certa forma, pelas desigualdades de Campos e pelas incongruências da mentalidade campista, pelo coronelismo selvagem que existia em Campos no meu tempo, a cidade me deu uma estrutura de pensamento e uma revolta interna muito grande, o que me moveu e me move até hoje contra a injustiça. Campos me fez viver injustiças muito grandes, injustiça social.



No dia 20 de agosto de 2008, o Goytacaz me prestou uma homenagem. Levei meus filhos menores. Quando chegamos o treino do time estava terminando. Antonio e Nina entraram no campo, pegaram a bola, correram num campo oficial de futebol que eles estavam vendo pela primeira vez, fizeram gol e tal. Isso me emocionou muito porque me recordou minha infância . Era o campo em que eu jogava pelada, o campo em que eu treinava oficialmente. Dos 10 aos 13 anos, para a gente conseguir a bola era necessário trabalhar. O roupeiro, Zé Policarpo, fazia a gente limpar o campo, tirar o mato e as ervas daninhas do campo todinho ou então marcar o campo com cal, aquelas marcas brancas que antigamente se faziam com cal, atualmente não sei com o que são feitas. Pra no fim ele dar uma bola furreca pra gente jogar pelada. A vontade de jogar era muito grande e nós, crianças, fazíamos aquilo com a maior energia, não era uma coisa que nos onerasse. Ao contrário, era legal, era uma situação gostosa, você fazia por merecer jogar a sua pelada.



Tenho também grandes recordações de Campos. Essa homenagem do Goytacaz Futebol Clube me emocionou muito. Foi o clube em que joguei pelo juvenil e que me deu uma das possibilidades de vir pro Rio, pois vim com uma carta de apresentação para o América, que, afinal, nunca apresentei, nunca fui ao América. Porque eu também tinha outras ansiedades, já bebia, por exemplo, já tinha uma vida não muito atlética e já tinha também uma ansiedade cultural muito grande que o futebol na época não respondia.

Do tempo de Campos tenho saudade de dois amigos particulares, Hecinho Bruno e Luiz Antonio Nunes. E sempre que volto à cidade sinto uma emoção muito forte, porque tenho um encontro com meus fantasmas e meus fantasmas são as pessoas que me formaram. O jornal

*Lance!* acabou de me ligar porque emprestei graciosamente ao Goytacaz minha imagem e a de meus filhos para a venda de camisetas do clube para o Brasil inteiro. É claro que alguém vai ganhar alguma coisa com isso, não eu. Meus dois filhos menores ganharam camisetas feitas especialmente pra eles e também ganhei, com o meu número, o sete.

Já tinha sido homenageado em Campos três outras vezes: fui tema do enredo de uma escola de samba, o jornal *Folha da Manhã* me atribuiu o troféu Folha Seca e a câmara de vereadores me conferiu uma comenda. De fato, Campos foi me recebendo de volta aos poucos.



**Didi (Folha Seca).**
*Nosso verdadeiro grito de independência não é aquele que nossos historiadores divulgam enganando nossas crianças. Na verdade não foi um grito, foi mais um gesto com algumas palavras desferidas com a convicção e consciência de que somos um povo miscigenado e, portanto, um povo-síntese, capaz de ganhar não uma – era a primeira –, mas várias Copas do Mundo. Obrigado, Didi – campista como eu e ex-jogador do Goytacaz –, que com a bola debaixo do braço atravessou todo o campo do Brasil falando para os companheiros:* Esses louros não são de nada, no mês passado estivemos aqui com o Botafogo

e enchemos eles de gol. *Isso aconteceu logo após o primeiro gol da Suécia na final de 1958. Dito isso, colocou a bola no meio do campo, Vavá deu a saída para Pelé, este tocou pra Didi, este lançou longe na ponta direita pra Garrincha e fomos então campeões do mundo, deixamos de ser vira-latas, como disse Nelson Rodrigues.*

*Salve a* Miscigenação Brasileira!

**Tonico**

*Tonico Pereira já foi chamado de Garrincha da dramaturgia. É verdade, o cara joga nas onze – teatro, cinema e televisão. Vai da comédia ao drama, passeia pelo patético, tudo com tal talento que figura na galeria dos nossos atores mais completos: histriônico, intenso, fez um Pablo Mariz em* Papa Highirte *de Vianinha e um Bobo Feste em* Noite de Reis *de Shakespeare, inesquecíveis, deu show como Harpagão de Molière e como Amado Ribeiro de Nelson Rodrigues. Sem falar que imortalizou o caipira Zé Carneiro, de Monteiro Lobato, em* O Sítio do Pica-Pau Amarelo *e agora brilha em* Hamlet, *em mais um Shakespeare. Tonico estará hoje em Campos para representar ele mesmo. Nas comemorações dos 96 anos do Goytacaz, clube onde foi jogador, vestindo a camisa 7, vai receber uma merecida homenagem. Porque Tonico nessa longa ausência da terra natal nunca se esqueceu de duas coisas: dos amigos e do Goytacaz. Em 1998, quando participava da novela* Por Amor, *de Manoel Carlos, fez uma declaração de amor rasgada ao Goyta: pediu ao autor uma cena em que o personagem aparecesse vestindo a camisa de seu time rumo a Campos, de bandeira em punho, torcer pelo azul. Esse é Tonico, que saiu daqui magoado com a rigidez da terra que lhe impunha regras, mas guardou a sete chaves a infância na Rua 21 de Abril, as tardes fagueiras no Ary de Oliveira e Souza, lembranças de amores, dores e de gente querida que ele, bom fisionomista que é, reconhece na hora.*

*Aos 16 anos, Tonico, conhecido como* Vaca Brava, *resolveu arrumar as malas e ir para o Rio a conselho do barbeiro Mário. Deixou para trás a fama de arruaceiro e um bilhete, em forma de poema, coisa linda. Vamos lá:*

Lá está a minha Campos e não posso voltar. A Campos do barbeiro Mário que um dia, a contragosto dos meus pais, apregoou: 'Sai daqui Cacau, Campos já nao dá mais.' Lá está a minha Campos e já nao posso voltar. Campos da minha infância, dos malditos canaviais, das descobertas erradas, do sexo feio, do receio, da repressão. Lá está a minha Campos e já não posso voltar. Do

Paraíba correndo e com razão, pois em Campos não deve parar. Campos das matinês do Goitacá, do meu time Goytacaz, Campos do meu passado, Campos do Risadinha (Salvador), único certo por ser bêbado, talvez sátira de uma terra onde todos deviam chorar.

*Tonico, a casa é sua. Seja bem-vindo! Sempre...*

**Silvia Salgado**

*Silvia Salgado é jornalista e minha amiga, filha de Hervê Salgado, jornalista que fazia teatro em Campos e era dono do jornal* A Notícia, *o terceiro jornal mais antigo da América Latina.*



**O Sobrado de Mata-cavalos**

Sempre tive a esperança de transformar a casa onde nasci em Campos em um centro cultural. Mas quando cheguei lá para a homenagem do Goytacaz tive uma decepção muito grande, pois soube que ela tinha sido destruída. Ela não pertencia mais à família, já tinha sido vendida há muito tempo por meus pais e tios, mas eu tinha a esperança de poder recomprá-la ou de fazer com que o governo a tombasse e a transformasse no Centro Cultural Tonico Pereira. Eu pretendia mandar todo o meu arquivo pra lá, troféus e essas coisas. Queria transformar aquilo em um ponto para palestras sobre teatro, sobre cultura de uma forma geral, com uma biblioteca sobre teatro, quer dizer, tudo o que não vivi teatralmente queria ver se conseguia construir lá. Até se falou em uma mobilização para se arrumar outro lugar, mas o lugar era aquele, acho até que poderia ser comprado pela prefeitura, sei lá. Tenho memórias da casa, era enorme, tenho memórias bastante fortes, sou capaz de desenhar rudimentarmente a casa. Se Suely e os outros primos entrassem, a gente poderia reconstituir essa casa. Um pouco como o projeto de *D. Casmurro*. Não me lembro se li o romance, mas me lembro de ter assistido, com o grupo Laboratório, à peça em Niterói, com Osmar Prado fazendo o Bentinho.



Eu queria construir um memorial com meu arquivo, acho que isso não é apenas um sonho particular meu, é um sonho de todo homem, a eternidade. Machado de Assis não fundou a Academia Brasileira de Letras? Se eu pudesse não morreria, no entanto a gente não vive cada dia, a gente morre a cada dia. Odeio a ideia de morrer e por outro lado tenho meus filhos ainda pequenos, tenho que viver ainda algum tempo, tenho que viver até os 100, vamos ver se a medicina evolui.

**Crediário**

*A vida não me engana, disfarça, mas não engana. Ela é apenas a morte a prestação. A nós só resta negociar o prazo e os juros para que sejam suaves e longos o mais possível. Inexorável é que a morte, geralmente, ocorre ao final das prestações, quando, normalmente, estaríamos mais aptos a viver. Então, cercados e assistidos por muitos, porém completamente sós morreremos e cobrirão de terra este depósito inútil de sabedoria em que nos transformamos.*

*Portanto,*

*Salve a nossa última respiração, sem dívidas, sapiente, madura, normalmente fraquinha, último movimento que proporcionaremos ao mundo, caixão fechado.*

*Batam palmas, mas, não esperem mais, não existe bis.*

**Tonico**

# Capítulo 13

## O que Será o Amanhã?

### Dançando com o Inimigo

Tive dois cânceres de bexiga, tirei os dois, faço exames de seis em seis meses e está tudo normal agora. O primeiro eu descobri porque depois de uma pelada fui urinar e urinei sangue. Mas não era um sangue vivo, que você reconhecesse logo – *isso é sangue* –, urinei escuro. Nós íamos ao cinema, Marina e eu, eu morava na Gávea e ela em Botafogo. Fui pegá-la e quando comentei o fato ela disse: *Então vamos pro hospital, não vamos ao cinema*. E me convenceu a ir ao hospital. Lá a médica pediu um exame que constatou sangue na urina. Fui ao meu urologista e ele detectou um tumor. Operamos e era câncer. Passaram-se uns cinco anos e, durante o acompanhamento, viu-se que o câncer tinha voltado. Operamos de novo. No ano passado pintou um tumor no pulmão, mas era benigno, operei de novo, mas essa operação me deixou sequelas que demoraram muito para desaparecer – dor, incômodo, milhões de coisas.



Antes eu já tinha tido uma glamopatia monoclonal benigna, uma fabricação errada do sangue, que, aliás, tenho até hoje. Meu sangue é fabricado erradamente, o alfa, beta, uma porra dessas. O primeiro diagnóstico de todos os médicos foi de câncer de medula. A conselho de uma ex-namorada consultei o doutor Drauzio Varella, em São Paulo, que me mandou fazer outra punção no peito e outros exames. Não me lembro do diagnóstico dele. Mas João Bittencourt me disse: *Tonico, tive leucemia, fui tratar nos Estados Unidos e lá me perguntaram: Pra que você veio aqui? O doutor Halley*[25] *lá no Rio é o papa disso, de doenças do sangue, de leucemia, de medula, essas coisas*. Aí fui ao doutor Halley. Ele já morreu, era um velhinho. Ele fez uns exames, inclusive era ele quem tirava o sangue e mandava para um laboratório completamente artesanal, pois não aceitava esses laboratórios mais modernos. Por sinal, todos os médicos a que eu tinha ido tinham sido alunos dele. Depois que veio o resultado ele pegou os livros e falou: *Esses caras não aprendem, isso não é câncer, isso é uma glamopatia monoclonal benigna que em 0,01% pode se transformar em câncer, mas isso não é câncer, esse dignóstico está errado*. Isso foi bem antes do câncer de bexiga, eu estava com Cristina, a jornalista de Brasília.



[25] Dr. Halley Pacheco de Oliveira

Nessa época eu trabalhava na Globo como contratado por obra e a empresa me botou como assalariado, justamente para eu ter as benesses de um canceroso, a cobertura de um plano de saúde e o cacete. A Globo pra mim é uma empresa maravilhosa, perfeita, eu particularmente devo grande parte desses 15 anos de minha vida a ela. Se eu fosse um ator só de cinema e de teatro teria morrido porque não teria tido dinheiro pra me tratar. Portanto, a Globo tem um papel importantíssimo na minha vida, além de ter me sustentado durante muito tempo e às minhas filhas, me permitindo pagar o aluguel e o colégio delas. Sou muito grato à Globo e faço questão de declarar isso. Até porque, a partir desse momento, o cinema passou a pagar menos a atores como eu, que não sou estrela, que sou apenas um ator, e olhe que eu ganhava muito bem em cinema até então. O teatro está em processo de falência constante, é muito difícil você fazer um sucesso como o de *Hamlet* em São Paulo. Já fiz umas 50 peças e tive apenas quatro ou cinco de casa cheia, muito pouco, o porcentual é muito pequeno.



Quem propôs que eu passasse a assalariado foi Rui Matos, o cara que tratava da novela *Fera Ferida*. Foi isso o que permitiu também que eu comprasse o apartamento, este segundo apartamento, pois vendi o primeiro e comprei este novo, na Lagoa. O primeiro, no alto da Gávea, era bonito também, mas este é lindo. O da Gávea era razoável, o da Lagoa é lindo, a vista da Lagoa é linda.

Passei por essas doenças graves não pensando nelas. Só tive dor no pós-operatório porque tinha sonda, aliás, todas as sondas fui eu quem tirou, nunca deixei o médico tirar porque gosto de ter autonomia sobre meu corpo.

*Não quero ultrapassar meu tempo.*
*Quero morrer nele, com a grandeza de tê-lo vivido plenamente.*
*Eu nasci a fórceps.*
*Espero ser compensado: morrer a fórceps.*



Compreendo bem que a possibilidade da morte não vem a partir de um câncer, existe a partir de um fato simples como atravessar uma rua, de estar aqui e um andaime poder cair em cima de mim. A possibilidade da morte está presente além e aquém de um câncer e não preciso dele pra me lembrar dela. Lembro da morte todo dia, isso me forma como homem, me modifica como homem. Na verdade não estou vivendo, estou morrendo, porra! A cada dia, a morte está presente em mim. Ela não está longe de mim, ela está perto de mim, de você, de todo mundo.

Pouca gente vê isso e acho que se as pessoas vissem seriam pessoas melhores. Imagine um ladrão de colarinho branco, ele não deve pensar nisso.

Assim, minhas necessidades, que já não são grandes, restringem-se ao absolutamente essencial. Não tenho futilidades com roupa, com coisa nenhuma. No Rio, geralmente só ando de bermuda, só ando de calça quando vou a São Paulo. Viajo com duas calças, a segunda como reserva, para o caso de a primeira sujar, três camisas e cuecas. Só ando de cueca em casa, desço até a banca de jornal de cueca, não tem problema nenhum, é cueca de cetim, samba-canção. Só uso samba-canção porque não gosto daquelas boxers, me aperta, me dói o saco e também não gosto de sunga. Só ensaio de cueca e só ponho roupa se o diretor pedir, como aconteceu em *Hamlet*, quando Aderbal disse: *Tonico, não consigo ver o rei com você de cueca, caralho, bota uma calça*. Fui pôr porque ele precisava. Eu fazia o rei de cueca, quer dizer, dentro de minha linha interpretativa, não era um rei de muita coroa, era um rei de cueca.



**Amanhã, Ninguém Sabe**

O verbo viver não se conjuga no futuro, é apenas presente e passado. O verbo do futuro é o morrer: morrerei.

Não tenho planos, tenho necessidades. Tenho a necessidade de terminar a obra de meu apartamento, tenho a necessidade de parar de fumar, tenho a necessidade de voltar a fazer esporte. Profissionalmente, gostaria de fazer de novo *Papa Highirte*, espetáculo que fiz há 30 anos, no qual faria agora o *Papa Highirte*, pois já tenho idade pra isso, e gostaria também de fazer *Ricardo III*, que tem a ver comigo. Mas não sou empreendedor o suficiente, não sou produtor o suficiente pra isso, os atores da minha geração e até os da nova geração como Wagner, Lázaro, se produzem pra fazer o personagem que querem. Sou um ator de aluguel. Todos os personagens que fiz, mesmo sendo papéis principais, foram resultado de um convite, não resultaram de um projeto meu. Negocio o cachê, o percentual, normalmente tem um porcentual com mínimo garantido, recebo pra ensaiar. Recebo uma importância pelo ensaio todo, dois meses, três meses, quatro meses, é um fixo e depois da estreia é um percentual com um mínimo garantido.



A esta altura, odeio grupo, porque grupo tira a individualidade, as pessoas começam a só reconhecer os valores do grupo e ficam como que embotadas quanto às coisas de fora. Quero ainda ter experiência com 500 diretores, com 500 atores, acho que arte é individual, é uma experiência quase onanística, não se divide, pode-se associar, mas não dividir. Pode-se imaginar Picasso e Dalí pintando o mesmo quadro? Trabalho com todo mundo. Gosto de trabalhar com quem me respeite e me pague, o pagar é fundamental, quanto ao respeito, tenho sempre a impressão de que vou ensinar a pessoa a me respeitar se ela não respeitar de início. Sempre consigo que os diretores me respeitem.

Assim, gosto de ser convidado pra atuar, de fazer meu trabalho e ser independente. Grupos, só o Laboratório, que foi o primeiro, e o de Mendonça, que representou minha opção pelo teatro popular. A partir daí fui sempre convidado, por Amir, por Sérgio Britto e outros. Grupo agora seria uma caretice.



Por incrível que pareça, sou um ator bem pago, pra teatro sou bem pago, pra cinema já fui bem pago. Aliás, depois da era digital o cinema ficou fácil de ser feito – e isso é um registro interessante e histórico. Há algum tempo uma atriz estava me dizendo que meu raciocínio com relação ao cinema era velho, porque eu defendia Nelson Pereira dos Santos, Walter Lima Júnior, etc. Ora, essas foram as pessoas com quem trabalhei no início de minha carreira e expliquei a ela – ela não entendia – que agora é tudo muito mais moderno, muito mais não sei o quê, mas que

Nelson e essas pessoas *antigas* faziam o filme a 1 por 1, 2 por 1, 3 por 1, o que, diga-se, já era um luxo. O negativo era caro pra caralho e o ator que não rendesse dentro dessa perspectiva tornava-se um ator maldito. Tanto que Wilson Grey se intitulava *Wilsinho take 1*. Agora, na época digital, você filma 50 vezes um plano, um tem de dar certo, ou então você vai dar material demais pra edição. Com tantos recursos, o ator vai ficar bom em um deles, nem que seja pela exaustão. Agora podem ser feitos 23 takes da mesma cena, eu já fiz 23 takes da mesma cena. A relação com a máquina é diferente. O mérito de Nelson em fazer *Vidas Secas* e *Memórias do Cárcere* é muito maior que o mérito – eu posso perder emprego por isso, mas deixa registrado – de pessoas que fazem sucesso hoje com um filme que estoura aí. Porque, na era digital, essa pessoa filmou 500 horas a mais que Nelson para obter um bom resultado. É claro que as novas possibilidades técnicas favorecem o ator, favorecem o fotógrafo e permitem o aparecimento de grandes gênios do cinema. Hoje o cara bota 50 câmeras e filma, não gasta. Mas eu queria ver se fosse em negativo. Por isso prezo muito o cinema antigo, sem aquela economia toda o diretor não faria o filme. É diferente, a relação custo-arte é diferente.

**Tenho Problemas com o Moderno**
*Sei que ele só existe hoje e não existirá amanhã. Sei que* orkuts, blogs e sites *são mecanismos modernos que não resistirão à inteligência histórica e contemporânea do homem, sempre disposta a jogar no lixo tecnológico o que não é essencial ao ser humano. E tenho certeza de que* orkuts, blogs e sites *nada têm a ver com ar, água, terra e fogo. Mas sei também que toda esta reflexão pretensamente filosófica só me veio ao pensamento por ser por demais estranho alguém convidar alguém para entrar no seu* orkut, blog ou site. *Me soa estranho, pervertido e estranho. Posso até ter* blogs, sites, orkuts, *mas não são visitáveis com entrada franca ou mesmo paga, são apenas meus e neles cabem somente minhas reflexões.*



Minha interpretação ainda é artesanal, sou um ser artesanal, não cheguei à era digital, não sei ligar um computador, aliás, não sei ligar nem televisão, ainda não cheguei lá, ainda digo rádio-vitrola, vitrola. Não sei mexer nessas coisas de DVD, CD. Tenho tudo, mas não consigo mexer, dependo da minha mulher.

**Morrerei**
*e fatalmente minha mulher terá outro (não igual a mim, claro), mais novo, porém (sou mais velho que ela 17 anos), e quando ele estiver fazendo*

*ela gozar, pensará ou dirá: O falecido fazia você gozar assim? E ela o mandará embora, chorando, pagará com um cartão MasterCard a conta do motel e pedirá um táxi.*

*Em casa, mais ou menos recuperada, encontrará Antonio e Nina, irá abraçá-los e pedirá:* Deixa eu chupar suas orelhas e suas bochechas? *Eles não responderão, apenas (entendendo tudo) lhes oferecerão orelhas e bochechas pelo resto da tarde.*

*Psicografado em vida, do Tonico para o próprio Tonico.*

 **Tonico**

## Capítulo 14

## Correspondência Completa

**Clepsidra**

*$*

*Tudo tem preço, as moedas variam e a mais valorizada é o Tempo.*
*Receber e pagar com Tempo é a forma mais cruel de negociar.*

**Cartas a um Jovem Ator**

Se um jovem ator me pedisse conselhos eu daria os seguintes:



1. Não seja ator;

2. Vá pra informática, que é a profissão do futuro, do presente e do futuro;

3. Ator a gente não é porque quer, a gente é escolhido por outras coisas, por outras pessoas;

4. O ator não é escola que forma, tanto é que sou ator, dizem que sou.

**Aos Próximos**

*Éramos jovens, éramos belos (grande vantagem, tínhamos 20 anos), éramos movidos pela incrível necessidade de mudar o mundo.*

*Tínhamos a opção de um sexo livre – racionalmente falando –, mesmo que emocionalmente ainda tropeçássemos nos cordões umbilicais de nossas mães.*

*Tínhamos nossas musas, geralmente à frente de nossas filosofias e de nosso comportamento sexual (obrigado, Imara Reis).*

*De todas as nossas práticas, a que realmente conseguimos exercer em plenitude, pois só dependia de nós mesmos, foi a solidariedade, sem os limites do mesquinho* meu, *mas com a abrangência do* nosso. *Foi sem dúvida nossa vitória mais profunda e duradoura que nos permite hoje ultrapassar os limites de nossa idade, que impõem um sexo mais contemplativo e menos físico.*



*A semente da solidariedade cresce e cresce com a maturidade e com a experiência que os anos duros que vivemos não conseguiram nos impedir de acumular.*

*Como legado às gerações que virão deixamos a experiência de muito sexo e muita solidariedade.*

*Façam bom proveito, são os votos dos novos velhos que, a partir de agora, iniciamos o processo de despedida (que espero muito longa), com o desejo de nunca estarmos completamente ausentes no futuro.*

*Geração 1960/70*

**By Tonico P....**

**Carta Cardíaca ao Presidente Lula**

*Presidente, o senhor me conhece, mas, razões óbvias, não posso, de público, me identificar. Sou ator e algumas vezes estivemos no mesmo ambiente, e voto no senhor desde o dia em que o engenheiro Leonel Brizola, numa imagem literária perfeita, o chamou de* sapo barbudo e, *docemente, nos disse:* ...Temos que engoli-lo. *E se deu a maior transferência de votos já vista neste País. De lá pra cá perdi várias vezes votando no senhor, mas ganhei consciência como cidadão de que votei no melhor para o povo brasileiro. Provavelmente, continuarei votando daqui a cinco anos, porque acho que o senhor continuará sendo o melhor para o povo brasileiro e, se eu pensasse corporativa e alienadamente, seria bom para mim também (lembre-se, sou ator). A minha sobrevivência depende de um mercado que quanto maior e plural melhor, para nós atores. Senhor Presidente, já lhe disse, estivemos juntos várias vezes, mas nosso maior encontro se dá na nossa origem. Meu pai ainda vive, tem 85 anos e* *ganha R$ 600,00 por mês, mas Presidente, antes do ator existe o ser humano e, dentro dele, como um ovo de pele frágil tentando a calcificação e sobrevivência, um cidadão! que clama e reclama que o senhor não faça pactos nem com Deus nem com o Diabo, pois Senhor Presidente, eu acho que já lhe disseram isso,* o senhor é o cara, *pois é, nenhum outro viu a fome do ponto de vista do estômago do brasileiro. O senhor viu. Eu também. Outros governantes viram do ponto de vista da Sorbonne, prefiro, ou só conheço, o ponto de vista do nosso estômago. Meu ofício é a interpretação: cinema/teatro/televisão/vida. Em 53 anos de experiência, 40 de profissão e 61 de vida tive alguns segundos, talvez uma pausa, uma vírgula, em que fui Deus (e, para mim, Deus é o homem em sua plenitude), atingi a plenitude e me transformei e posso ter transformado um alguém e terei justificado minha existência por este segundo. Falo isto tudo porque o senhor tem oportunidade de atingir o homem em escala de artista (Picasso/Van Gogh/Mozart/ Grande Otelo) e não pode deixar que isso não aconteça, portanto, o senhor não precisa de pactos com Deus ou com Diabos,* o senhor é o cara, *o senhor* é o homem. *Já lhe disse isso e me repito apenas para enfatizar – sou ator –, mas não consigo ser corporativista, sei que preciso de um mercado maior para minha sobrevivên-*

*cia e de meus filhos (sou um fazedor de filhos compulsivo, salve o avanço da medicina) mas, antes, fala em mim o humilde cidadão brasileiro, que, graças a Deus, não gosta de seitas e só convive em grupos com prazo de validade, e que adota a pluralidade como pensamento, e o respeito pelos contrários como berço de um ser humano pleno e maior.*

*Presidente: agora fala o cidadão.*

*Não quero um mercado maior para o meu ator se ele for menor para o meu cidadão, que todas as igrejas possam ter canais de televisão (as religiões afro não as têm), mas que elas não possam explorar comercialmente as mesmas, sem pagar os devidos impostos. Ou então tratemos a Igreja Católica, a Universal do Reino de Deus, a Protestante, a Bandeirantes, a Globo, o SBT, as religiões afro, como igrejas, sem impostos a pagar, mesmo que desenvolvendo uma programação comercial. Presidente, o senhor sabe do que eu estou falando, por razões óbvias, não me identifico, pois dependo do mercado para sobreviver. E de sobrevivência nós dois entendemos (somos, originalmente, trabalhadores), procure ser somente um homem/Deus e seu cidadão brasileiro tratará com igualdade todos os grupos de comunicação reconhecendo aqueles que ganham dinheiro, sim, sem tratar o Deus/Povo*

*Brasileiro como otário, mas com respeito que todo homem merece, o de ser o verdadeiro Deus.*

*Assinado:*

*Um cidadão órfão brizolista (que espero, o senhor não conte pra ninguém se descobrir quem sou) que votou no senhor várias vezes e, não desistiu, até vê-lo ganhar. E pretende votar no senhor daqui a cinco anos. Torcendo para que se mantenha longe das seitas eletrônicas, não conivente e mais perto do homem, afinal o senhor "é o cara" e eu me sinto também identificado com o Deus/Homem que existe no senhor, em mim também e em todo povo brasileiro, que não pode ser assaltado, diariamente, nos diversos templos que infestam a cidade, a não ser que eles assumam isto como negócio e o senhor, como governo, cobre impostos sobre o dízimo. Brizola continua na cabeça e ele era, sabidamente, protestante, mas só admitia um Estado laico.*



**Segunda Carta ao Presidente, Cheio de Vinho e Coerência**

*Presidente:*

*Acho lindo o senhor se exercer naquilo que sabe (e sabe muito) e fundamentalmente no que é (me sinto próximo do Senhor, se me permite dizê-lo), mas é importante que saibamos que não sabemos tudo e que é este saber que não sabemos que nos dá a possibilidade de sermos sapientes o suficiente para nos mantermos sempre aprendizes.*

*Mesmo porque o saber é conquistado, é passado e mais importante é o que ainda iremos – se a vida for generosa conosco – aprender e transformar em passado.*

**Tonico**

**Carta aos Produtores de Elenco, Diretores, Produtores em Geral**

*Férias para ator é sinônimo de desemprego, a angústia é uma constante em atores como eu.*



*Aproveito a oportunidade (carona) que me dá Rubens Ewald Filho de publicar minha biografia e, espertamente, contando com a distribuição da mesma, envio como material suplementar um DVD-Book (sem custos para o editor, mas com a firme esperança de um ato magnânimo do mesmo) com alguns momentos de minha carreira.*

*Quem sabe, acidental ou expressamente, pode ele ser visto por alguém com influência, gosto apurado e poder suficiente para me propor um novo trabalho, que me dará condições de pagar mais um mês de colégio para os meus filhos.*

**Tonico Pereira**

**Quem Sabe?**

*Tentei que falassem mal de mim, autorizei, implorei, não aceitaram (estou em Arcozelo, lendo a biografia de Sérgio Britto, que prazer!).*

*Mais uma vez constato que autorizar é o mesmo que censurar e eis-me angustiado e achando que minha biografia não passará de uma mera coletânea de elogios emitidos por meus parentes e amigos mais próximos.*

*Tenho de reagir, tento reagir contra essas opiniões viciadas por relações amistosas.*

*Penso que só existe uma possibilidade: escrever*

*eu mesmo meus textos pretensiosos, arrogantes e, na maioria das vezes, escatológicos.*

*Talvez assim consiga um retrato mais autêntico e desabonador de quem é, verdadeiramente, ...*

**Tonico Pereira**

## Cronologia

### Televisão

2010 até hoje – *A Grande Família* – **Mendonça** – Série

2009 – *Decamerão – A Comédia do Sexo* – **Velho Spinellochio** – Série

2007 – *Amazônia: de Galvez a Chico Mendes* – **Genivaldo** – Minissérie

2005 – *Carandiru – Outras Histórias* – **Aparecido** – Minissérie



2003 – *A Casa das Sete Mulheres* – **Padre Roberto** – Minissérie

2002 – *Pastores da Noite* – **Jesuíno** – Minissérie

2002 – *Desejos de Mulher* – **Kleber** – Novela

2001 – *Porto dos Milagres* – **Chico** – Novela

2000/2001 – *Brava Gente* – **Alberico Campusano** – Série

2000 – *A Invenção do Brasil* – **Itaparica** – Série

1999 – *Andando nas Nuvens* – **Torquato** – Novela

1999 – *Luna Caliente* – **Bráulio Tennembaum** – Minissérie

1997 – *Por Amor* – **Oscar (Paizinho)** – Novela

1997 – *O Amor Está no Ar* – **Chicão** – Novela

1996 – *Sai de Baixo* – Série – Episódio: *O Céu Pode Espernear*

1996 – *A Vida Como Ela É* – Série. Episódio: *O Anjo* – **Delegado**; Episódio: *Covardia* – **Padeiro**

1996 – *O Fim do Mundo* – **Chico Veloso** – Série



1995 – *Engraçadinha, Seus Amores e Seus Pecados* – **Xavier** – Minissérie

1994/1998 – *Você Decide* – Quatro Episódios

1993 – *Fera Ferida* – **Chico Tirana** – Novela

1992 – *De Corpo e Alma* – **Vado** – Novela

1991 – *Meu Marido* – **Doutor Jarbas** – Minissérie

1990 – *O Sexo dos Anjos* – **Aranha** – Novela

1990 – *Rosa dos Rumos* – **Martim** – Minissérie

1988 – *O Primo Basílio* – **Mendonça** – Minissérie

*Novela* De Corpo e Alma, *com Neuza Borges e Consuelo Leandro*

*Novela* De Corpo e Alma, *com Neuza Borges e Consuelo Leandro*

1987 – *O Outro* – **Nininho Americano** – Novela

1986 – *Anos Dourados* – **Ronaldo** – Minissérie

1985 – *O Tempo e o Vento* – **Liroca** – Minissérie

1984 – *São Bernardo* – Série

1978 – *O Pulo do Gato* – **Fotógrafo** – Novela

1977/1985 – *O Sítio do Pica-Pau Amarelo* – **Zé Carneiro** – Série

1975 – *O Grito* – **Homem** – Novela

1975 – *Gabriela* – **Chico Moleza** – Novela



1974 – *O Espigão* – **Bambolê** – Novela (Estréia na Televisão)

**Teatro**

**Direção**

2005 – *A Dois Passos Da Ilusão*

– *O Futuro Está Nos Ovos*

**Interpretação**

1969 – *O futuro está nos ovos*

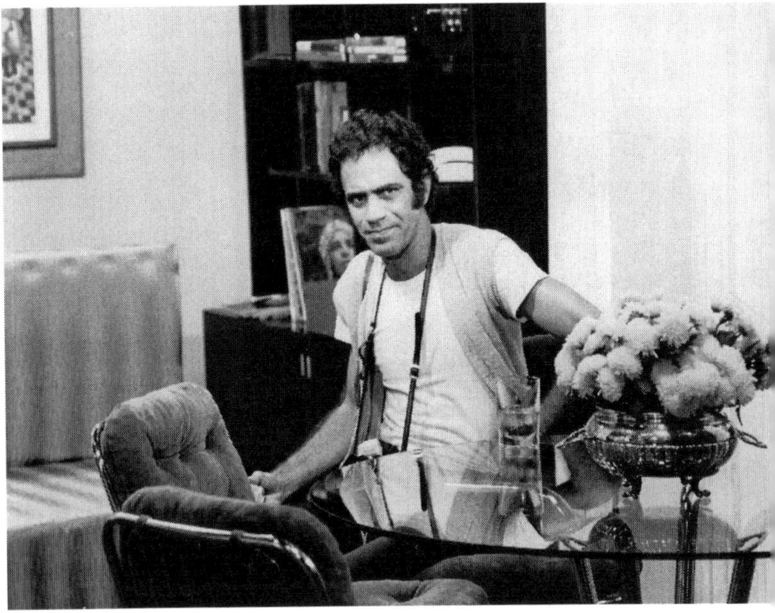

*Novela* O Pulo do Gato

*Com o elenco do* Sítio do Pica-pau Amarelo

*Com o elenco do* Sítio do Pica-pau Amarelo

1970 – *Prometeu acorrentado*

1971 – *Entre quatro paredes*

1972 – *Rua do Lixo, 24*

1974 – *Viva o cordão encarnado*

1975 – *Lampião no inferno*

1976 – *Cancão de fogo*

1976 – *A mulher integral*

1977 – *Viva o cordão encarnado*

1978 – *A ópera do malandro*

1979 – *O fado e a sina de Mateus e Catirina*

1979 – *Papa Highirte*

1979 – *Afinal uma mulher de negócios*

1980 – *O último dos Nukupyrus*

1981 – *Bent*

1982 – *A noite dos Assassinos*

1988 – *Boca de ouro*

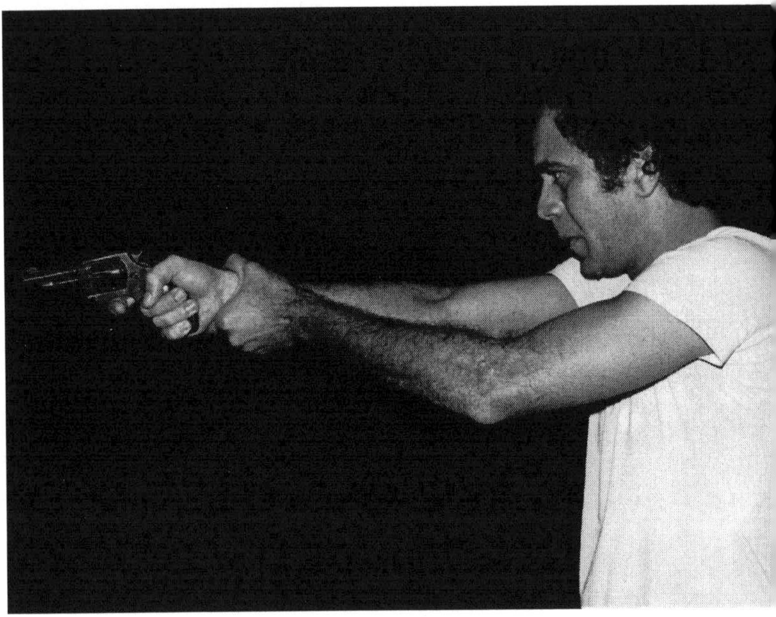

*Em cenas de* Papa Higuirte

*Em cenas de* Papa Higuirte

*Em cena de* O Último dos Nukupirus

1993 – *O cortiço*

1997 – *Noite de Reis*

1999 – *Nostradamus*

2000 – *O avarento*

2001 – *O beijo no asfalto*

2002 – *Por mares nunca dantes*

2006 – *A ratoeira*

2008 – *Hamlet*



– *O patinho torto ou os mistérios do sexo*

*Vários Espetáculos de Rua (favelas, praças, etc.)*

**Cinema**

2010 – *O Assalto do Banco Central*

2010 – *Alcebíades*

2010 – *O palhaço*

2010 – *O Bem Amado*

2008 – *Romance*

*Em cena de* O Cortiço

*Em cena de* Hamlet

2007 – *Cleópatra*

2007 – *Saneamento Básico – o filme ....*

2007 – *A grande família – o filme* – Mendonça

2006 – *Brasília 18%*

2006 – *Vestido de noiva*

2005 – *O coronel e o lobisomem*

2004 – *O veneno da madrugada*

2004 – *Redentor*



2004 – *Quase dois irmãos*

2004 – *Um show de verão*

2003 – *Maria, mãe do filho de Deus*

2003 – *Clandestinidade*

2002 – *Querido estranho*

2001 – *Caramuru – a invenção do Brasil*

2001 – *Copacabana*

2000 – *A hora marcada*

2000 – *Um anjo trapalhão*

1999 – *No coração dos deuses*

1998 – *Traição*

1998 – *O primeiro dia*

1998 – *Policarpo Quaresma, herói do Brasil*

1998 – *Como ser solteiro*

1997 – *Guerra de Canudos*

1997 – *O cego que gritava luz*



1996 – *O guarani*

1994 – *Erotique (segment* Final Call*)*

1994 – *Era uma vez...*

1994 – *Menino Maluquinho*

1991 – *Assim na tela como no céu*

1991 – *A grande arte*

1991 – *Vai trabalhar, vagabundo II – a volta*

1990 – *O quinto macaco*

*Como Cirineu, em* No Coração dos Deuses

*Em cena de* Guerra dos Canudos

1990 – *Círculo de fogo*

1990 – *Corpo em delito*

1988 – *Fábula de la Bella Palomera*

1988 – *Dedé Mamata*

1987 – *Running Out of Luck*

1987 – *Ele, o boto*

1987 – *Romance da empregada*

1986 – *O homem da capa preta*



1985 – *O rei do Rio*

1984 – *Nunca fomos tão felizes*

1984 – *Memórias do cárcere*

1979 – *O coronel e o lobisomem*

1979 – *A república dos assassinos*

1976 – *Crueldade mortal*

1976 – *A queda*

1975 – *As aventuras amorosas de um padeiro*

*Em cena de* Círculo de Fogo, *de Geraldo Moraes*

1973 – *Amuleto de Ogum*

1972/74 – *A Lira do Delírio* –

+ Alguns curtas

+ Alguns filmes estrangeiros feitos no Brasil e que a minha natural organização não registrou.

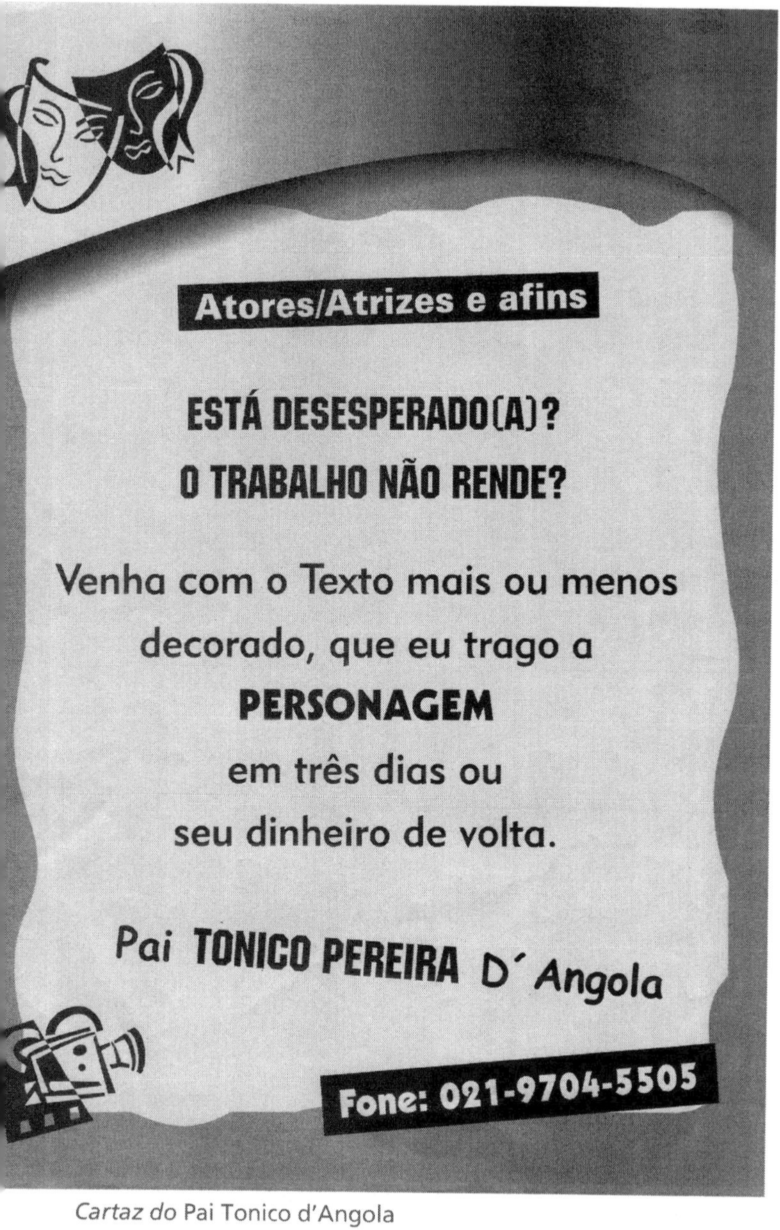


*Cartaz do* Pai Tonico d'Angola

# Índice

No Passado Está a História do Futuro – Alberto Goldman 5

Coleção Aplauso – Hubert Alquéres 7

Apresentação – Amir Haddad 21

O Homem que Dança – Eliana Bueno-Ribeiro 27

Esse Cara 33

Primeiras Histórias 61

O Grande Teatro do Mundo 133

O Feijão e o Sonho 169

Minha Vida na Arte 183

Teatro e Mágica 271

Entrando em Todas as Casas 325

São Muitos os Perigos Deste Mundo 357

Afinidades Eletivas 369

Precisa que Haja Vento sem Parar 375

Amor é para Sempre 377

Campos on My Mind 399

O que Será o Amanhã? 407

Correspondência Completa 417

Cronologia 425

## Crédito das Fotografias

Demais fotografias pertencem ao acervo de Tonico Pereira

Aurélio Amorim 223

Chico Lima 22, 222, 224, 229, 270

Elias Francioni 62

Estevam Avelar 443

Guga Melgar 438

Suely-Fernando Gualda 64

A despeito dos esforços de pesquisa empreendidos pela Editora para identificar a autoria das fotos expostas nesta obra, parte delas não é de autoria conhecida de seus organizadores.
Agradecemos o envio ou comunicação de toda informação relativa à autoria e/ou a outros dados que porventura estejam incompletos, para que sejam devidamente creditados.

## Coleção Aplauso

### Série Cinema Brasil

*Alain Fresnot – Um Cineasta sem Alma*
Alain Fresnot

*Agostinho Martins Pereira – Um Idealista*
Máximo Barro

*Alfredo Sternheim – Um Insólito Destino*
Alfredo Sternheim

*O Ano em Que Meus Pais Saíram de Férias*
Roteiro de Cláudio Galperin, Bráulio Mantovani, Anna Muylaert e Cao Hamburger

*Anselmo Duarte – O Homem da Palma de Ouro*
Luiz Carlos Merten

*Antonio Carlos da Fontoura – Espelho da Alma*
Rodrigo Murat

*Ary Fernandes – Sua Fascinante História*
Antônio Leão da Silva Neto

*O Bandido da Luz Vermelha*
Roteiro de Rogério Sganzerla

*Batismo de Sangue*
Roteiro de Dani Patarra e Helvécio Ratton

*Bens Confiscados*
Roteiro comentado pelos seus autores Daniel Chaia e Carlos Reichenbach

*Braz Chediak – Fragmentos de uma Vida*
Sérgio Rodrigo Reis

*Cabra-Cega*
Roteiro de Di Moretti, comentado por Toni Venturi e Ricardo Kauffman

*O Caçador de Diamantes*
Roteiro de Vittorio Capellaro, comentado por Máximo Barro

*Carlos Coimbra – Um Homem Raro*
Luiz Carlos Merten

*Carlos Reichenbach – O Cinema Como Razão de Viver*
Marcelo Lyra

*A Cartomante*
Roteiro comentado por seu autor Wagner de Assis

*Casa de Meninas*
Romance original e roteiro de Inácio Araújo

*O Caso dos Irmãos Naves*
Roteiro de Jean-Claude Bernardet e Luis Sérgio Person

*O Céu de Suely*
Roteiro de Karim Aïnouz, Felipe Bragança e Maurício Zacharias

*Chega de Saudade*
Roteiro de Luiz Bolognesi

*Cidade dos Homens*
Roteiro de Elena Soárez

*Como Fazer um Filme de Amor*
Roteiro escrito e comentado por Luiz Moura e José Roberto Torero

*O Contador de Histórias*
Roteiro de Luiz Villaça, Mariana Veríssimo, Maurício Arruda e José Roberto Torero

*Críticas de B.J. Duarte – Paixão, Polêmica e Generosidade*
Luiz Antonio Souza Lima de Macedo

*Críticas de Edmar Pereira – Razão e Sensibilidade*
Org. Luiz Carlos Merten

*Críticas de Jairo Ferreira – Críticas de invenção: Os Anos do São Paulo Shimbun*
Org. Alessandro Gamo

*Críticas de Luiz Geraldo de Miranda Leão – Analisando Cinema: Críticas de LG*
Org. Aurora Miranda Leão

*Críticas de Ruben Biáfora – A Coragem de Ser*
Org. Carlos M. Motta e José Júlio Spiewak

*De Passagem*
Roteiro de Cláudio Yosida e Direção de Ricardo Elias

*Desmundo*
Roteiro de Alain Fresnot, Anna Muylaert e Sabina Anzuategui

*Djalma Limongi Batista – Livre Pensador*
Marcel Nadale

*Dogma Feijoada: O Cinema Negro Brasileiro*
Jeferson De

*Dois Córregos*
Roteiro de Carlos Reichenbach

*A Dona da História*
Roteiro de João Falcão, João Emanuel Carneiro e Daniel Filho

*Os 12 Trabalhos*
Roteiro de Cláudio Yosida e Ricardo Elias

*Estômago*
Roteiro de Lusa Silvestre, Marcos Jorge e Cláudia da Natividade

*Feliz Natal*
Roteiro de Selton Mello e Marcelo Vindicatto

*Fernando Meirelles – Biografia Prematura*
Maria do Rosário Caetano

*Fim da Linha*
Roteiro de Gustavo Steinberg e Guilherme Werneck; Storyboards de Fábio Moon e Gabriel Bá

*Fome de Bola – Cinema e Futebol no Brasil*
Luiz Zanin Oricchio

*Francisco Ramalho Jr. – Éramos Apenas Paulistas*
Celso Sabadin

*Geraldo Moraes – O Cineasta do Interior*
Klecius Henrique

*Guilherme de Almeida Prado – Um Cineasta Cinéfilo*
Luiz Zanin Oricchio

*Helvécio Ratton – O Cinema Além das Montanhas*
Pablo Villaça

*O Homem que Virou Suco*
Roteiro de João Batista de Andrade, organização de Ariane Abdallah e Newton Cannito

*Ivan Cardoso – O Mestre do Terrir*
Remier

*João Batista de Andrade – Alguma Solidão e Muitas Histórias*
Maria do Rosário Caetano

*Jorge Bodanzky – O Homem com a Câmera*
Carlos Alberto Mattos

*José Antonio Garcia – Em Busca da Alma Feminina*
Marcel Nadale

*José Carlos Burle – Drama na Chanchada*
Máximo Barro

*Liberdade de Imprensa – O Cinema de Intervenção*
Renata Fortes e João Batista de Andrade

*Luiz Carlos Lacerda – Prazer & Cinema*
Alfredo Sternheim

*Maurice Capovilla – A Imagem Crítica*
Carlos Alberto Mattos

*Mauro Alice – Um Operário do Filme*
Sheila Schvarzman

*Máximo Barro – Talento e Altruísmo*
Alfredo Sternheim

*Miguel Borges – Um Lobisomem Sai da Sombra*
Antônio Leão da Silva Neto

*Não por Acaso*
Roteiro de Philippe Barcinski, Fabiana Werneck Barcinski
e Eugênio Puppo

*Narradores de Javé*
Roteiro de Eliane Caffé e Luís Alberto de Abreu

*Olhos Azuis*
Argumento de José Joffily e Jorge Duran
Roteiro de Jorge Duran e Melanie Dimantas

*Onde Andará Dulce Veiga*
Roteiro de Guilherme de Almeida Prado

*Orlando Senna – O Homem da Montanha*
Hermes Leal

*Pedro Jorge de Castro – O Calor da Tela*
Rogério Menezes

*Quanto Vale ou É por Quilo*
Roteiro de Eduardo Benaim, Newton Cannito e Sergio Bianchi

*Ricardo Pinto e Silva – Rir ou Chorar*
Rodrigo Capella

*Rodolfo Nanni – Um Realizador Persistente*
Neusa Barbosa

*Salve Geral*
Roteiro de Sergio Rezende e Patrícia Andrade

*O Signo da Cidade*
Roteiro de Bruna Lombardi

*Ugo Giorgetti – O Sonho Intacto*
Rosane Pavam

*Viva-Voz*
Roteiro de Márcio Alemão

*Vladimir Carvalho – Pedras na Lua e Pelejas no Planalto*
Carlos Alberto Mattos

*Vlado – 30 Anos Depois*
Roteiro de João Batista de Andrade

*Zuzu Angel*
Roteiro de Marcos Bernstein e Sergio Rezende

**Série Cinema**

*Bastidores – Um Outro Lado do Cinema*
Elaine Guerini

**Série Ciência & Tecnologia**

*Cinema Digital – Um Novo Começo?*
Luiz Gonzaga Assis de Luca

*A Hora do Cinema Digital – Democratização e Globalização do Audiovisual*
Luiz Gonzaga Assis De Luca

**Série Crônicas**

*Crônicas de Maria Lúcia Dahl – O Quebra-cabeças*
Maria Lúcia Dahl

**Série Dança**

*Rodrigo Pederneiras e o Grupo Corpo – Dança Universal*
Sérgio Rodrigo Reis

**Série Música**

*Maestro Diogo Pacheco – Um Maestro para Todos*
Alfredo Sternheim

*Rogério Duprat – Ecletismo Musical*
Máximo Barro

*Sérgio Ricardo – Canto Vadio*
Eliana Pace

*Wagner Tiso – Som, Imagem, Ação*
Beatriz Coelho Silva

**Série Teatro Brasil**

*Alcides Nogueira – Alma de Cetim*
Tuna Dwek

*Antenor Pimenta – Circo e Poesia*
Danielle Pimenta

*Cia de Teatro Os Satyros – Um Palco Visceral*
Alberto Guzik

*Críticas de Clóvis Garcia – A Crítica Como Ofício*
Org. Carmelinda Guimarães

*Críticas de Maria Lucia Candeias – Duas Tábuas e Uma Paixão*
Org. José Simões de Almeida Júnior

*Federico Garcia Lorca – Pequeno Poema Infinito*
Antonio Gilberto e José Mauro Brant

*Ilo Krugli – Poesia Rasgada*
Ieda de Abreu

*João Bethencourt – O Locatário da Comédia*
Rodrigo Murat

*José Renato – Energia Eterna*
Hersch Basbaum

*Leilah Assumpção – A Consciência da Mulher*
Eliana Pace

*Luís Alberto de Abreu – Até a Última Sílaba*
Adélia Nicolete

*Maurice Vaneau – Artista Múltiplo*
Leila Corrêa

*Renata Palottini – Cumprimenta e Pede Passagem*
Rita Ribeiro Guimarães

*Teatro Brasileiro de Comédia – Eu Vivi o TBC*
Nydia Licia

*O Teatro de Abílio Pereira de Almeida*
Abílio Pereira de Almeida

*O Teatro de Aimar Labaki*
Aimar Labaki

*O Teatro de Alberto Guzik*
Alberto Guzik

*O Teatro de Antonio Rocco*
Antonio Rocco

*O Teatro de Cordel de Chico de Assis*
Chico de Assis

*O Teatro de Emílio Boechat*
Emílio Boechat

*O Teatro de Germano Pereira – Reescrevendo Clássicos*
Germano Pereira

*O Teatro de José Saffioti Filho*
José Saffioti Filho

*O Teatro de Alcides Nogueira – Trilogia: Ópera Joyce – Gertrude Stein, Alice Toklas & Pablo Picasso – Pólvora e Poesia*
Alcides Nogueira

*O Teatro de Ivam Cabral – Quatro textos para um teatro veloz: Faz de Conta que tem Sol lá Fora – Os Cantos de Maldoror – De Profundis – A Herança do Teatro*
Ivam Cabral

*O Teatro de Noemi Marinho: Fulaninha e Dona Coisa, Homeless, Cor de Chá, Plantonista Vilma*
Noemi Marinho

*Teatro de Revista em São Paulo – De Pernas para o Ar*
Neyde Veneziano

*O Teatro de Samir Yazbek: A Entrevista – O Fingidor – A Terra Prometida*
Samir Yazbek

*O Teatro de Sérgio Roveri*
Sérgio Roveri

*Teresa Aguiar e o Grupo Rotunda – Quatro Décadas em Cena*
Ariane Porto

**Série Perfil**

*Analy Alvarez – De Corpo e Alma*
Nicolau Radamés Creti

*Aracy Balabanian – Nunca Fui Anjo*
Tania Carvalho

*Arllete Montenegro – Fé, Amor e Emoção*
Alfredo Sternheim

*Ary Fontoura – Entre Rios e Janeiros*
Rogério Menezes

*Berta Zemel – A Alma das Pedras*
Rodrigo Antunes Corrêa

*Bete Mendes – O Cão e a Rosa*
Rogério Menezes

*Betty Faria – Rebelde por Natureza*
Tania Carvalho

*Carla Camurati – Luz Natural*
Carlos Alberto Mattos

*Cecil Thiré – Mestre do seu Ofício*
Tania Carvalho

*Celso Nunes – Sem Amarras*
Eliana Rocha

*Cleyde Yaconis – Dama Discreta*
Vilmar Ledesma

*David Cardoso – Persistência e Paixão*
Alfredo Sternheim

*Débora Duarte – Filha da Televisão*
Laura Malin

*Denise Del Vecchio – Memórias da Lua*
Tuna Dwek

*Elisabeth Hartmann – A Sarah dos Pampas*
Reinaldo Braga

*Emiliano Queiroz – Na Sobremesa da Vida*
Maria Leticia

*Emilio Di Biasi – O Tempo e a Vida de um Aprendiz*
Erika Riedel

*Etty Fraser – Virada Pra Lua*
Vilmar Ledesma

*Ewerton de Castro – Minha Vida na Arte: Memória e Poética*
Reni Cardoso

*Fernanda Montenegro – A Defesa do Mistério*
Neusa Barbosa

*Fernando Peixoto – Em Cena Aberta*
Marília Balbi

*Geórgia Gomide – Uma Atriz Brasileira*
Eliana Pace

*Gianfrancesco Guarnieri – Um Grito Solto no Ar*
Sérgio Roveri

*Glauco Mirko Laurelli – Um Artesão do Cinema*
Maria Angela de Jesus

*Ilka Soares – A Bela da Tela*
Wagner de Assis

*Irene Ravache – Caçadora de Emoções*
Tania Carvalho

*Irene Stefania – Arte e Psicoterapia*
Germano Pereira

*Isabel Ribeiro – Iluminada*
Luis Sergio Lima e Silva

*Isolda Cresta – Zozô Vulcão*
Luis Sérgio Lima e Silva

*Joana Fomm – Momento de Decisão*
Vilmar Ledesma

*John Herbert – Um Gentleman no Palco e na Vida*
Neusa Barbosa

*Jonas Bloch – O Ofício de uma Paixão*
Nilu Lebert

*Jorge Loredo – O Perigote do Brasil*
Cláudio Fragata

*José Dumont – Do Cordel às Telas*
Klecius Henrique

*Leonardo Villar – Garra e Paixão*
Nydia Licia

*Lília Cabral – Descobrindo Lília Cabral*
Analu Ribeiro

*Lolita Rodrigues – De Carne e Osso*
Eliana Castro

*Louise Cardoso – A Mulher do Barbosa*
Vilmar Ledesma

*Marcos Caruso – Um Obstinado*
Eliana Rocha

*Maria Adelaide Amaral – A Emoção Libertária*
Tuna Dwek

*Marisa Prado – A Estrela, O Mistério*
Luiz Carlos Lisboa

*Mauro Mendonça – Em Busca da Perfeição*
Renato Sérgio

*Miriam Mehler – Sensibilidade e Paixão*
Vilmar Ledesma

*Naum Alves de Souza: Imagem, Cena, Palavra*
Alberto Guzik

*Nicette Bruno e Paulo Goulart – Tudo em Família*
Elaine Guerrini

*Nívea Maria – Uma Atriz Real*
Mauro Alencar e Eliana Pace

*Niza de Castro Tank – Niza, Apesar das Outras*
Sara Lopes

*Paulo Betti – Na Carreira de um Sonhador*
Teté Ribeiro

*Paulo José – Memórias Substantivas*
Tania Carvalho

*Paulo Hesse – A Vida Fez de Mim um Livro e Eu Não Sei Ler*
Eliana Pace

*Pedro Paulo Rangel – O Samba e o Fado*
Tania Carvalho

*Regina Braga – Talento é um Aprendizado*
Marta Góes

*Reginaldo Faria – O Solo de Um Inquieto*
Wagner de Assis

*Renata Fronzi – Chorar de Rir*
Wagner de Assis

*Renato Borghi – Borghi em Revista*
Élcio Nogueira Seixas

*Renato Consorte – Contestador por Índole*
Eliana Pace

*Rolando Boldrin – Palco Brasil*
Ieda de Abreu

*Rosamaria Murtinho – Simples Magia*
Tania Carvalho

*Rubens de Falco – Um Internacional Ator Brasileiro*
Nydia Licia

*Ruth de Souza – Estrela Negra*
Maria Ângela de Jesus

*Sérgio Hingst – Um Ator de Cinema*
Máximo Barro

*Sérgio Viotti – O Cavalheiro das Artes*
Nilu Lebert

*Silnei Siqueira – A Palavra em Cena*
Ieda de Abreu

*Silvio de Abreu – Um Homem de Sorte*
Vilmar Ledesma

*Sônia Guedes – Chá das Cinco*
Adélia Nicolete

*Sonia Maria Dorce – A Queridinha do meu Bairro*
Sonia Maria Dorce Armonia

*Sonia Oiticica – Uma Atriz Rodriguiana?*
Maria Thereza Vargas

*Stênio Garcia – Força da Natureza*
Wagner Assis

*Suely Franco – A Alegria de Representar*
Alfredo Sternheim

*Tatiana Belinky – ... E Quem Quiser Que Conte Outra*
Sérgio Roveri

*Theresa Amayo – Ficção e Realidade*
Theresa Amayo

*Tony Ramos – No Tempo da Delicadeza*
Tania Carvalho

*Umberto Magnani – Um Rio de Memórias*
Adélia Nicolete

*Vera Holtz – O Gosto da Vera*
Analu Ribeiro

*Vera Nunes – Raro Talento*
Eliana Pace

*Walderez de Barros – Voz e Silêncios*
Rogério Menezes

*Walter George Durst – Doce Guerreiro*
Nilu Lebert

*Zezé Motta – Muito Prazer*
Rodrigo Murat

**Especial**

*Agildo Ribeiro – O Capitão do Riso*
Wagner de Assis

*Av. Paulista, 900 – a História da TV Gazeta*
Elmo Francfort

*Beatriz Segall – Além das Aparências*
Nilu Lebert

*Carlos Zara – Paixão em Quatro Atos*
Tania Carvalho

*Célia Helena – Uma Atriz Visceral*
Nydia Licia

*Charles Möeller e Claudio Botelho – Os Reis dos Musicais*
Tania Carvalho

*Cinema da Boca – Dicionário de Diretores*
Alfredo Sternheim

*Dina Sfat – Retratos de uma Guerreira*
Antonio Gilberto

*Eva Todor – O Teatro de Minha Vida*
Maria Angela de Jesus

*Eva Wilma – Arte e Vida*
Edla van Steen

*Gloria in Excelsior – Ascensão, Apogeu e Queda do Maior Sucesso da Televisão Brasileira*
Álvaro Moya

*Lembranças de Hollywood*
Dulce Damasceno de Britto, organizado por Alfredo Sternheim

*Maria Della Costa – Seu Teatro, Sua Vida*
Warde Marx

*Mazzaropi – Uma Antologia de Risos*
Paulo Duarte

*Ney Latorraca – Uma Celebração*
Tania Carvalho

*Odorico Paraguaçu: O Bem-amado de Dias Gomes – História de um Personagem Larapista e Maquiavelento*
José Dias

*Raul Cortez – Sem Medo de se Expor*
Nydia Licia

*Rede Manchete – Aconteceu, Virou História*
Elmo Francfort

*Sérgio Cardoso – Imagens de Sua Arte*
Nydia Licia

*Tônia Carrero – Movida pela Paixão*
Tania Carvalho

*TV Tupi – Uma Linda História de Amor*
Vida Alves

*Victor Berbara – O Homem das Mil Faces*
Tania Carvalho

*Walmor Chagas – Ensaio Aberto para Um Homem Indignado*
Djalma Limongi Batista

© imprensaoficial 2010

**Dados Internacionais de Catalogação na Publicação**
**Biblioteca da Imprensa Oficial do Estado de São Paulo**

Bueno-Ribeiro, Eliana
Tonico Pereira : um ator improvável : uma autobiografia não autorizada / Eliana Bueno-Ribeiro – São Paulo : Imprensa Oficial do Estado de São Paulo, 2010.
472p. : il. – (Coleção aplauso. Série perfil / Coordenador geral Rubens Ewald Filho)

ISBN 978-85-7060-947-2

1. Atores e atrizes de cinema – Biografia 2. Atores e atrizes de teatro – Biografia 3. Atores e atrizes de televisão – Biografia 4. Pereira, Tonico, 1948 I. Ewald Filho, Rubens. II. Título. III. Série.

CDD 791.092

Índice para catálogo sistemático:
1. Atores e atrizes brasileiros : Biografia :
Representações públicas : Artes 791.092

Proibida reprodução total ou parcial sem autorização prévia do autor ou dos editores
Lei nº 9.610 de 19/02/1998

Foi feito o depósito legal
Lei nº 10.994, de 14/12/2004

Impresso no Brasil / 2010

Todos os direitos reservados.

Imprensa Oficial do Estado de São Paulo
Rua da Mooca, 1921 Mooca
03103-902 São Paulo SP
www.imprensaoficial.com.br/livraria
livros@imprensaoficial.com.br
SAC 0800 01234 01
sac@imprensaoficial.com.br

**Coleção Aplauso Série Perfil**

| | |
|---|---|
| Coordenador Geral | Rubens Ewald Filho |
| Coordenador Operacional e Pesquisa Iconográfica | Marcelo Pestana |
| Projeto Gráfico | Carlos Cirne |
| Editor Assistente | Claudio Erlichman |
| Assistente | Charles Bandeira |
| Editoração | Fátima Consales |
| Tratamento de Imagens | José Carlos da Silva |
| Revisão | Dante Pascoal Corradini |

Formato: 12 x 18 cm

Tipologia: Frutiger

Papel miolo: Offset LD 90 g/m$^2$

Papel capa: Triplex 250 g/m$^2$

Número de páginas: 472

Editoração, CTP, impressão e acabamento:
Imprensa Oficial do Estado de São Paulo

*Nesta edição, respeitou-se o novo*
*Acordo Ortográfico da Língua Portuguesa*

Coleção *Aplauso* | em todas as livrarias e no site
**www.imprensaoficial.com.br/livraria**

imprensaoficial